創造都市
横浜の
これまでとこれから

From the past
Creative City Yokohama
Into the future

Part 2

はじめに

二〇〇四年から他都市に先駆けて取り組んできた横浜の「創造都市」は、文化芸術・経済振興と横浜らしい魅力的な都市空間の形成というソフトとハードの施策を融合させたユニークな都市ビジョンです。

二〇〇八年のバンカートスクール「クリエイティブシティ・ヨコハマのこれまでとこれから」の開催から五年経ち、実験事業がスタートしてから一〇年を迎えた節目の年に、再度創造都市について考える講座を設けました。今回の講座では「これまでとこれから」というタイトル通り、横浜の創造都市が育まれてきた土壌の歴史を振返りながら、より広く、より深く、創造都市について学び、将来像を考える場を持つことを目的としました。各回の発表は前回と同様、事業を担当している横浜市文化観光局の職員が中心となって行いました。毎回多彩な専門家をゲストとしてお招きし、示唆に満ちたお話をいただきながら、創造都市についてあらためて考え、議論することができました。

この度、より多くの人にその内容を知っていただくとともに、創造都市横浜のこれまでとこれからを共有していくため、講座の内容を中心とした書籍を発刊することとなりました。スクールのゼミ同様、本紙の編集にあたっては多くの関係者の方にご協力いただき、以下の観点で新たに寄稿していただき補強して再構成しました。

1 講座でとりあげたテーマについて、事業者や運営者としての視点の追加
2 講座ではテーマとして取り上げなかった創造都市のいくつかの取り組み、またそれらに関係するプロジェクト
3 創造都市の推進委員会や元横浜市担当者、講座参加者からの意見
4 関係する国内外の都市から見た横浜の創造都市について

この本を通して、創造都市横浜の今をお伝えできればと思います。

「創造都市横浜のこれまでとこれから」編集委員会

第3章 創造都市横浜のこれまでとこれから

第1章 文化観光局と創造都市

1-1 創造都市はブランド力アップに貢献できるのか

第1回 2013年5月16日

［ゲスト］

伊藤香織｜東京理科大学准教授

古川 誠｜オズマガジン/OZmagazine編集長

［プレゼンター］

守屋喜代司｜横浜市文化観光局創造都市推進課

鬼木和浩｜横浜市文化観光局文化振興課

［司会進行］**大蔭直子**｜横浜市文化観光局創造都市推進課

©横浜アーツフェスティバル実行委員会

司会　第一回のテーマは「創造都市はブランド力アップに貢献できるのか」。都市のブランドとはそもそも何なのか、どうやってつくられ、浸透していくのか。創造都市を進めてきた横浜や海外都市の具体的な事例、そして情報の発信側と受け手側に今起こっていることを通して考えていきたいと思います。

横浜のブランド力アップと創造都市

文化観光局創造都市推進課　守屋喜代司

皆さんこんばんは。私は創造都市推進課で、横浜市芸術文化振興財団が運営しているヨコハマ創造都市センターとアーツコミッション・ヨコハマ事業に関わっており、創造都市全体の情報発信を担当しています。

「ブランド力」とは

「ブランド」はもともと自分の家畜に焼き印を押して、他人の家畜と区別したということから来ており、差別化、個性化を意味します。そのブランドが人々から共感、信頼されている、ということがあると「ブランド力がある」と言います。ただ単純に差別化、個性化されているだけでは「ブランド力がある」とは言えません。

「横浜版成長戦略」にみる都市づくり

横浜市では「中期四か年計画」（二〇一〇年～二〇一三年）の中で「横浜版成長戦略」を策定しています。八つある戦略の一つに「観光・創造都市戦略」があります。横浜の最大の強みである港を囲む独自の歴史や文化を活用し、芸術や文化の持つ創造性を生かして都市の新しい価値や魅力を生み出す都市づくりを目指しています。では具体的にどうやって都市としての魅力向上を図り、個性を出して差別化していけばいいのでしょうか。

田村明「個性づくりの一七原則」と創造都市

横浜での都市づくりと言えば、田村明さんを忘れるわけにはいきません。田村明さんは横浜市で、都市部強化事業、金沢地先埋立事業、港北ニュータウン建設事業、高速道路網建設事業、高速鉄道（地下鉄）建設事業、そしてベイブリッジ建設事業の「六大事業」と呼ばれているものを手がけ、今の横浜の骨格をつくった方です。

その田村明さんは著書「都市の個性とは何か」の中で、「個性づくりの一七原則」を示しています。「特色ある自然（山、川、湖、海など）を都市から多く見せること」「歴史性を生かすこと」「創造的な活動力を示すこと」「街頭を舞台にした多くのドラマが繰り広げられること」などです。

「創造的な活動力を示すこと」「歴史性を生かすこと」は、まさに創造都市の取り組みが当てはまります。歴史的な建造物を生かし、アーティストやクリエーターが活動する「創造界隈拠点」の整備を行ってきました。「街頭を舞台にした多くのドラマが繰り広げられること」としては、「スマートイルミネーション」、「横浜ジャズプロムナード」、「黄金町バザール」などのイベントにも取り組んでいます。

創造都市の認知度調査結果から見えてくるもの

創造都市のことをもっと多くの人に知ってもらいたいということもあって、「オープン・ヨコハマキャンペーン」を二〇一〇年から三年間実施しました。そして二〇一二年にアンケート調査を行いました。

「創造都市という言葉を知っている」人は二一・八％。まだまだ低いと思っています。アートやクリエイティブな活動に関心のある人の認知度はどうかというと、若干上がりますがそれでも二六・八％です。

またこの後、二〇一三年に「ヨコハマｅアンケート」を実施しました。これは登録制の会員に対するインターネット調査で、横浜市の取り組みにかなり関心のある方が回答者となっています。今回五三一人の方に回答をいただきました。

「横浜市が推進している創造都市施策を知っているか」

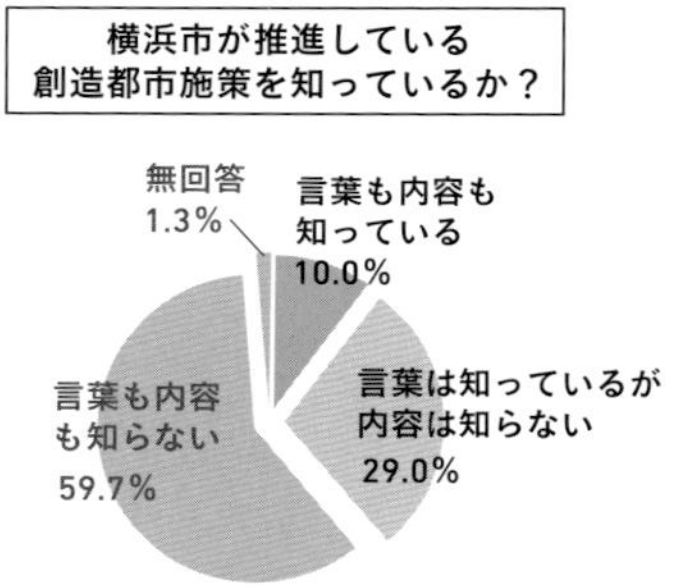

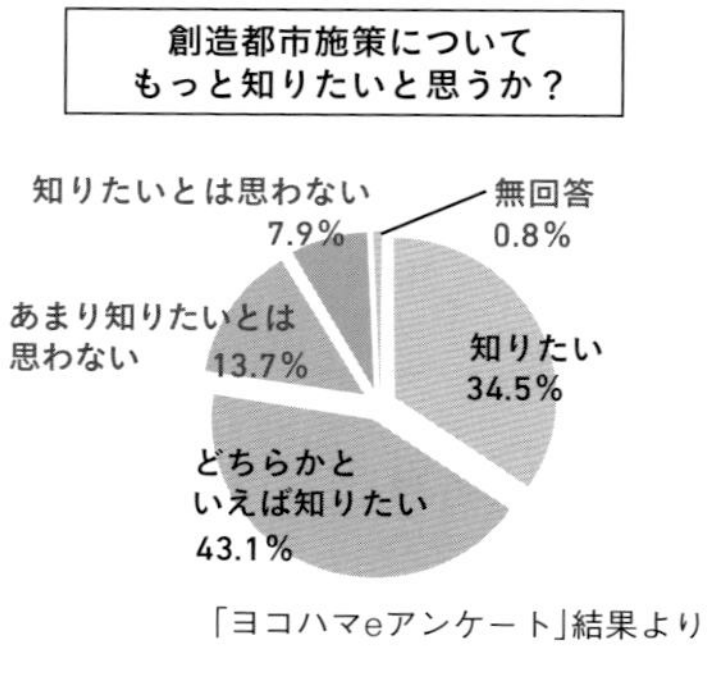

「ヨコハマeアンケート」結果より

という問いに対しては、「言葉も内容も知っている」が一〇%。「言葉は知っているが内容は知らない」が二九%。「言葉も内容も知らない」が五九%でした。また「創造都市施策についてもっと知りたいと思うか」という問いに対しては、三四%が「知りたい」、四三%が「どちらかといえば知りたい」という回答でした。この方たちにはぜひ伝えていかなければいけないと思っています。

全部で二六二人の方から自由意見もいただきました。「やることにまったく価値を感じない」「税金を投入してやることなのか」「優先順位が高いものが他にあると思う」「もっと市民にわかりやすい親しみの感じられる活動であるべきだ」「関係者だけの自己中心的な活動になっているのではないか」というご意見がありました。こういった部分はまだまだ創造都市にはブランド力がないと思っています。「市、行政には関心を強く持っているつもりでいたが、知らないことが多かった」「重要政策ならもっとPRが必要なのでは」「なぜ私は知らないのでしょうか」「いったいどこで広報しているのでしょう」というPR不足を指摘するご意見は三分の一の方からありました。ここは今後、強化していかなければいけないと感じています。「市民として誇りを感じています」「毎回ボランティアとして参加し、楽しませていただいています。あと何回参加できるやら、生き甲斐です」というような、かなりの愛着を感じていただいているご意見もありました。創造都市として、こういうファンをもっと増やしていかなければいけないと思っています。

創造都市の第二ステージ

二つのアンケートがこのような結果でしたので、横浜の創造都市が着実に成果・実績を上げているということも市民の間ではあまり知られていないのだろうと思います。横浜市は二〇〇四年、全国に先駆けて創造都市政策を展開し、二〇〇八年の文化庁長官表彰（文化芸術創造都市部門）受賞第一号にもなりました。二〇〇九年には「横浜クリエイティブシティ国際会議二〇〇九」を開催し「横浜宣言」を行っています。二〇一三年、創造都市を推進する地方自治体等を支援し、連携・交流を促進するプラットフォームとして設立された「創造都市ネットワーク日本」の初代幹事団体代表になっています。このように実績を上げてはいますが、まだまだ関係者の中だけの評価に留まってしまっているということも感じています。創造都市がスタートして九年が経過しましたが、創造都市の第二ステージに必要なのは、取り組みの成果をより多くの方に知っていただくことです。

まずは知ってもらうことから

最近言われているのが、インターネット普及後の「AISAS（アイサス）モデル」です。情報探索して行動、そして情報を共有・シェアする、ということが今の流れとして起こってきています。SNSやブログなどの媒体もうまく使いながら、多くの方に創造都市の情報を知らせていきたいと思っています。

創造都市の取り組みを横浜のブランド力アップにつなげるためには、その取り組み自体が信頼と共感を得ていかなければなりません。まずは知ってもらわなければ、信頼と共感が生まれることもないと思っています。知ってもらうということを大事にやっていきたいです。

創造都市とは「物語」である

文化観光局文化振興課
鬼木和浩

創造都市誕生までのストーリー

創造都市は、都市ブランドを形づくる新しい物語・ストーリーであると言えます。

横浜の大きなストーリーというと、まずは「開港」があります。横浜が開港の地であるというのは、市民の方であればおそらく一〇〇%知っていると思います。そしてその後、横浜市は五重苦と言われる事態に襲われました。「関東大震災」、昭和初めの「経済恐慌」、戦時中の「大空襲」、戦後の米軍による「長期接収」、そして高度経済成長期の「人口急増」。開港以来栄えてきた横浜は相当衰退し、また多くの社会課題を抱えることとなりました。それらを克服していったのが、先ほどのお話にあった六大事業や市民の皆さんによる活動だったということが、大きな横浜の歴史でありストーリーです。

そこに文化政策がどう関わってきたのか。横浜市の文化政策は一九四七年に「文化課」が民生局にできたことから始まります。戦争で疲弊した横浜市が文化というものにある種希望を託した、と私は解釈しています。市民ギャラリーをつくり現代芸術を積極的に紹介した、ソフトが充実していた飛鳥田市長の時代。細郷市長、高秀市長のもとで、横浜美術館をはじめとした文化施設がたくさんできた、ハードが充実していた時代。その後の中田市長の時代になり創造都市という政策が出てくる、というのが文化政策の大掴みの流れです。

都市ブランドを形づくるもの

都市ブランドを形づくるのは、その都市が持っている物語、ストーリーなのではないでしょうか。よく思い出すのがドレスデンです。ドレスデンは空襲で壊滅的な被害を受けた後、教会を瓦礫から積み上げて元のとおりに直し、それが街のシンボル・都市のブランドになっています。

そう考えると、創造都市とは都市の歴史となっている大きなストーリーに新しいものをつけ加えること、あるいは未来をつくっていくストーリーそのもののことです。必ずしも従来の横浜の歴史をそのまま発展させていくということだけには限りません。歴史を発展させながら更に新しいものをつくっていくことが創造都市の方向性であり、それが都市ブランドに結びついていくのだと思います。

「ブランド」は人の心の中にある

伊藤香織
東京理科大学准教授

文化による都市再生 ～ニューカッスルゲーツヘッド

創造都市がどのようにイメージを形成するかというテーマに関連して二つの街を紹介したいと思います。

一つ目はイギリスのニューカッスルゲーツヘッドです。これは、ニューカッスル・アポン・タインとゲーツヘッドという二つの街から成っています。重工業で栄え二〇世紀前半は世界一の造船の街でしたが、第二次世界大戦後に急速に衰退し、その後はずっと失業率が高い苦しい時代となりました。そんな都市が一九九〇年代から文化による再生を

ニューカッスルゲーツヘッド

アントニー・ゴームリー《エンジェル・オブ・ザ・ノース》

成し遂げました。簡単に言うと、ある種の国策でもありました。ニューカッスルゲーツヘッドはイングランド北東部に位置しスコットランドに近い都市ですが、このあたりは文化的基盤が非常に乏しいという、地域開発公社（ノーザンアーツ）のアートに関する調査結果が発表されたのです。それを受けて、一九八〇年代初頭からゲイツヘッド市がパブリックアートに力を入れ始めました。

最初に目に見える形で現れてきたのが、アントニー・ゴームリーという著名な彫刻家がつくった巨大な鉄の彫刻「エンジェル・オブ・ザ・ノース」です。これは耐候性鋼鉄でつくられており、かつての造船の街に相応しい形として現れましたが、制作中は住民の七〇%～八〇%が反対でした。「こんな不気味なものをなぜつくるんだ」「お金の無駄じゃないか」という批判もありましたが、ワークショップなどで少しずつ理解を得て一九九八年に完成しました。すぐにイギリス中から注目されるようになり、観光客も大勢訪れ、地元の人は「えっ、そんなにすごいものだったのか」と驚きました。衰退してどうしようもなくなっていた造船業の技術が、もしかしたら文化という形で使えるのではないかということも含めて、今度は七〇%～八〇%が賛成に転換したということがありました。

アートセンターの新たな仕掛けと市民意識の変化

ゲーツヘッドがニューカッスルに先駆けて文化による都市再生をスタートさせましたが、両市が手を組んで文化都市として打ち出していくという活動が始まったのが二〇〇〇年頃です。二〇〇二年には現代アートセンター「バルティック現代芸術センター」が、二〇〇四年には音楽ホール「セージ・ゲーツヘッド」ができました。

古い製粉工場の建物を現代アートセンターに再利用する際

は、工事中の大きな空間を使ったインスタレーション、外壁を使った作品などを市民が体験できる機会をつくっています。また工事中の四年間で一六回ニューズレターを発行して、アートってこういうもので、あの廃工場の建物がこんなに楽しくなるんだよということを伝え続けました。この地域はイギリスでももっとも貧しい地域のひとつで、「アートなんて全然縁がないだろう」「こんなところにアートセンターをつくっても絶対失敗する」などと言われていました。しかし、オープンの二〇〇二年七月一三日午前〇時、真夜中にも関わらず何千人もの市民が行列をつくったのです。ゲーツヘッドの人口は一九万人ですが、最初の一週間で三万五〇〇〇人以上が訪れ、市民アンケートではオープン八ヶ月後までに訪れた市民は四九％にのぼりました。労働者の街でアートは成功しないと言われていましたが、市民から親しまれるアートセンターになったのです。つくられている時から、伝える努力ということを常に心がけてきた成果だと思います。ハードの整備だけではなく、「ニューカッスルゲーツヘッド・イニシアチヴ」という組織が地域の個性と文化をプロモートしています。新しく整備された公共空間や施設で市民が実際に文化を体験する機会が増え、積極的に参加するようになります。私自身も二〇〇八年、主宰する「東京ピクニッククラブ」で一〇日間のピクニックプロジェクトを行いました。本当にもういるだけでワクワクするような、いつもどこかで何かが起こっているような街です。そして「創造的に考え、やりたいことをやってみていいんだ」という雰囲気に溢れていて、私は大好きな街です。

外からの評価が都市ブランドにつながる

この街の場合は外から評価されたということが大きかったと思います。観光客が大幅に増えたので経済効果があり、市民意識が変わったという調査結果（二〇〇一年）も出ています。「アートが自分の人生にとって重要である」と答えた人は五四％で、同じ調査でのイギリス平均三七％を大きく上回っています。九五％の人はタイン川周辺の開発が「地域のイメージ向上に寄与した」、八九％の人が「新たな誇りがもたらされたと感じている」と答えています。身を持って変化というものを体感した人たちがこのように感じていることから、外からの評価も含めてある意味でブランド化されたのだと思っています。

ラ・マシーン

巨人の時間を生きるまち、ル・アーブル

もうひとつ別の街を紹介します。フランスのル・アーブルという街です。この街ではロワイヤル・ド・リュクスという、巨大な操り人形を使って街でパフォーマンスを行うストリートシアターカンパニーが何度も公演を行っています。横浜には二〇〇九年に関連の「ラ・マシーン」が来ましたので、ご存知の方も多いかと思います。

彼らの拠点はフランスのナントですが、最初に大きな操り人形の作品を上演したのがル・アーブルで、その後も繰り返し公演しています。一九九三年に最初に公演したのが「空から落ちてきた巨人」という作品です。巨人が街を歩き回りました。翌年に巨人が帰ってきたという作品を上演し、最後は船で去っていきます。一九九八年に黒人の少年、二〇〇一年にはキリンが加わり、二〇〇六年には象と少女が登場するという作品を上演しました。

この街で実験をしながらロワイヤル・ド・リュクスは育っていきます。最初は、突然恐ろしい巨人が現れて人々は戸惑い、何か禍々しいものを見るような表情で迎えていましたが、巨人が夜眠ったり、水を飲んだり、街路を歩き回ったり、みんなと一緒に広場で映画を見たりということをしていく中で、人々は次第に巨人に親しみを感じ、やわらかい表情に変わっていきます。そして最後に巨人が去っていくときには、子供も大人も寂しくて涙ぐんだりするのです。ル・アーブルには何度も巨人が現れるので、「また戻ってきてくれた」とか、「あのときに彼がここでこうしたんだ」というのが街の物語として埋め込まれているし、自分の人生のある時間の中に埋め込まれているのです。つまり、ル・アーブルの人たちは、巨人のいる世界を確かに生きているのです。

都市のイメージ〜コミュニケーション

ブランドというのは製品に付随しているものではなく、消費者の心の中のイメージとして存在していると言われています。今日なぜこのふたつの都市を紹介したのかというと、「心の中に存在している都市」というものがあるのではないかと思ったからです。

マーケティングの研究によると、都市のイメージが形成されるコミュニケーションには、一次、二次、三次のコミュニケーションがあるそうです。一次コミュニケーションは、空間やインフラの整備、組織づくりや諸々のプロジェクトなどの実態の都市づくりで、二次コミュニケーションは、一般的な広告・PRなど。それらから派生する三次コミュニケーションは市民による口コミです。直接的な体験だけでなく、最近メディアでよく見かけるとか、周りの友人たちが良いと言っているとかも、結局は体験で、それを通してイメージが形成されます。したがって、一次、二次、三次各レベルのコミュニケーション戦略が求められるだろうと思います。ただし、アートの場合、直接的な体験によって、ときに人生や世界観を揺るがすような体験をすることがあります。ニューカッスルゲーツヘッドやル・アーブルを見ていると、本当にそう思います。創造都市戦略がアートに限らないことを承知の上で言いますが、心に描かれる都市のイメージ、あるいはブランドを、創造都市を通して考える場合、この心を揺さぶる直接的な体験に特徴があるのではないかと思います。

創造都市の目指す「ブランド」とは

人の心の中にブランドがあるのだとすると、ブランド力というのをどう受け止めたら良いのでしょうか。そして創造都市戦略によって誰にどのようなイメージを描いてもらいたいのでしょうか。

今各地で開催されているアートイベントを巡っているような人たちに、何らかのイメージを持ってもらいたいのか。さらにハイアートになって、世界的に認めてもらうことを目指すのか。逆にもっと生活に根付いたところにイメージを見いだしていきたいのか。どれかひとつではないと思うのですが、いっしょくたにはできず、もう少し具体的な相手と具体的な都市像を念頭に置きながら、ブランディングというものを考えていかなければなりません。ブランドという言葉でまとめて何かを説明したつもりにならず、それは具体的にどういうことなのかを、もう少し考えていく必要があると思います。

都市の物語が生む共感の力

古川 誠
オズマガジン/OZmagazine編集長

雑誌リニューアルの決断

私が編集長として関わっている「オズマガジン」は、もう一〇年ぐらい横浜とお付き合いがあります。二〇一三年三月号では横浜の特集を組みました。ブランド力アップに貢献するためにはこういったメディアも一つの役割になれると思っていますが、一方、伝えることの難しさも一番感じています。

二〇〇八年に編集長に就任して今五年目ですが、その間に人々の情報の受け取り方や行動するまでの心の動きがまるで変わってしまいました。そこに一番難しさを感じていま す。私が編集長に就任した年というのは、インターネットで情報検索する時代から情報発信する時代へと変わるタイミングでした。それまでオズマガジンは情報誌と呼ばれ、情報を調べるためのツールとして使われていましたが、編集長になったその年、二週間に一回発行していたのを月一回の発行に変え、情報ではなく「物語」を共有する雑誌にすべくリニューアルを図りました。

私が大学生の頃は、情報と行動の間は本が一冊入れば済んでいました。たとえば私が三時に横浜にいて映画が観たいと思えば、ぴあを見て三時半から始まる映画を探して観に行けばよかった。それが今では、人が動くにはもう情報だけではだめになってしまっています。情報がツイッター、フェイスブックやラインなどあらゆる方法で自分の中に入ってくる世界になってしまったので、情報を見たとたん、知った気になってしまいます。そうすると、情報をいくら発信してもお金を出してそれを買う人がいなくなってしまう、という現象が起きてしまうのです。

雑誌として何を伝えていけばよいのかを考えたときに出てきたキーワードが「物語」でした。今日はその「物語」の話をします。

越後妻有・瀬戸内が生み出した「物語」とは

「物語」の例をひとつあげます。日本から世界に発信できる国際的なトリエンナーレとしては、横浜、新潟の越後妻有、そして瀬戸内国際芸術祭の三つ、それに愛知のトリエンナーレを加えれば四つがあります。そして正直な話、越後妻有と瀬戸内のトリエンナーレは非常に面白い。横浜のトリエンナーレはちょっと弱かったなと私は思います。物語性の発信力というのに劣っていたからではないかと思っています。ただそれは横浜が劣っているのではなく、逆に横浜が進んでいるからなのです。

越後妻有は、先ほどのル・アーブルの例とまったく一緒です。日本一の豪雪地帯で、一五年前にトリエンナーレを始める時、アートで街を活性化させるということに賛成する住民はほぼいませんでした。このように反対から始まったものが、今では一大イベントとなり、ボランティアの方も多数参加していて、自分たちの街がアートで変わっていく喜び、ストーリーがあります。そしてそれを体感することによって、みんなが自分ごとにしていったのです。瀬戸内国際芸術祭の舞台である小さな島々でも、同じようなことが起こりました。

なぜ毎年「横浜特集」を組むのか

ヨコハマトリエンナーレ二〇一一では、横浜美術館とBankART Studio NYKが主会場となっていました。そこに横浜の魅力というものをもっと打ち出していく能動性があれば、より多くの人が訪れたのではないかと思います。私自身三回も行って、とても楽しかったのですが、やはり横浜の街の魅力をもっと伝えていくべきだと感じました。

オズマガジンが毎年横浜の特集を組むのは、横浜にストーリーがあるからです。最新の情報を読者に提供するだけであれば、毎年特集する必要はありません。オズマガジンで毎年特集をしている街は横浜、鎌倉そして銀座だけです。そのほかの街は毎年のレギュラーではありません。横浜にはたくさんのストーリーがあって、情報と行動の間にある「共感」という部分を読者にたくさん提案することができる街だと思っているから、そういう打ち出し方をしています。

人を動かすのは情報ではなく「物語」

情報と行動の間の「共感」は、オズマガジンの基本コンセプト「日常を丁寧に過ごす」に起因しています。共感の部分を物語に変えて伝えていきたいと思っています。

例えば、ホテルニューグランドの一階にある「ザ・カフェ」のプリン・ア・ラ・モードがいくらで食べられるかというのは「情報」です。そしてこれを食べに行かせるために必要なものが「物語」です。この「プリン・ア・ラ・モード」はこのホテルが発祥です。横浜には開港以来たくさんの外国人が訪れるようになりましたが、戦後ニューグランドに滞在していたアメリカ人将校の夫人たちが、自分たちの国で食べていたようなものを一階のカフェで、ということでこのプリン・ア・ラ・モードが生まれました。このホテルでもうひとつ生まれたものとしては、スパゲティ・ナポリタンがあります。コック長だったサリー・ワイルさんという有名な方が、当時トマトソースが手に入らず、代わりにトマトケチャップを使って生み出したのがナポリタンだそうです。

そういったちょっとした物語が自分の中に入ってくると、ここのプリン・ア・ラ・モードやスパゲティ・ナポリタンを食べてみたいという気持ちが生まれます。それが「共感」です。

すごく面白い話があります。サリー・ワイルさんの下で働いていた人たちが野毛にお店を出し、さらにその弟子たちが受け継ぎ、今でも野毛あたりに洋食屋さんが多いそうです。そういった歴史を知った上で野毛の街に行くと、見えてくる景色も変わってきます。

「共感」をブランド力アップの原動力に

「共感」を横浜のブランド力アップにつなげていくということが、ひとつのキーになると思います。そういった「共感」は横浜の街に溢れています。

雑誌の市場は昨年同月比で売上が七%減という世界で、どんどん縮小しています。そういう中で何を読者がお金を出して買ってくれるのか。今必要なのは、物語性や共感性です。それはもしかしたらたった一枚のいい写真なのかもしれないし、知らなかった物語なのかもしれない。その訴えかけ方をどうするのかというのが大事なところで、雑誌にも都市にも同じことが言えるのではないでしょうか。

物語を発信する力を磨く

情報はただでもらえる時代、そして情報は自分で発信できる時代にあって、メディアや都市は、「物語」をもっとうまく発信できる装置になっていかなければなりません。全国のいろんな都市の方とお話ししますが、行政がこれだけ本気になっているのは実は横浜市だけです。ただ横浜市が難しいのは三七〇万人の市民がいることです。人口がもっと少なかったらもっとシンプルにできるかもしれませんが、多ければ多いほど意識をひとつにしていくことが難しくなっていきます。それをいかに合わせていくかというときに必要なのが、強烈な物語だったり、共感・シンパシーだったりするのです。

私は神奈川県の辻堂の出身で、「出身はどちらですか」と聞かれたら「神奈川県です」と答えますが、横浜市に住んでいる人は必ず「横浜です」と答えます。「神奈川県です」とは言いません。それぐらい横浜は強いブランドです。

そういう意味でシビックプライドは高い水準にあり、それに対して皆さんがどうひとつの物語を共有していけるのかというところで、日本一、世界一の都市になっていけるのではと思います。

Discussion

横浜は好きですか

司会　横浜に住んでいる方も多いと思いますが、ご自分の今住んでいる街が「とても好きだ」と思う方は手を挙げていただけますか。結構な方が挙げてくださって恐縮です。では手を挙げなかった方は？（笑）理由を伺えませんか。

参加者A　長津田に住んでいます。長津田は横浜市と町田市との境界に位置していて、横浜に出るよりも新宿や渋谷に出た方が時間的にはよっぽど早い。それに元々東京に住んでいたので、横浜市民だという意識はあまりありません。

司会　率直なご意見ありがとうございます。以前から横浜市北部は東京の方が近いので、「横浜都民」というふうに言われていますよね。市全体としてブランド力というか、シビックプライドをどのように組み立てていったらよいのかということは非常に悩みます。一方三七〇万人の巨大都市で共通の意識を持つことが本当に必要かどうかということもあります。ただ、皆さんに「自分たちは横浜市民だよ」と言ってほしい気持ちもあります。どうすれば「横浜都民」ではなくて「横浜市民」だと言ってもらえるのでしょうか。

伊藤　講演などでシビックプライドの話をすると、「どのくらいの大きさの都市がシビックプライド醸成によいと思いますか」と聞かれます。そのときによくお答えするのが、誰しもいろんなスケールで帰属意識を持っているということで、市民とも思っているだろうし、一方でこの商店街にすごく馴染みがあるということもあります。もう少し身近なところから組み立てていくというのもあるのかなと思います。

古川　三七〇万人という数がすごく難しいなと思います。全員が同じ方向に向かうのは本当に難しい。たとえばイチローを好きな人はたくさんいますが、嫌いな人もいると思うんですね。でもそれは裏返しであって、アンチができることでブランドが確立されていくということもあるので、そういった意見も実は大切だと思っています。もちろん全員が同じ方向を向くのが理想ですが、それにはリーダーがどうやって引っ張っていくのかがすごく大事になります。もうひとつ、トリエンナーレの話になってしまいますが、それこそ長津田の方も戸塚の方も、同じ横浜市民として参加していくためのフレームづくりをもっと広げていくこと

も重要だと思っています。越後妻有の場合、車でないと移動しきれないくらいの広さがあり、いくつかのエリアに分かれます。そうなるとアーティストがいろんなところに点在するので、エリアごとのまとまりが生まれるんですよね。あのエリアにこういうことがあったから、私たちもこういうことやろうとなっていきます。どうみんなが当事者意識を持てるかというフレームづくりは、ひとつヒントになるのではと思いました。

「お洒落」が横浜のキーワード

司会　ありがとうございます。皆さんからも何か質問はありませんか。

参加者B　私が小さい頃、「横浜に住んでいる」と言うと「お洒落なところに住んでいますね」という返事がよく返ってきました。「お洒落」というキーワードが結構昔は出ていたように思います。横浜のブランド力をもっと上げるためには、アートという選択肢だけでなく、ファッションというのもあるのではないでしょうか。ファッションとお洒落をもう一回掘り下げ、横浜らしさを形成してブランド力を高めていく。アーティストだけでなく、アパレル関係者をもっと横浜に誘致して昔の「ハマトラ」のような新しいファッションをつくる。そういうことはできないのかと思っています。

司会 今のお話の通り、一昔前は横浜はお洒落な街というイメージだったんですね。今お洒落な街かと問われると、正直自信を持って言えるほどでもない。なぜかというとこれだって示せるものがない。もちろん港の風景だとか、歴史的なものはいろいろありますが、自信を持ってお薦めできるものが少なくなってきているのかなという気がします。鬼木さん、お洒落な街ですか。

鬼木 そう言っていいと思います。「お洒落」というのは洋服に限らず、幅広く言えば物事を楽しむ気持ちとかセンスです。生活を楽しむという心意気を「お洒落」と呼んでよければ、横浜の人にはすごくあるのではないかなと思います。

創造都市のターゲット

司会 先ほど伊藤さんから「ブランド力を通して誰をターゲットにどういうイメージを描いてもらいたいのか」というお題をいただいています。創造都市のプロモーションに取り組んでいる守屋さんから一言いただけますか。

守屋 あくまでも市民をターゲットに、と考えています。市民に「横浜の街は開港の歴史がちゃんと生かされている美しい街なんだ」ということを思い描き続けてほしいですし、それを持って横浜に住んでいて良かったと満足してもらいたいです。

伊藤 創造都市を通して、観光というよりは市民の満足度を上げるというところを目指しているということですね

最初の一歩を踏み出すのに必要なこと

参加者C 横浜市民全員の理解を得てから物事を進めるのは難しいように思うのですが、他の都市で新しい一歩を踏み出すきっかけやパワーになるような事例はありますか。

古川 地方に行けば行くほど、自分たちの街にどうすればもっと人が来てもらえるかという課題を抱えていますが、やはり表現の仕方がわからないということがあります。地方では面白い現象が起こっていて、自分たちの街の良さを伝えるパンフレットをたくさん作って、それを自分たちの街に置いていたりします。縦割り行政だから同じようなパンフレットに予算が投下されていて、自分たちの圏外に出

ていかないということがあります。そういう意味での戦略としては、横浜市はある程度洗練されていると思います。そうなってきたらやっぱり一番必要なのは行政の上に立つリーダーシップで、何を掲げていくかを一声ドンと言う人です。

成功している都市は、やっぱりリーダーが強いんですよね。そしてリーダーが強いのと同時に、その下で動く人たちの団結力が強い。リーダーが組織の縦割り意識を減らしていくことによって議論が活性化していきます。まず旗に何を書くのかということがすごく重要で、その後にいろんなアイデアは出てくると思います。

僕は行政の世界に身を置いたことがないので無責任なことは言えないですけど、うまくいっているエリアは少なからず全国にあります。それをこの規模の都市でできるかどうかは日本中が注目していますし、もしできたとしたら、世界中のロールモデルになるだろうと思います。

伊藤　地域ごとの小さいエリアから始めるというのもあるのではないかと思います。日本ではリーダーシップが強くてうまくいくこともありますし、大コケすることもあります。横浜には人材が集積しているので、それをもっとうまく活用していくと良いのではと思います。

司会　横浜の創造都市は非常に強いリーダーシップ、思想のもとに始まりましたが、今はネットワーク化への切り替え時期ということかと思います。

参加者D　ブランド力があるとどんな良いことがあるのか、その答えがクリアーになっていれば「誰にどのようなイメージを持ってもらいたいのか」というのも出てくると思います。何を目指してブランド力をアップさせていけばよいのでしょうか。

伊藤　ブランドという言葉で何かを説明したような気になってしまう。私自身も含めてそういう気がしています。それを本当はもう少し分解していかないといけない。最終的な目標が住んでいる人の満足度を上げるという場合でも、外から評価された結果嬉しくなるなど、いくつかの経路があると思うんですね。それを全部ひっくるめてブランド力と言っている間は、ブランドということにあまり意味はないような気がします。

司会　本日のテーマとして「創造都市はブランド力アップに貢献できるのか」という疑問を投げかけましたが、この疑問は残念ながら解決はしないということですよね。この講座を続けていく中で、皆さんの中に物語を繋いでいって いただきたいなと思います。またブランドというのは人の 心の中にあるものだというお言葉をいただいていますので、 それを踏まえて次回からの講座に参加していただきたいと 思います。本日はありがとうございました。(了)

Dance Dance Dance @ YOKOHAMA 2012 撮影：フォトチョイス

Think About Creative City

芸術フェスティバルと創造都市

横浜市創造都市事業ステップ1

嘗て社会学の先人達が「脱工業化社会（ダニエル・ベル）」や「第三の波（アルビン・トフラー）」等で、工業化の先にある社会の姿を予見した。そしてリチャード・フロリダが唱えるクリエイティブクラスの出現（クリエイティブな産業に従事し、且つクリエイティブな発想をする人々）に代表される創造都市という概念は、工業化が一巡し、他の国や都市によってその従属人口が減少し、減退する都市にとって、ひとつの大きな夢をもたらしたと言える。横浜市もその例外ではない。空き室、空きビルが地区によっては高い比率で伸長し、経済的な環境を即刻変える必要があった。歴史的建造物を上手く活かし、まさにクリエイティブクラスに注目してもらい、来てもらい、住んでもらう環境を整えていったのである。この活動は日本では先駆けであり、この手の産業や都市計画論などを論ずる方々には大いに称賛され、現在に至るまで、約200組※のアーティスト・クリエーターが集積する都市になった。

創造都市事業ステップ2とは何か?

リチャード・フロリダはその著の中で創造都市成長の条件として3Tを挙げている。Technology（技術）、Talent（才能）、Tolerance（寛容性）である。アーティスト・クリエーターを集めた、創造界隈拠点なるものも、歴史的建造物や、古いがリノベーションを行うことで魅力的な建物を数か所つくりあげた。でも、特に若手の彼ら、彼女らに積極的に仕事のチャンスを生み出すサイクルが回っているだろうか?多くの人たちに彼ら彼女らの生業を知ってもらう機会を与えているだろうか? 彼ら、彼女らとて霞を食べて生きていくわけではない。経済が回ってこそ、ここにいる意味合いが出てくるのである。どんな高尚なことも生活の基盤ができなければ始まらないのだ。そのためのサイクルを回すというのが横浜市創造都市政策のステップ2といえるものと考えている。

芸術フェスティバルの果たす役割

2年ほど前から横浜市は、テーマを絞った芸術フェスティバルを開催している。ダンスダンスダンス@ヨコハマ2012、横浜音祭り2013である。これらの全てのビジュアルデザインは、市内に拠点を持つ若手アーティストからコンペティションで選ばせていただいた。行政の仕事だから、民間の仕事より安いかもしれない、が、紙、映像、Webなど全てを監修できる大きな発表の機会だ。そしてこれらの芸術フェスティバルには多くの拠点アーティストが実際に参加し、歌い踊る機会もできる。創造都市施策ステップのひとつのソリューションだ。子供たちが真の芸術に触れることにより、将来への夢が膨らむ。まさにリチャード・フロリダが提唱した3Tの実践の場がこのフェスティバルにあるといえる。次世代育成（Talent養成）、そして異質なものを受け入れる寛容性は、都市が成長するためのキーワードであろう。そのためには多くの人に創造都市の活動を認知していただき、理解いただくことが非常に重要だ。カッティングエッジの部分は残しながら、大きなチャンスを与え、敷居を低くしてあげることがまさにこの芸術フェスティバルの役割と考えている。芸術フェスティバルが成功すること、それはまさに創造都市活動の支援にほかならないのである。

中山こずゑ（横浜市文化観光局長）

※2013年度関内外OPEN! 参加団体数

Think About Creative City

「これまで」と「これから」の間に

2009年末に横浜を新たな仕事場の拠点としたデザイナーのひとりとして、横浜が創造都市を宣言していたことは決定的な理由のひとつであったことは確かだった。同じ年の9月、『横浜クリエイティブシティ国際会議2009』の存在を知るも、すでに閉幕していたことを知った時はとても重大なものを見逃したような気持ちだったことを今でも覚えている。どうやら「創造都市」という言葉それ自体に、クリエイターやアーティストにとっては、憧れや希望を抱かせる魅力が備わっている。しかしながら、残念なことに市民の認知度・理解度はこれまで事業を続けてきた年月からしても明らかに低い。その問題を解決することこそが、これまで成し遂げてきたことを活かし、これからのために必要なことと考えられないだろうか。例えばどうだろう、創造都市横浜の成果物として存在する数々の魅力的な建造物や活動を、創造都市横浜“印”をつけ「見える化」してみるというのは。横浜の主要な創造的活動の場のほとんどにその“印”がつくことになり、あちらこちらで“印”を目にすることになる。そのうちに、それらが創造都市横浜でつながっているということに気づくのは時間の問題だろう。ひとつの例として挙げさせてもらったが、「これまで」と「これから」の間にしておくべきことを考えるのも、「これからの創造都市横浜」を軌道に乗せる手段のように思えてならない。

天野和俊（グラフィックデザイナー／受講生）

Think About Creative City

スクール受講を通して考える創造都市のこれから

～創造都市の取組全体を俯瞰しての、市民から見た横浜の創造都市について～

横浜市民としてのプライドとは、私流に言えば、ワクワクする時空間が日常生活の延長線上にいつでもあることだ。文化芸術の催し、街並みの散策、歴史を感じる味、スポーツ施設やプロの試合観戦など、生活しながらハレを享受できる環境が何より横浜らしいと感じられ、この上なく好きである。不思議なことに生まれ育った東京・杉並の中央線沿線界隈には愛着はあってもワクワク感を覚えない。生まれ故郷に対して何と薄情なことか、と思う。しかし東京にはそれこそ何でもあるが、私にとっては何かちょっと「違う」のである。

横浜市に住むことを決めた1992年のこと、横浜美術館の展望室から工事中のMM21の殺伐とした風景を眺めた時の寂寥感は今でも忘れられないが、さらに翌年には竣工直後のランドマークタワーのホテル日航に宿泊し「できかけ」の都心部を探索して将来の姿を期待し一生懸命に想像したものである。その後10年ほど経って「創造都市」という呼び名を知ったが、一市民としてまたアートプロジェクトに携わる者として、絶えず横浜市が探る様々な可能性を意識しながら、街とともに歩みを経験してきたことの意味は大きい。果たして成熟したわが街のさらなる純粋な付加価値や公共について市民が議論し創り上げていく大都市は、日本中にどのくらい存在するだろうか。創造都市の歩みは試行錯誤それ自体を含めて、市民が等しくその過程を体験できることこそが貴重な財産だと思う。

これからは、圧倒的多数の市民が居住する郊外部でもいかにしてワクワク感を共有できるかを考えていきたい。370万人で支える横浜らしさを創出し、都心部と郊外部とが一体感を醸し出す仕掛けはきっとある。たかだか住み始めて20年でこの熱き想いなのであるから、生粋のハマっ子のプライドには到底及ばないことは素直に認めたい。横浜育ちの子ども誰もが6歳でマスターする横浜市歌を、まずは歌えるようにならなくては、と常々思っている。

青木理恵（代官山インスタレーション/受講生）

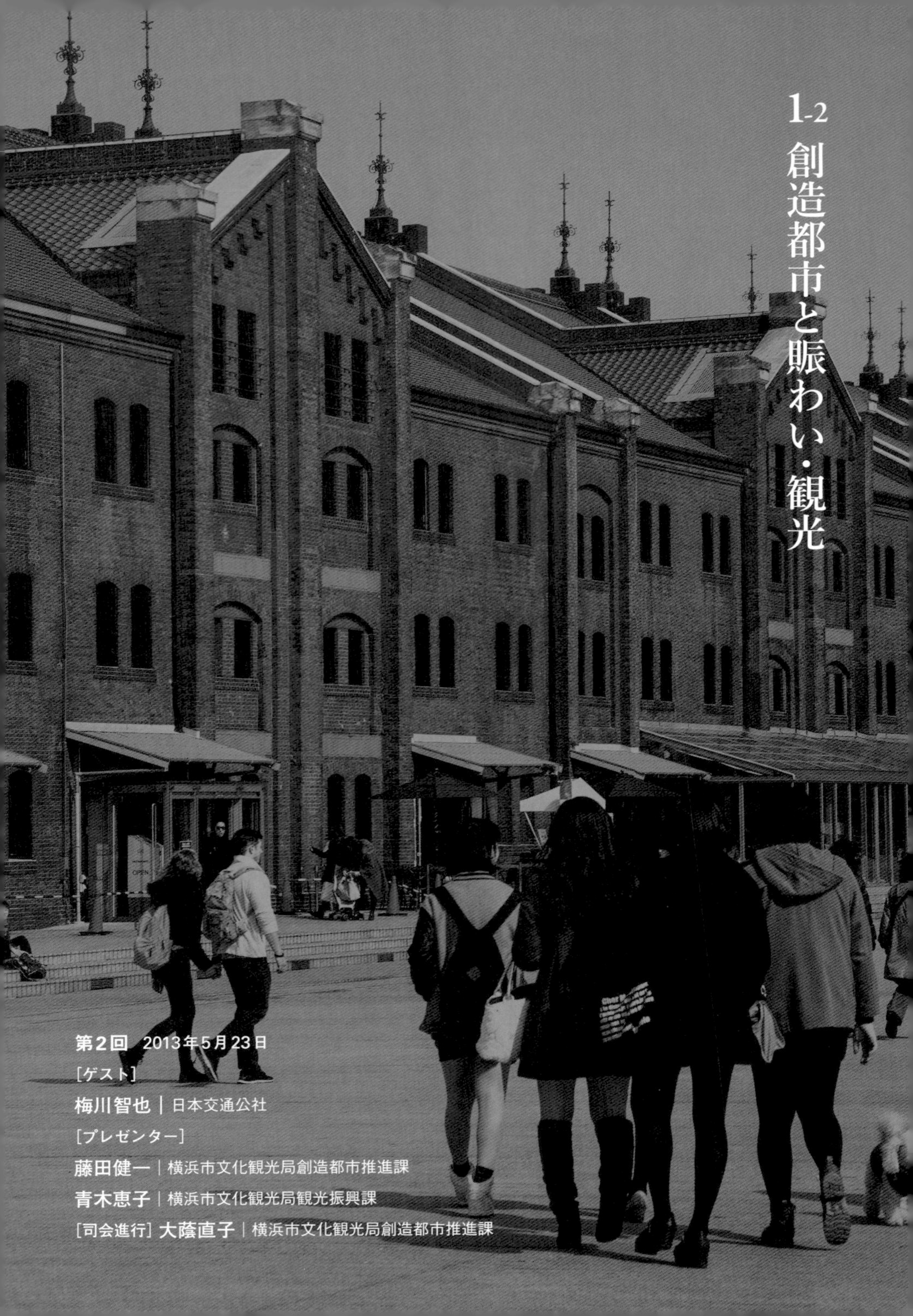

1-2 創造都市と賑わい・観光

第2回 2013年5月23日

［ゲスト］

梅川智也｜日本交通公社

［プレゼンター］

藤田健一｜横浜市文化観光局創造都市推進課

青木恵子｜横浜市文化観光局観光振興課

［司会進行］**大蔭直子**｜横浜市文化観光局創造都市推進課

司会　本日のテーマは「創造都市と賑わい・観光」です。文化観光局は今年で発足して三年目になりますが、創造都市としては「観光」ということを初めて正面からテーマとして取り上げました。文化芸術・産業振興・まちづくりという三位一体で進めている創造都市施策がどのように観光に結びついていけるのか、あらためてこの講座で探っていきます。

創造都市と着地型観光

文化観光局創造都市推進課　**藤田健一**

数字で測れない観光への寄与

こんばんは、創造都市推進課の藤田と申します。本日は、創造都市の取り組みを観光への寄与の面から分析し、さらに創造都市と着地型観光についてお話しします。

まずは、創造都市の取り組みによる観光への寄与についてです。

先日、二〇一二年（一月～一二月）の横浜市内の宿泊施設や観光施設等を利用した集客実人員のデータを文化観光局から公表しました。二〇一二年の集客実人員は二四八一万人、東日本大震災のあった二〇一一年の二二二九万人より増となっていますが、二〇一〇年の二六一九万人よりは少なくなっている状況です。

この実員数には「横浜トリエンナーレ」、それから私が今担当している「横浜ジャズプロムナード」の入場者数はカウントされていますが、それ以外の創造都市の取り組みやイベントの入場者数はカウントされていません。そのため創造都市が集客数の増加にどの程度寄与したのかということは、残念ながらこの数字からは検証できません。

では全く寄与していないのでしょうか。

答えはＮＯだと考えています。その理由として、創造都市の取り組みは、横浜の魅力を不断に増幅させていくものだからだということが言えます。

二〇〇二年にニッセイ基礎研究所が発行した都市観光に関するレポートによると、都市の魅力の要素として上位三つに町並み・景色、食べ物、歴史・地域の個性が挙げられています。町並み・景色、歴史や地域の個性は、まさに横浜市の創造都市の取り組みに不可分な要素です。

横浜市は、港や歴史的建造物などの地域資源を生かしながら文化芸術の創造活動により個性的で魅力的な都市空間づくりを進めるとともに、都市のエネルギー・都市の面白さに不可欠な存在と言えるアーティスト、クリエーターの集積を進めてきています。

全国四七都道府県の住民を対象に実施した「横浜市に関する意識生活行動実態調査」（二〇一二年実施、文化観光局）によると、横浜の魅力について六三・四％の方が「街並み・景観」と答えています。またその次に「夜景」を四八・二％の方が挙げています。

このように長年の都市デザインにより形成された街並み・景観の上に文化芸術というエッセンスを盛り込んで、都市の面白さ・都市のエネルギーというものを生み出し横浜の個性や魅力を不断に増幅させていく、そんな創造都市の取り組みは、数字では表せませんが、集客の増加や観光に寄与していると言えます。

なぜ今「着地型観光」か

次に創造都市と「着地型観光」についてお話しします。観光の分野からアプローチすることで、現状の創造都市の取り組みに足りないところは何かをあぶり出していきます。

結論を先に申し上げると、創造都市の取り組みと「着地型観光」は非常に親和性があります。

着地型観光とは、旅行者を受け入れる側の地域（着地側）でお勧めの観光資源を基にした旅行商品や体験プログラムを企画運営する形態の観光のことです。その地域の持つ歴史文化や自然などの観光資源を生かして、付加価値の高い体験型や交流型の観光商品を企画して旅行者を呼び込むというイメージです。地方では地元の人たちが知恵を出し工夫を凝らし、その土地のことを深く知ることができる魅力的なプログラムを作ったりする取り組みも行われています。

それではなぜ今着地型観光が注目されるのか。その理由は大きく分けてふたつあります。

ひとつ目は、人口減少・少子高齢化という社会背景です。現在、わが国では生産年齢人口比率（一五歳から六四歳）が減少し、同時に六五歳以上の老年人口比率が増加する社会に突入し、そのスピードは加速しています。また国内旅行消費額を見ても、訪日外国人の国内消費額は全体消費額のわずか五〜六％程度で、残りは日本人が国内旅行で消費しているという状況です。データが示しているとおり、日本

の観光産業は内需依存型の構造です。このままでは将来的に観光産業の規模は縮小していくでしょう。その効果的な打開策の一つとして着地型観光が注目されているのです。

ふたつ目は、着地型観光の取り組みが、まちづくりや地域振興につながっていくということが挙げられます。新たな観光客に来てもらうためには、受け入れ側の地元の人たちが自ら魅力を発掘し工夫を凝らして、その地域のことを深く知ることができる魅力的なプログラムを作っていく必要があります。その過程の中で自分たちの街の魅力を再認識し、街への関心も高まっていきます。

以上の理由から、着地型観光を横浜で進めることは、まちづくり・観光産業の振興にもつながり、結果的に文化芸術、まちづくり、産業振興の「三位一体」で進める創造都市を推進することになります。よってこの着地型観光は、創造都市の推進と非常に親和性があると考えています。

横浜の魅力を再確認する

では着地型観光につながる創造都市の取り組みとは、どのようなものでしょうか。

まずは魅力を再生・利用してそれらをつなぎつつ、付加価値をつけて発信していく。そして観光客の感想などを次の取り組みにフィードバックしていき観光の質を常に維持していくという形が考えられます。

横浜の魅力は大きくふたつに分けられます。ひとつは、全国の方に横浜の魅力として認識されているもの。例えば、海を囲む港のある風景や歴史的建造物が立ち並ぶ風景、また中華街といったグルメスポットや夜景などです。もうひとつは、横浜市民が当たり前の存在としてしか認識していませんが、市外からの観光客には当たり前ではなく魅力的に映るであろうものです。例えば、観光客がなかなか足を運ばないような郊外部がその代表例ではないでしょうか。横浜の魅力については、行政だけではなく市民や企業、NPOなど様々な視点から再確認していってはどうかと考えています。

「着地型観光」につながる創造都市の取り組みとは

次に創造都市のこれまでの取り組みの中で、着地型観光のヒントになるものをいくつか紹介します。

昨年創造都市で行った「オープンヨコハマ二〇一二」において、アートスタンプラリーを実施しました。これは市内の「創造界隈拠点」と市庁舎を中心にスタンプラリー形式で街歩きしながら回るもので、カフェや飲食店などもスタンプポイントとして設定することで観光客にお金を落としてもらう仕組みをつくっています。なお街歩きのツアーは「黄金町バザール」や「スマートイルミネーション」でも実施しました。また「オープンヘリテージ」というイベントでは、地域の歴史的建造物を一般公開しています。二〇一一年度には、歴史的建造物が数多く集まる馬車道で、建物を一般公開して街歩きとして実施した例もありました。このように横浜の魅力をつないでいくこと、そして付加価値を加えていくことが、これからさらに必要になっていきます。

ただ、これまで創造都市の政策の中で賑わいや回遊性という言葉は端々に出てきていますが、継続的な取り組みにはなかなか至っていません。一過性のものではなく日常的にいかに面的な広がりを持たせるかということが重要です。いくつかのイベントを紹介しましたが、例えば日常的にアートイベントが開催されている創造界隈拠点、ここ「BankART Studio NYK」もそのひとつですが、こういった拠点をつなぐツアーを仕掛けるなど様々な手法があると思います。小さな仕掛けからスタートしていき、それを少しずつ広げていくことが横浜の魅力の増幅につながっていきます。これまで創造都市の取り組みに対して、観光側からのアプローチや議論は少なかったのですが、今後の創造都市の政策を考える上で非常に有意義なことだと考えています。

横浜の観光から見た課題

青木恵子
文化観光局観光振興課

横浜の観光に関しては、「何でもあるけど何もない」、つまり「横浜ならこれ」という売りがない、というご意見をよくいただきます。これは本当は贅沢な悩みで、いろいろある横浜の魅力の売り出し方、狙いを絞ったセールスが下手、とも言えるので反省すべきところだと思っています。その中で、創造都市の取り組みは、横浜らしい新たな観光メニューのひとつになる可能性があると思います。

横浜の場合、市内のホテルなどの宿泊施設に泊まる方の約一〇%が外国人の方ですが、市内の観光施設を訪れる方の九七%位は日本人の方です。つまり立ち寄りを含めた横浜への来訪者全体の数%しか外国人の方はいませんので、将来的な国内人口の減少を考えて、今から海外からの誘客に布石を打って行きたいと考えています。

国内の誘客という点では、既存の観光施設や文化施設だけでなく、着地型観光の発掘と担い手の育成、実際にお客様が望む形で体験型の旅を提供できるか、商品化できるかというところに難しさがあるのではと思います。

海外も国内のお客様も旅行に求めるものは多様化しており、「そこでだけ」「その時期だけ」「その人だけ」しか体験できない、「特別感」を求める傾向が強くなってきています。創造都市の取り組みが横浜ならではの観光メニューになるためには、その部分を誰を対象にどうやってアピールして継続的に提供していくかが鍵になるのではと思います。

「まちなか」を観光で活性化する

梅川智也
日本交通公社

日本の観光産業はガラパゴス？

私が所属する財団法人日本交通公社は旅行会社ＪＴＢの筆頭株主であり、様々な公益事業を行っています。私はもともと都市計画に携わっており、そこから観光計画をやりたいということで入社し、もう三二年になります。全国の観光地を飛び回って地元の方々と一緒に活性化の話や、あるいはビジョンをどうつくろうかということを行っています。

今日は「創造都市」ということで、「まちなか」を観光で活性化するというテーマでお話しします。

日本で観光に落とされるお金がどのぐらいあるかというと、二三兆八〇〇〇億円（二〇一〇年度）という数字です。これはトヨタ自動車が世界で売っている車の金額とほぼ同じで、かなり大きい金額です。その中でインバウンドと呼ばれる外国人が日本国内に落とすお金は、たかだか六％ぐらいしかありません。ですから経済的に見ると、やはり我々日本人の、特に宿泊の旅行を増やしていかないと地域の活性化に寄与していきません。ところが実は、日本人の国内宿泊旅行は年々少なくなっており、縮小市場と呼ばれている状況です。逆に日帰りの需要は増えてきています。

日本の観光産業の特徴は、ガラパゴスと呼ばれるように、日本国内の需要によって支えられていることです。ヨーロッパの観光立国と呼ばれるような国、例えばスイスやオーストラリアなどでは、国内の需要よりもはるかに海外から来るお客様が落とすお金の方が多いです。

観光需要を効果的に増やす二つの方法

「旅行参加率」という指標があります。日本には約一億二〇〇〇万人の人口がいますが、過去一年間に旅行したことがある人は大体半分ぐらいしかいません。旅行が嫌いだという人もいるし、ご家族を介護しなければいけない、あるいは商売をしていて旅行に出られないという人もおり、旅行参加率をあげるというのは非常に難しいです。

伸ばせる方向というと、一人が一年に一回行くのではなく、二回、三回、四回、五回と増やしていく（リピーター化）、あるいは一回一泊で旅行に行くところを二泊、三泊、四泊という形に滞在時間を延ばしていく（滞在化）の方向しかありません。どこの観光地に行っても「リピーターが重要だね」、あるいは「滞在化するのが重要だよね」と言っているのはこういう背景があるからです。そして、もう実はこの二つしか観光需要を増やす方法はないということなのです。

発地型観光から着地型観光へ

着地型（観光）の反対の言葉は「発地型」です。旅行会社が東京や大阪などの大市場、つまりお客さんが発つ場所で作る商品を「発地型の旅行商品」あるいは「発地型観光」と言います。

発地型の旅行商品をつくるというのは実は非常に簡単です。日本の国土に優れた観光資源はどこにあるのかをまず見て、それを結んでいくと観光ルートになるわけです。そこに宿泊地点や立ち寄りのポイントを入れることですぐに旅行商品になります。

その時一番重要なのは観光資源の評価です。観光資源評価の仕組みは結構進んでおり、全国八〇〇〇件の資源を私どもで評価しています。特A級資源、A級資源、B級資源、C級資源に分かれます。日本のイメージの基調になるような、富士山、法隆寺、東大寺、三重県の伊勢神宮など世界遺産クラスの資源が特A級になります。

特A級だけで実は全国に三七ヶ所もありますが、もうここは行ったよ、それじゃ満足できないよ、という人が増えています。このようなリピーターに対応するためにはもっとディープな商品をつくっていかなければなりません。そこで、地元の方々が自分たちの資源を磨き上げて商品化していくという、着地型の旅行商品づくりが注目されてきました。これはまちづくりと一体のものと考えてよいと思います。

地元が自分たちの資源をプログラム化するということは、いろいろなところで行われています。最近は「着地型観光」という言葉は業界用語であるため、観光庁もあまり使わないようになってきています。「滞在メニュー」あるいは「滞在プログラム」という呼び方の方が一般消費者の皆さんにもなじみがあるかと思います。つまり観光地に行って、そこで過ごす時のいろんな楽しみ方、メニューというこ

とです。
これは簡単に言うと、旅行会社が企画をしてきたものを地域側が商品企画業務を取るという構図でもあります。実は付加価値の一番高いところ、キモのところをどっちがとるかという、実はかなりギリギリのところの話です。
しかしこの着地型商品というのはなかなか売れず、流通にも課題があります。パンフレットを作ったりホームページに載せたりというところまではすぐできるのですが、そこにきちんと予約が入りお客さんが来てくれて、そのツアーを楽しんでくれるかどうかというところはなかなか難しく、ビジネスになりにくいという面があります。そんな片手間にできるような話ではなく、町全体で取り組まないといけないものです。

観光イノベーションで大切な「不易流行」

観光の分野はバブルがはじけて以降ずっと低迷していましたが、そろそろ頑張っていかなければいけないということで、国の様々な支援もあり、「観光イノベーション」の時代に入ってきています。私が重要だと思っているのは「不易流行」ということです。イノベーションしなければいけない部分もあるのですが、歴史的に絶対変えてはいけない部分もあります。「不易」と「流行」をバランスよくやらなければいけないというのが、この観光イノベーションではないかと思います。

国内で一〇〇〇年続く企業で一番古いのは金剛組という、お寺を修復する会社ですが、二番目以降には観光、旅館があがってきます。二番目に古いのは西山温泉の慶雲館（山梨県）、三番目は城崎温泉の「古まん」という旅館（豊岡市）。一〇〇〇年続く企業のベストテンの中に四つも旅館業が入っています。不易流行の話ではないですが、ずっと変わらずに商売しているところはあるということです。

観光イノベーションとして典型的なのは、ネットがこれだけ発展してきて、消費者と旅館・ホテルが直接結ばれるようになってきたことです。もうひとつは、ローコストキャリアが台頭してきていることで、これも観光とは密接にからんできます。

別府の観光活性化「オンパク」

「まちなか」を観光で活性化している例として有名なのが「別府・ハットウ・オンパク」という取り組みです。温泉地はバブルがはじけて非常に衰退しました。特に団体旅行の需要に対応していた温泉地、例えば関東で言えば鬼怒川や熱海あたりでは大規模な旅館が経営的に厳しくなってきています。

別府では、活性化のためにあるものをうまく使おうよという発想で取り組みました。例えば地元住民の皆さんが横丁やちょっとした飲み屋を案内するなど、あるものを使ってプログラムをつくっていこうというものです。しかも通年では大変なので、限られた期間行うということで始めたのが、この「オンパク」（「温泉博覧会」の略）です。

オンパクのプログラム、システムは、補助事業でかなりシステマチックに作り運用しています。そして「ジャパン・オンパク事業」として別府で培ったノウハウを全国に輸出、移転していっています。今では全国一八カ所に「オンパク」というシステムが入っています。

観光のノウハウ移転が抱える問題

このように、ある町で培ったノウハウをいろんなところに持ち込むというやり方がいいのかどうかということを、皆さん方に問題提起してみたいと思います。

町歩きのプログラムで有名なものに、長崎の「さるく博」があります。さきほどの別府のノウハウが最初の段階で移築され、システム化されたのがこの「さるく」です。そしてここ長崎で培ったノウハウをもとに、九州の各都市が取り組み始めています。これがいいのかどうか。

一般化が進むと他との差別化ができなくなってきます。確かに長崎では上手くいったけれども、そのやり方を熊本でも博多でも、というやり方がいいのかどうか。私はいい部分もあれば悪い部分もあると思っていますが、その辺を少し考えなければいけません。

海外で話題の取り組みと日本への輸入

町歩きのプログラムで一番有名なのは「ロンドンウォークス」というもので、一九六〇年代から行っています。五〇年経ってやっとベストビジットロンドンツーリズム賞を受賞し評価されています。これは非常に面白い取り組みです。シャーロックホームズのシナリオにそってロンドンの街を歩こう、あるいはハリーポッター撮影場所を巡ろうなど、いろいろなプログラムがあります。それなりの料金を取りますが町歩きでは有名です。

「ラ・フォル・ジュルネ」という、フランスのナントで生まれたクラシック音楽のイベントがあります。これも全世界にやり方が広まり、二〇〇五年から東京でも開催しています。もうひとつ、「レストランウィーク」というものがあり、これはニューヨークで九二年から始めたもので、二〇一三年で二一年を迎えています。レストラン側がランチはいくら、ディナーはいくら、という形であらかじめ値段を決めておくため、普段は行けないお店もこの週だったら行ける、憧れのレストランを一週間リーズナブルに楽しめる、というものです。すぐに日本に輸入され、東京、横浜でも「ジャパン・レストラン・ウィーク」として開催されています。

レストランウィーク

「バル」の本場スペインでの取り組みとは

「バル」というのもそうで、いくつかの居酒屋を楽しむという取り組みを株式会社が同じシステムを使って全国で展開しています。その地域の人たちが頑張って、株式会社のシステムを使わずに独自に行っているところもあります。バルの本場ということで、高城剛さんがサン・セバスチャンというスペインのバスク地方の取り組みを書籍で紹介しています。それによると、スペインの料理人というのは全てレシピを公開しているそうです。フランス料理や日本料理では隠して隠して料理人が盗むということがあるかと思いますが、スペインの場合はとにかくレシピを公開して、それを若い人たちがさらに公開してという形でどんどんレベルが上がっているようです。サン・セバスチャンは人口一八万人ぐらいの小さな街ですが、今では三星のレストランがたくさんある町になっています。ここには一生懸命努力している人たちがいっぱいいます。本当に食で「まちなか」の活性化を目指すのなら、こういう街こそが事例になると思っています。

改善の三つのポイント

ドラッカーの言葉ですが、改善には三つポイントがあると言っています。

自分たちの強いところをベースに改善していこうよということが一つ目です。二つ目は、あまり複雑化しないでとにかく単純にやれ、それが成功する条件だということ、これもうなずけます。三つ目は、最初から大規模にやるのではなくて小さく生んで大きくしていこうという発想が重要だということです。

この三つのポイントはかなり普遍的なもので、中心市街地の活性化や「まちなか」の再生にも使える考え方ではないかと思います。

今日は、創造都市のヒントになる話をということで、プレゼンテーションさせていただきました。どうもありがとうございました。

Discussion

賑わいを生み出すには

司会　横浜の創造都市がより賑わいを生み出すには、ズバリどうすればいいのでしょうか。

梅川　いきなり難しい質問ですね（笑）。私は横浜が大好きなのでたびたび来ています。やはり旅行というのは、目的地、そして誰と行くかというのがすごく重要です。同行者によって目的地とか期待度が全然変わってしまうんですね。ですからわれわれは、家族と行く旅行、友達と行く旅行、それから団体グループで行く旅行という形で全部セグメンテーションして分類し、それぞれにどういう特徴があるのかを分析します。

例えば私の場合、家族と横浜に行く時には、圧倒的に「食」中心で、中華街に行きます。家族が中華料理が大好きなので満足できます。一方で一人で横浜に行く時は芸術系で、美術館に行ったりします。誰と行くかによって提供するものを変え、受け入れてくれる素地が横浜にはあります。やっぱり海と港があって食があって、さらに歴史的な建物や資源がある横浜は、私は非常に魅力がある街だと思っています。日本で魅力のある街というのは、港町と城下町というのが圧倒的なんですよね。開港の五つの街、函館、新潟、横浜、神戸、長崎は観光的に非常に魅力のある街で、その代表が横浜ではと思っています。そこに創造都市という新しい切り口で取り組んでいるので、私は非常に着目しています。

司会　先ほど藤田さんのプレゼンテーションの中で、創造都市の取り組みが集客の数字には反映されていないという問題提起がありましたが、もう少し詳しく説明してもらえますか。

藤田　創造都市でのイベント参加者数や創造界隈拠点の利用者数は全体として年々伸びている状況です。主だった統計データとしては出てきていませんが、年間の利用者数を積み上げている傾向が読み取れます。例えば横浜ジャズプロムナードは昨年度二〇回目の開催で、二日間で過去最高の一三万七〇〇〇人を集めました。その前の年は一二万六〇〇〇人ですので、一万一〇〇〇人ぐらい増えているという状況です。

横浜ジャズプロムナード

司会　集客という面を青木さんからもう少しお話しいただけますか。

青木　横浜ジャズプロムナードが二〇年経って一三万人の集客があるというのは、二日間のイベントとしてはかなりの規模と言ってもいいと思います。横浜がジャズの街として認識され、ジャズプロムナードの継続性が市民の方にも浸透し、口コミで首都圏にも伝わり、これだけの集客ができているという現象を考えると、創造都市が一〇年間やってきたことが定着しているということがひとつのポイントとして考えられます。大きな可能性を秘めているということです。

その土地ならではの楽しみが必要

司会　梅川さんから問題提起していただいた、観光ノウハウを真似するという展開について皆さんはどうお考えになりますか。

参加者A　観光で地方に行ったとき、これは東京でも買えるよねというものがいっぱい並んでいるということがあります。地方の特性は維持して、そこに行かなければ楽しめないというものがもっとあればと思います。

梅川　伊勢神宮にはおはらい町という門前町があるんですけども、今から一〇年ぐらい前はその衰退というのは実はすごかったんですね。門前町を歩く人が全然いなくなってしまった。何故かといえば、五十鈴川を渡る宇治橋のすぐ横に大駐車場をつくり、そこから内宮に行くようになってしまったからです。衰退していったとき、赤福さんという有名な団子屋さんの社長が「おかげ横丁」をつくりました。彼が知恵を出して、おかげ横丁に、紀伊半島、三重、紀州辺りのいいものを全部集めました。その結果、確かにそこに行けば、県内の一番有名で一番美味しいものが食べられるという状況にはなったのですけども、おかげで元の場所に行かなくなってしまったという状況も生まれました。そこに行かなければ食べられないものや経験できないものは、やはり残しておいてほしいというのはあります。消費者側からすれば集まっているということは便利なのかもしれないけども、それでいいのかなというふうにも感じています。

司会　市民の方が当たり前と思っているものが意外に外から見て面白いものに見えるんじゃないかという例として、藤田さんが郊外部

空の芸術祭

をあげていましたが、具体的にどのようなイメージですか。

藤田　旭区の若葉台という一万四〇〇〇人ぐらいの団地を舞台に、二〇一一年にアーティストの日比野克彦さんを招いて「空の芸術祭」というアートイベントを行いました。アートという新たな切り口で手を入れることで、日常的な団地の風景ががらっと変わり、魅力が増すのを実感しました。

司会　印象に残っているのは、鮮やかなピンク色に染め抜いた敷布を巨大な団地の建物のベランダにたくさん吊るしていく作品です。それを見たときに日常の光景がこんなにも変わるものかとびっくりしました。実際に現地で作品を見ていると、団地の商店街の人から「何だかわからないけどすごいでしょう」と楽しそうに話しかけられました。後で聞いたんですが、お孫さんが布をピンク色に染める作業に関わっていて、真っ赤っ赤になって帰ってきたらしいです。街を変えていってそこにしかないものを呼び起こしていくというのは、すごく大事なことだなと思います。

大都市横浜の課題と創造都市

参加者B　私はたまたま「別府・ハットウ・オンパク」を

見に行ったのですが、観光のためにやっているのではなく、失敗してもいいから楽しそうなことを街でやってみたいという思いを感じました。住民が地域の魅力を語るきっかけとして、とにかく小さくツアーをつくってみる。その中から観光商品として大化けするものもあるんですけれど、観光のためにやっているというよりは、結果的に自分なりのストーリーをつくれる人をドンドン増やしているところがすばらしいなあと思いました。かたや、これを横浜でやろうと思うと、利害関係者なりがいっぱいありすぎて、いつも頓挫するのですが。ただ、創造都市は観光のためとか集客のためではなくて、その人なりの横浜の新しい意味付けやストーリーを得るためのとんがった部分をやる、というふうに割り切る方法もあるのではないでしょうか。新しい横浜の文化をつくっていく装置としての創造都市の意味付けがあるのではと思っています。

参加者C　去年萩市に行きました。萩市では博物館を核にした街づくりを行っていて、博物館と市民の方々をつなぐプロジェクトでは市民の方々のバイタリティーにすごく感激しました。人口五万の小さな街だからこそできることなのかもしれませんが、まさにストーリーが共有化できて、非常に温かいものを感じることができました。町が小さい、つまり、歩いて回れる距離ということが関係するのかなと思って帰ってきました。横浜は巨大すぎて私にはつかみ切れないのですが、街の大きさ、サイズをどのように捉えているのでしょうか。

梅川　やっぱりコミュニティなんでしょうかね、魅力というのは。そこで顔と名前と性格を理解しあえるような方々と共に、自分たちの新旧を学び、その学んだことを外の方に伝えるというきわめて真っ当な活動が、創造都市にもつながっていければと思うところです。ある一定のまとまった空間というのも条件で、大きくなればなるほど利害関係者やステークホルダーも多くなって、なかなかものごとが決まらないということもあるでしょう。コミュニティの中で、そこを魅力あるものにしていくというのが、一つの大きなポイントなのかもしれないですね。

司会　まさに横浜の創造都市というのは、歩くのには程よいエリアで、コミュニティ自体も形成しやすいということはあります。ただそれなりの歴史があり、いろいろな思いも集まってきています。だからこそ面白いと言えるのかもしれません。創造都市として、住んでいる方の意識を変えていく仕掛けも必要な段階に入っているのではないかと思います。

21世紀のグランドツアー

梅川　旅行の目的地として何が人を引きつけるのか。さきほど観光資源の評価という話の中で富士山や法隆寺を紹介しましたが、実はああいう資源で人を引きつける時代は終わってきています。確かに見たいという人はいますが、これだけリピーター社会になってくると、あれは見たよということになってくる。何が今からの関心事かというのは、我々にとっても関心事です。これは面白いんですけれども、ナショナルジオグラフィックという雑誌で「21世紀のグランドツアー」という特集をしています。「グランドツアー」はそもそも、イギリスで産業革命が始まる前ぐらいから貴族の子弟にローマで勉強してこいということで、必ず家庭教師をつけて旅行に行かせたものです。一～二ヶ月かけ、フランスを通りながらイタリア・ローマへ行くという、いわば修学旅行をグランドツアーと称していました。ローマに行くまでの間に、イギリス人はいいリゾートをたくさん発見しています。ニースの海岸沿いに「プロムナード・デ・ザングレ」(イギリス人の散歩道)と言う散歩道がありますが、ここニースは、イギリス人が発見したリゾートです。山の方にもサンモリッツなどイギリス人が発見したいいところがいっぱいあり、そういうところに滞在しながらローマまで行きました。ナショナルジオグラフィックが「21世紀グランドツアー」と称して紹介しているところは、さきほどお示ししたような著名な観光資源ではありません。その土地や街が培ってきた生活文化がこれからは魅力になる、そしてその生活文化を体験したり深く理解したりするために人々は旅行するようになるんだと書いています。

安曇野

まさに我々もそうだと思っています。私は今、観光計画、観光ビジョンをつくるという仕事をしています。ある町の一〇年間の観光振興計画を作るために、何を目標にするのかという議論をとことんやっていくと、確かにその町からは北アルプスが見え、いろんな観光資源もあるんですけども、そういう環境の中で培われてきた生活文化や暮らしそのものが人を惹きつける魅力で、人に紹介できるものだという結論が出てきました。

その町、安曇野は、朝の連続テレビ小説「おひさま」の舞台となり、非常にお客さんが増えたのですが、ドラマが終わった後にお客さんがぐっと減ってしまったのです。その時にきちんとまちづくりをやらなければいけないという議論の中で出てきたのが「安曇野暮らし」という概念です。「暮らしツーリズム」と称し、安曇野の中で展開される暮らしそのものを東京など外から来られる方に提供しようというコンセプトをつくり上げました。

おそらくこれからの観光業は、暮らしを見てもらおう、体験してもらおうという方向に進んでいくと思います。暮らしや人の営みというのが一番集積しているのはやはり中心街です。ここには非常に魅力もあるし歴史もあるし、記憶も刷り込まれている。その魅力をうまく活用しようというツーリズムを、私は「アーバンツーリズム」と称していますが、今日は一端だけお話ししました。

司会　そもそも旅とは、非日常を体験することだという意味では、普段あまり話をするようなことがないアーティストとの触れ合いや刺激的な体験ができるというのが創造都市の魅力ではないかと思っています。そういう非日常性というのも他にないものではと思ったのですが、いかがでしょうか。

梅川　非日常を楽しむというニーズもあるだろうし、自分たちの生活とは違う生活を見たいというニーズもあるし、人を惹きつける魅力というのはたくさんあるんですね。旅に出るというのは非日常ではありますが、我々は「異日常」という言い方もしています。日常の生活を違う空間で楽しむということもある。両方あるんじゃないかなと思います。

司会　地域資源を再発見し、生かしていく創造都市の取り組みと、その土地ならではの生活文化こそが観光になるという新しい動き。大いに重なるところがあり、今後の展開に可能性を感じました。本日はありがとうございました。

（了）

1-3 横浜夜景と スマートイルミネーション横浜

第4回 2013年6月13日

［ゲスト］

田中謙太郎｜照明デザイナー

［プレゼンター］

新谷雄一｜横浜市文化観光局創造都市推進課

岡崎三奈｜（公財）横浜観光コンベンション・ビューロー

［司会進行］**大蔭直子**｜横浜市文化観光局創造都市推進課

司会　今回の「横浜夜景とスマートイルミネーション横浜」はまさに「光」がテーマです。以前から横浜ではライトアップに関して非常に積極的に取り組んでいます。都市問題や環境問題として取り組んできた歴史、そしてこれからどのように「スマートイルミネーション横浜」を展開していくべきかという問題提起も含めてお話していただきたいと思います。

スマートイルミネーション横浜の挑戦

新谷雄一
文化観光局創造都市推進課

横浜のライトアップ史

こんばんは。私は創造都市推進課でスマートイルミネーション事業を担当しています。今日は横浜でのライトアップの歴史を振り返りながら、「スマートイルミネーション横浜」はどうやってスタートしたのか、そしてこれから何を目指していくのかについてお話ししたいと思います。

まず、夜景をつくる光についてお話しします。近代、現代になると、明るい街が人を引きつけ、また広告への応用として光が用いられるようになります。横浜では、伊勢佐木町で一九三一年当時からイルミネーションが商店街を飾っていました。しかし、建築照明、景観照明のデザインを計画的に行うことの重要性は、八〇年代まではあまり語られることがありませんでした。

一九八三年頃、ヨーロッパで照明デザインの仕事をしていた石井幹子さんが、日本の大都市に都市照明の実験とシティライティングの提案をしていました。ちょうどその頃横浜はバブル経済期に入り、歴史的建造物の取り壊しの計画が持ち上がります。そこで横浜市では、歴史的建造物のライトアップによって市民の注目を集めようと考えました。石井幹子さんと横浜市の思惑が一致して「横浜ライトアップ・フェスティバル」という、日本で初めてライトアップというフレーズを用いたイベントが行われます。このイベントでライトアップした歴史的建造物のいくつかは、その年に照明が常設化されました。

横浜市では夜景演出事業を進めるため、横浜夜景演出協議会を置き（事務局は都市デザイン室）、公共空間のデザインの

伊勢佐木町（1931年）

ライトアップヨコハマ

向上を目指して官民一体の資金でハード整理を進めてきました。その結果、今日では五〇以上の施設でライトアップが実施されています。

他に夜景の整備として代表的なのが、馬車道商店街に設置されたガス灯です。一八七二年に日本で初めてガス灯が整備されたという歴史を生かしたまちづくりでもあります。

また、みなとみらい、ベイブリッジ、マリンタワーなどが整備されていき、横浜の夜景が形作られました。

横浜の夜景はどう評価されているのか

市民、また全国の人は横浜の夜景をどのように感じているでしょうか。横浜市文化観光局が実施したアンケート（二〇一二年）によると、「横浜の魅力は夜景」と答えた人の割合は、全国四八％、市内では六五％です。かなり高い評価をいただいています。しかし夜景をみんなが楽しんでいるかというと、「横浜に夜景を楽しみに来た」という人の割合は全国では二八％、市内では四六％という低い数字です。また三カ月以内に横浜に来た理由として「夜景」をあげた人は全国三・一％、横浜市内一七・一％と、かなり少ないと言えます。

これまで、まちづくりと一体となって魅力ある夜景をつくってきた横浜市ですが、これをもっとＰＲして観光資源にすることが必要ですし、新たな夜景の魅力をつくっていくことも必要です。

環境未来都市とクリエイティビティ

横浜市は現在様々な課題を抱えています。環境、少子高齢化、そして都市としての求心力の低下の問題もあります。

環境問題について少し考えたいと思います。日本の電力使用量は、一九六五年を一とした時に、二〇一一年には人口の伸び率が一・二八倍であるのに対し、電力使用量は六倍にもなっています。電気に関しては新たな公害、「光害」といわれている問題も出てきています。

こうした今日的な課題に対応するため、横浜市では「環境未来都市」構想に取り組んでいます。これは国家戦略プロジェクトのひとつでもあり、横浜市など一一都市が選定されています。環境未来都市構想では、温室効果ガスを二〇二〇年までに二五％削減、二〇五〇年までに二〇％削減という目標を掲げており、かなり思い切った対策が必要です。そこでまず市庁舎については、二〇一二年度に全館LED化を行いました。市内防犯灯のLED化も順次進めています。

このように様々な取り組みを行っていますが、横浜市の環境未来都市構想の大きな特徴はクリエイティビティ、すなわち文化芸術による賑わいの創出をビジョンのひとつに掲げていることです。そしてこれからお話しする「スマートイルミネーション横浜」も、環境未来都市構想に位置づけられた取り組みです。

スマートイルミネーションはこうして始まった

スマートイルミネーション横浜がスタートした経緯についてお話しします。二〇〇九年に開港一五〇周年記念事業で「象の鼻パーク」がオープンし、そこに無料休憩所「象の鼻テラス」が設置されました。象の鼻テラスは創造都市施策の拠点として文化観光局が活用しており、開館以来、スパイラル／㈱ワコールアートセンターが管理運営を行っています。

開館の翌年に、象の鼻テラスでは「夜景開発プロジェクト」を実施しました。これは横浜の夜景を三～四時間程度変えてしまおうという試みです。アーティストの高橋匡太さんが手掛け、写真家の森日出夫さんが撮影するという実験的な取り組みを行いました。

こうしたプロジェクトを経て、二〇一一年には象の鼻テラスの事業として本格的な夜景イベントの開催を準備していましたが、その矢先、三月一一日に東日本大震災が発生しました。計画停電もあった中で開催するのはどうかという意見もありましたが、省エネ技術の導入が叫ばれていたこともあり、「省エネ技術とアートでつくるもうひとつの横浜夜景」をテーマに、「スマートイルミネーショ

スマートイルミネーション横浜2012　撮影：アマノスタジオ

ン」と銘打った光のイベントを実施することになりました。二〇一一年一〇月七日から九日まで三日間、象の鼻パークを中心に日本大通りや山下公園などを会場に開催しました。「スマートイルミネーション」は高く評価され、翌二〇一二年からは横浜市の事業として実行委員会形式で開催されることになりました。

「スマートイルミネーション横浜二〇一二」の成果と課題

「スマートイルミネーション横浜二〇一二」は二〇一二年一〇月三一日から五日間の日程で行いました。新たな成果としては、海外からのアーティストをいくつか招聘できたことです。イギリスのアーティスト集団ＮＶＡの作品、ＬＥＤのスーツを着たランナー五〇人が横浜市内を走り回るというパフォーマンスはかなり話題になりました。藤本隆行さんの作品では、ＬＥＤで歴史的建造物をライトアップしています。高橋匡太さんの「夜の木陰」という作品は、日本大通りをいつもと違う風景に変えるものでしたが、電気自動車からの電源供給を使っています。東京藝術大学大学院映像研究科など、市内をはじめとする多くの大学にも参加いただきました。会場についても、みなとみらいや横浜駅東口までエリアを拡大して実施することができました。

スマートイルミネーション横浜二〇一二には二三組のアーティストが参加し、来場者は約一九万人でした。様々なメディアにも取り上げられ、その広告換算効果は二億円になります。スマートイルミネーションの認知度（文化観光局アンケート　二〇一二年実施）としては、全国で一五％、という結果はともかくとして、横浜市内で二九％というのはまだまだ低い数字と認識しています。これは上げていく努力をしていかなければなりません。

新たな展開へ

スマートイルミネーションは、都心部だけでなく郊外でも実施されるようになっています。「スマートイルミネーション新治」は、緑区の新治里山公園で行っている緑区役所主催のイベントです。二〇一二年は古民家や竹林をライトアップしたり栗林に光の実を付けるなど、地域の資源を生かした展開を図っています。また港北区の大倉山では、「大倉山発電」と銘打ち、太陽光発電のワークショップ、大倉山記念館のライトアップや光の実の展示などを実施しています。

世界の都市に学ぶ

スマートイルミネーション横浜の今後の展開を考えるにあたり、世界の都市との連携も重視しています。イルミネーションの取り組みで参考になる都市のひとつが、横浜の姉妹都市でもあるリヨンです。一九八九年から市長指揮の下に継続的にライトアップ事業を実施しています。三〇〇を超える歴史的建造物がライトアップされており、光を都市プロモーションの戦略に位置付けています。なんといっても光の祭典「ルミエール祭」が有名で、行政と

リヨンの夜景

協賛金を合わせて約二・六億円の予算、来場者が四日間で三〇〇万人です。ちょうど昨日、「横浜フランス月間」の一環でリヨンの関係者が来日し、スマートイルミネーションの実行委員長やアートディレクターとの討論会を行われ、かなり活発な議論が交わされました。もうひとつ参考としているのがフランクフルトです。フランクフルトは横浜のパートナー都市で、二年に一度「ルミナーレ」という祭典が開かれています。光と建築の見本市も同時に開催されます。一四万人が訪れ、予算規模が二五〇〇万円程度ということで、リヨンに比べるとだいぶ少なくなっています。このイベントの特徴は、アーティスト、施設、スポンサーの三者をマッチングさせることによって成り立っているということです。二〇一二年のスマートイルミネーションの期間中には、ルミナーレのディレクター、ビーン（Helmut M.Bien）さんを招いてシンポジウムを開催しました。ルミナーレは理念がしっかりしているイベントで、光を増やすことそのものを目的にしているのではなく、光の価値をもう一度捉え直そうという趣旨で実施しています。期間中、まちの明かりを消して下さいとお願いするとともに、都市の美化も目指しています。また大学、美術館や行政などのあらゆる組織の参加を促しています。

スマートイルミネーションのこれから

スマートイルミネーションの開催によって、たくさんの人に横浜の夜景の素晴らしさを再認識してもらえればと考えています。また、アートの力で新しい魅力をつくっていくことも大切ですが、同時に環境面、それから産業育成の面も考えていかなければなりません。環境面では、太陽光発電、船舶からの送電の実験、さらにライトダウンキャンペーン等との連携もできればと思っています。スマートイルミネーション横浜の役割として、私が大切だと思っていることがあります。それはスマートイルミネーションに参加した地域の方々、参加したアーティスト、参加した企業の方に満足いただけるような内容にして、地域のつながりをつくっていくということです。スマートイルミネーションに期待される役割はたくさんありますが、いい循環を生みながら、市民にとって誇りあるイベントに育てていきたいです。そして横浜の夜景づくりの新たなステージに寄与するようになればと考えています。

夜景の魅力の伝え方

岡崎三奈
（公財）横浜観光コンベンション・ビューロー

季節ごとの観光資源

横浜観光コンベンション・ビューローは、市内のイベント情報等を集めて発信し、人に来ていただいて街を活性化するためのエンジンのような役割を担っています。

私達の情報発信ツールのうち主力はウェブサイトです。そのウェブで季節ごとにユーザーから求められるテーマがあります。春は桜やバラなどの開花情報、夏は花火、秋はイベントそのもの、冬は夜景に対するニーズが高まります。

情報発信側から見た夜景イベント

当然、スマートイルミネーションのことも情報として発信していますが、正直、夜景という切り口だけでは情報が散漫になってしまうところもあります。夜景であれば人が集められると短絡的に考えられているところもあるのではないかと思います。

イルミネーションや夜景のイベントは行政もやりすぎなくらいやっています。区で言えば南区や緑区でも。さらに民間の事業者も当然クリスマスの時期には開催します。クリスマスツリーのライトアップは、横浜では非常に早い時期に始まり、一一月の初め、早い年は一〇月の終わりには灯りがついているという状況です。

そのような状況を受けて、ウェブでは一一月から夜景が一番きれいな二月まで情報を発信していますが、期間も長く情報も多く、かえって何となくまとまりがない出し方になってしまっています。これは情報を集めて発信する側の課題かと認識しています。

夜景やライトアップの情報を求める方が大勢いるのは事実です。また横浜がこれまで行ってきた光に関わるイベントや企画は先進的で評価されるべきものと思いますが、今後も「夜景のきれいな街」というだけで本当に人が呼べるのか、スマートイルミネーションのような新しい光のイベントも出てきた中、それをもう一度考えたほうがいいのではないかとも感じます。

都市の構成から光を読み解く

田中謙太郎
照明デザイナー

震災後に大きく変わった「光」への意識

私はライティングプランナーズアソシエーツという会社で照明の仕事をしています。横浜での仕事としては、KAAT神奈川芸術劇場の照明を担当していました。

個人的な話ですが、照明をやり始めたきっかけというのが一九八九年の「ヨコハマフラッシュ」でした。僕はその頃美術大学を目指して予備校で絵を描いていたのですが、その先生に、横浜で照明のイベントをやっているぞ、お前も絵ばっかり描いていないで行ったほうがいいんじゃないか、と言われて見に行きました。その時にすごく衝撃があって、それが今思うとこの世界に入ったきっかけになりました。

あの頃は光を使うイベントが真新しく、夜に何かイベントをやっていると見に行かなきゃ、という雰囲気がありました。それが日本という国が発展していく中で、徐々に見る側もこなれてきて普通のことではつまらなくなってきています。そして震災後、こういう仕事をしていると、取材の方からは街のライトダウンについてどう思うか、という質問を受けることが非常に多くなりました。その時に皆さんがおっしゃっていたのが、明かりが消えていても意外と怖くない、しかしこのままで良いかどうかがわからない、自分では判断できない、ということでした。実際多くの人が今までが明る過ぎたと思ったようで、大手デベロッパーでさえ、会議室の照度の基準をこれからは下げる、明るければいいというのではない、と僕らにも直接要望してくる場面が最近増えています。きっかけは震災ではあったのですが、「光の質」にも皆さんが興味を持ってきているということで、今が一番大切な時期だと思っています。

ヨコハマフラッシュ

横浜の夜景が魅力的な理由

横浜の夜景の事例を大阪やシンガポールと比較しながらお話しします。横浜は、「水」が近くに存在している都市です。神戸、長崎、函館も水がすぐ側にあり、水と光で美しい景色ができている都市です。その元々の魅力はどこにあるのかを客観的に考えていくと、水辺空間があると距離をとって景色を見ることができる、ということがあります。横浜の場合、観覧車、ランドマークタワー、赤レンガ倉庫などの街の全体が見えてくる場所が必然的にできるというのが、水の良さだと思います。そして反対側には、やはり水を隔ててベイブリッジが存在しています。横浜は湾になっていますので、そういうものがぐるっとまわっていて、そこかしこに見るものがある、すごく魅力的な街だと言えます。

横浜の夜景

横浜赤レンガ倉庫

暗いから素晴らしい赤レンガ倉庫

横浜赤レンガ倉庫という歴史的財産が壊されずに商業施設として開放されています。僕らはこれが出来たとき非常にショックでした。というのはこれだけ暗くできたということが非常に素晴らしい。そんなに全部明るくしなくてもいいんですよ、という話をするときによく事例として挙げています。防犯や安全性という意味で、行政の方からは夜の照明には何ルクスが必要なのかという質問もよく受けますが、まず何をするための場所なのかが重要です。そこで勉強するわけでも会議をするわけでもない。用途に合わせてどういう環境をつくっていくのか、光というものももっと三次元的に考えなければなりません。ただどうしても光の指標として何ルクスという数字が出てきてしまい、難しい世界ではあると思っています。赤レンガ倉庫では、どんな方が見てもまずレンガ色が目に飛び込んでくる整った光の環境ができていることが非常に評価できるのではと思います。イベントではなく常設でこの施設があるということ自体が、あらためて見ると評価がすごく高い理由だと僕らは思います。色温度という光の色味があるのですが、赤レンガ倉庫のライトアップではレンガの素材に合わせて色が選定されているので、個性が出ています。通常ナトリウムランプはオレンジ色が強すぎて人の肌の色などはあまりきれいに見えないのですが、赤レンガ倉庫では用途にあった光源が選定されています。都会の中にこういう赤レンガ倉庫のような施設があって、反対側にランドマークタワーや観覧車もあって、ちょうど囲われているような環境になっています。コンパクトながらもよく出来た位置関係にあります。

象の鼻パークにみる照明計画

「象の鼻パーク」が山下公園のそばにできたことで、また回遊性が増しました。象の鼻パークでやはり評価すべきは、照明が眩しくないようにきちんと設定されていることです。海に向かって人が象の鼻パークに背を向けた時に眩しくないように、照明が低い位置についていたり、昼間にその照明装置が見えにくいように設計していることなど、非常に気を使った計画がなされています。水があるとその上に夜景が何かしら映り込んでいる、という副産物があります。そういう効果は水のある都市でなくては享受できないことです。そういう意味でも象の鼻パークの一帯は非常にいい場所だと思います。

大阪が取り組む光のストーリーづくり

大阪では二〇〇四年、水の都「水都大阪」をかかげ、街を活性化していく取り組みがスタートしました。その中に「光」を絡めていこうということで、水と光の委員会が組織され、二〇一〇年に「光のガイドライン」をつくることに成功しました。そこに至るまでは、行政や関係者との調整がありました。「照明を暗くしましょう」と言うと、「なんで明るくしたのにわざわざ暗くしろなんてお前は言うんだ」と怒られたり、いろいろな場面がありました。やはり明るくするところもあれば、暗くするところもなければいけません。そうしないと見せたいものが見えにくくなる、より見せようとしてまた足さなくてはいけなくなる、というようにエネルギーをどんどん足していくことだけになっていきます。関係者には何回も繰り返しお話ししたり、あるいは一緒に外を歩いて、場合によっては街灯にカバーを掛けて消してみたりして、それが実際に良いか悪いかということを見てもらって話を進めていきました。

大阪の人というのは非常に話が上手で、打ち合わせをしているときでも必ずオチがあって面白いのですが、その時によく話にあがったのが「光にもストーリーが必要だ」ということでした。その例として、横浜の中心部では建物がクイーン、ジャック、キングと命名されライトアップされている、ということがよく話に出ました。大阪でも何かできないかということで、大阪の役所の方と二回ほど横浜市の都市デザイン室にお話を伺ってリサーチしたこともあります。都市の歴史的な財産をうまくネーミングしてストーリーとして見せていることは非常に大切です。第三者が見た時にも光のアイテムがすっと入ってくるいいきっかけになるので、ライトアップそのものだけではなく、こういった背景のストーリーも重要なのです。

道頓堀の資源を生かす

大阪では今どんな取り組みをしているのかをお話ししたいと思います。大阪と言えば、大阪城、万博広場の塔、そして道頓堀の広告電飾です。大阪の人が嘆いているのは、大阪のライトアップというとこれですよね、と言われてしまうことなのです。しかし御堂筋の南側の道頓堀は、大阪の強い個性になっていて、いろんな映画にも使われている非常にエキサイティングな場所です。これはこれでいいんじゃないか、さらにそういった町の良さをもっと広めようということで、新戎橋という新しい橋にLEDを使って道頓堀の新しい名所ができました。

これまで、日本では治水の関係で仕方なく街の中に川が通っているようなところがあり、ビルは川に背を向けて反対側を向いて建っていたのですが、この道頓堀では、川に沿って「とんぼりリバーウォーク」という遊歩道をつくったことで、お店もだんだん川に顔を向けてくるようになり、かなり賑わっています。川と道がすごく近い距離なので遊覧船が通るとお話しできるくらいの不思議な感覚があり、外国人の方も非常に喜んでいるような場所が生まれつつあります。繁華街・飲み屋街なので騒々しいですが、川と人が近づいてきたという点では非常に評価が高いのではないかと思います。

中之島ライトアップでの新たな試み

大阪にも横浜と同じように歴史的建造物がいくつかありますが、一番有名なのが中央公会堂という建物で中之島にあります。その中之島をどういう位置づけにしていこうかということが、行政（大阪市、大阪府）、民間企業、地元の商店街の方などで構成されているまちづくり委員会の中で議論されました。委員会では様々な建設的な意見が出てきました。中之島をもう少し大人っぽいクリエイティブな、大人がお酒を格好よく飲めるような場所にできないか、あるいは外国の方にも胸が張れるような川辺をつくれないか、といった話が出てきました。

そういった中で、大阪府が河川事業に取り組み、事業コンペを行って中之島周辺の川辺の光環境整備が行われました。夜真っ暗だった周りの公園を光でよみがえらせようということで、公園の桜の木をライトアップするところからスタートしました。それだけですと、ただの木のライトアップになってしまいますので、LEDの光源自体は見えないようにしています。水に向かって光の反射だけを見せています。遊覧船が通ると波がゆらゆらと揺れて、それがちょうど光の波紋のように見える、それを反対側にある若いカップルがデートするような商業施設の背景として整備していきました。

もうひとつは「中之島バンクス」という護岸の整備です。大阪は低い都市で、昔は水難が多かったため、高い護岸を立てて都市を築いてきました。その護岸をうまく利用しようということで、護岸に光を当て、ゆっくり色が変わっていくようにしています。ここで問題になったのがやはり色ということです。今はLEDという、良くもあり悪くもある難しい光源が出てきているのですが、LEDはどんな色にもすることができます。アンケートをとると、私は虹色にしたいというような意見が出てくるのですが、それではいかんということで委員会でも議論されました。ブルーライトヨコハマではありませんが、大阪でもネーミングにこだわろうということで、まだ正式決定ではないのですが、何となく皆さんの中で水都ブルーと言う名前がついてきています。水都ブルーとはどん

大阪「中之島バンクス」

なブルーなんだという話になって、僕らがＣＭＹＫ（色の四原色のレベル）できちんと登録しましょうということでやったんですけど、色の黒いものに当てるのと白いものに当てるのとでは見え方が違ってきます。結局、色は決めるけれどもあとは現場で見ないとダメだという結論に至り、現場で決めるということが基準になってきています。また大阪の人はやはりオチが必要なようで、光のモザイクでモアモアモアと光が点在する中に、一個だけハート形のマークがあってそれを見つけるとラッキー、みたいなことを意外と市役所の人が真剣に取り組んでいたりします。大阪の悩みは回遊性がない、どこかに行くとそこに行ったきりになって戻ってくる理由がないということです。そこで市ではスイーツに目を付けて、ここでスイーツを買ってここに歴史的建物があって、という回遊ルートを模索しています。テーマは夜景とスイーツだ、ということで、スイーツの限定商品をお店に相談して夜景イベントの時だけ販売したり、ということを積極的にやっています。

水と光を巧みに使うシンガポールの戦略

一〇年前にシンガポールに私たちの事務所を設けました。その時からこの国をいろいろと見ています。シンガポールは観光都市としての取り組みに非常に熱心な国です。山手線の中にすっぽり入ってしまうような面積の中でいろんな仕掛けが用意されています。ついこの間竣工したマリーナベイ・サンズの「ガーデンズ・バイ・ザ・ベイ」という植物園は、公共の公園です。熱帯雨林と光を使った観光施設のようになっています。すぐそばの海から水を引いてきて人工港をつくり、周りには散策路を設けるなど、上手く構成しています。昼間はとても暑く歩けるような場所ではありません。夜どういうふうに人を歩かせるか、どういうふうに人を楽しませるかということを考える部局があり、そこの担当者が率先して事業に取り組んでいます。植物園では子供向けの学習があったり、ワークショップを開催していたり、文化的な取り組みも行われており、非常に好感が持てる場所となっています。またいろい

シンガポール「ガーデンズ・バイ・ザ・ベイ」

ろな国々の植物の展示もしており、夜遅くまでみんなが楽しめる空間ができています。マーライオンから大きな商業施設があるマリーナベイ・サンズまでが大体五三〇メートル。コの字でぐるっと外周が歩けるようになっていて、ジョギングをしている人もいます。海に出るコースもあれば、奥の川沿いを行くコースもあります。一〇年ほど前は何もない場所でした。遠くに工場があるだけで、ここはどうするんだろうという場所が、ここ一〇年で埋め立てられ、ビルやホテルができ、さらに植物園ができて、この湾を一大観光都市としてアピールできるような場所としてつくり替えてしまいました。シンガポールはどちらかというと造っては壊す国なので、何かがいけそうだということになればすぐ着手する強みがあります。彼らの狙いは、やはり水の周りの景色を上手く狙って行きたいということです。水というものを彼らはよく理解していて、映り込む景色をどうつくるかをまじめに考えています。ビルのサインにもレギュレーションがあり、眩し過ぎるのはだめなど、かなり細かな基準を設けています。

横浜へのメッセージ

省エネという、今日本が抱えている一番大きな問題があります。それに対して横浜が取り組む中でも、光の質を下げない街を目指してほしいと思っています。成功を収めれば、おそらく様々な都市が目標にするような「光の観光都市・横浜」になるのではないかと思います。

光は足すことだけでなく引くことも大事です。無駄なものは無駄、眩しいものは眩しいと大きな声で言っていただきたい。横浜はもともと非常にポテンシャルの高い都市の構成を持っているので、更に魅力のある光の観光都市になれるのではないかと感じています。

Discussion

光に興味を持つことから始まる

新谷　スマートイルミネーションはイベントではありますが、常設の光を考えるきっかけにしていきたいと思っています。他の部局と一緒に横浜の夜景についてあらためて考えたり、照明デザイナーのみなさんの知恵を借りたりしながら、これからの横浜をつくっていければと思いました。

岡崎　大阪には「水都」と名乗った時からどんなふうになるのか、興味を持っていました。川をうまく使えるというのはすごく羨ましいです。残念ながら横浜は川を全然使えていません。水はあるのですが。以前夜景評論家の丸々もとおさんが、横浜は川がつながっていない、とおっしゃっていました。そこがうまくいけば、光を楽しむ街横浜になれるのではないか。クリスマスの夜景だけ見にくる街ではなく、常設でそういうことができればいいなと思います。

田中　そうですね。都市の光というのは計画があるようでないことも多く、偶然できたものもいっぱいあるんですね。私たちは「照明探偵団」というちょっと不思議な活動もしています。普段の仕事とは別に、「光の犯罪者」を探そうということを行っています。コンビニや自動販売機など二四時間煌煌としている明かりを、必ずしも悪いからやめましょうというのではなく、知ってみることが大切だと僕は思っています。そのコンビニというものがどういうふうに使われていて将来的にどうあるべきかをまず一回考えます。先ほどの道頓堀のネオンではないですけれども、海外の方からすると日本らしくて面白いということもあるんですね。全て悪いということではないと思っています。

ただネオンが住宅の横にあってマンションの外壁を煌煌と照らしているようだと、いかがなものかと思います。光なんて誰も文句を言わなければ見過ごされてしまうんですけども、人のプライベートなところまで光が入り込んでしまっているというのは、他人の家に土足で入ってきているようなものです。光がどこまで届いているのか、あるいはどこまで届かせるのかということを、もう少し責任を持って計画していかなければならないと思います。日本のサインやネオン看板は香港などに比べればそんなにないですけれど、みんながそれについて考え、ルールを作っていくという場面が必要だと思います。それには市民の方が大きな声を出して、あれは眩しいから止めろと言うことも必要です。眩しいとか邪魔だとか下品だとか、見たままを言っていいんじゃないかと思います。僕らの計画でも、田中さん、暗すぎるけど本当にいいんですかと言われることもあります。そこで初めて光についての会話が生まれます。最近の超高層マンションでは、セールスポイントに必ず夜景が入ってきます。レインボーブリッジが部屋から見えるか見えないかで値段が変わるくらいですが、いざモデルルームに行ってみると照明が安くつくられていて、眩しくて夜景なんかまず見えない。結構高級なマンションであっても、光環境でみると質が下がっているようなことがあります。お客さんは明るいことには文句ないらしいですが。明るければいいというのはいかがなものか、という時代が来ていますし、ましてや一番生活に密着した室内がシーリングライト一個で、果たして本当に生活が豊かになるのかなと僕自身は思うんです。ただ、昔のような白い蛍光灯ではなく電球色の柔らかい光の部屋も増えているので、徐々に明かりに興味を持って住まいを変えていこうという動きも浸透してきています。光というものはすぐ身近なところに存在していますので、疑問を持っていろいろ指摘をして下さるといいのかなと思っています。

ＬＥＤの功罪

参加者Ａ　一般の省エネ改修的な照明の仕事と演出照明の仕事をしています。最近がっかりしたのが、去年神奈川県庁では直菅の蛍光灯をＬＥＤに変えて、本当に青白い明かりになってしまったことです。建物から漏れる光も景観照明の一つ、ということがなかなか理解してもらえない。歴史的建造物は温白色の電球色に近い色しか使わないというレギュレーションをそろそろ誰かがつくっていかないと、と危惧しているところです。

田中　ＬＥＤにはがっかりですね。駅のホームが改修されてＬＥＤに変わって、やっぱり青白いんですね。担当者の方はカタログを見て決めたらしいのですが、実際は青白いというのは目で見て初めて分かることです。でもまあいいのかなと疑問を抱かなければ、だんだんそれがスタンダードになっていく、それが怖いなと思いました。

行政には決められる権限があるので、公共照明設備として高いＬＥＤ器具を買うのであれば、絶対に見て決めるべきです。メーカーは何％電気代削減できますよという数字を出してきますが、それだけでは結果的に気持ちの悪い光環境になってしまいます。実際に見て勉強会もして、だめなものはだめだと課題を出すくらいでないと、日本の照明器具の質も上がってこないので、そこはわがままになっていいと思います。ＬＥＤは一回取り付けてしまうと次に替える機会がいつになるか分からないので、今が本当に大切な時期だと思っています。

ある外国では街灯のＬＥＤ化が進んでいて、実際行ってみると明るいんですけど、やっぱりちょっと気持ち悪いんですね。ＬＥＤというのは直射光が強く、小さなスポットライトを並べているようなものなので、目に入って来たときに疲労感がすごくある。普通の電球なんかよりも目に入ってくるので、使い方を間違えるとかなり不快な明かりになります。

被災地の東北は真っ暗になってしまっています。僕もたまに現地に伺うんですが、そこでもＬＥＤは防犯灯として使われていて、あまり気持ちのいい色味でなかったりします。新たに購入するのであれば、もう少しいいものを使えないのかと思います。

被災地の話をちょっとしますと、僕らにできることはなんだろうということで、仮設住宅に話を聞きに行ったりしました。まだそういう場面ではないですよ、光はこれからです、という状況ですけれども。それでも何かできないかなと思い、ＮＰＯの方と話をしていたら、皆さん暗いので家から出て来なくなってしまった、そこで昔からあったお祭りを何かしら再現できないか、その時に明かりが必要になるので何かできないかというので、照明器具を持っていって子供たちと影絵遊びをする場所をつくったりしました。そうすると、これまで出てこなかったおばあちゃん達が家から出てきて、今まで話さなかったことを話してくれたということもありました。

もともと光にはそういう力があるんだというのを、被災地に行ってあらためて感じました。新しい技術もあるんですけれども、光の持っている力を理解して正しい選択をすることも重要です。ある意味転換期を迎えていますので、質を下げないでいいものを目指していきたいと思っています。

光の質を高めるのに大切なこと

司会　光の質を下げないようにするには、何を一番意識すればよいのでしょうか。

田中　質というのは、「その場所で何をするか」ということなんですね。先ほど、赤レンガ倉庫は暗くてすばらしいと言いましたけれども、会議室でそれをやったら怒られるわけです。やはり用途によってどこまでの明かりが必要かということを、責任を持って考えなければいけません。小さいことですが、照明器具の選定をちゃんとすることでその部屋の質が高くなります。光源があまりに眩し過ぎると、そっちに目がいってよく分かんなくなっちゃうんですね。例えばホテルのラウンジでは、座っているとくつろいだ姿勢になり、そうするとだんだん斜め上への視線が多くなります。照明器具の選び方はシチュエーションによって変わってきます。美術館であれば壁面だけが明るくなっていることが必要です。用途に応じた光を責任を持って計画していくということのひとつひとつが、質を高めることにつながります。

悲しいかな日本は、室内ではまだできているけど外ではできていません。欧米の人はもともと歴史的な街に暮らしているからか、暗くても平気なところがありますが、日本はどちらかというと明るくしてしまう傾向にあります。外の世界での展開がもう少しきちんとできれば、日本自体の光の質が上がっていくのではと思います。

司会　これからの街には上質な「光」と生み出される「影」とのコントラストが息づく空間が必要であり、いっそ明かりを消してみるという発想にも「光」の都市としての未来が見えて来たようです。魅力的な各都市の様子も織り交ぜながら、横浜への激励をありがとうございました。（了）

スマートイルミネーション横浜2013　撮影：アマノスタジオ

スマートイルミネーション横浜2013　撮影：アマノスタジオ

スマートイルミネーション横浜2013　撮影：アマノスタジオ

の力で被災地の方々や日本全体を勇気づけたいと言う関係者の一致した想いと、環境技術とアートを融合し新たなイルミネーションを創造し環境未来都市横浜らしいフェスティバルを世界に先駆けて開催しようと言うものであった。そしてコンセプトを「省エネ技術とアートの融合」とし、内外のアーティストに呼びかけ開催した。また、市民参加、分散配置、新たな都市観光、も本事業の特色である。今やシンボル的な作品となった高橋匡太氏による「光の実」は同年末、陸前高田の子ども達とワークショップを開催、関東大震災のモニュメントである山下公園でも展示、NHKのゆく年来る年でも紹介された。

広がり

街づくりの神髄は、自治体や開発業者によるものではなく、あくまでも市民が主体的に行動することにある。「スマートイルミネーション横浜」は現在、横浜市文化観光局の予算をシードマネーに各種助成金や民間企業の資本を導入しながら実行委員会が組織、実施している。

市民、企業等による主体的参加を実現するために、同時期パシフィコ横浜で開催される国際展示会と連動し、市内の施設、歴史的建造物の提供を受け「まちなか展示会」を実施、また、今年度からは新たに公募形式の「スマートイルミネーションアワード」を開催。市民、アーティスト、企業が環境技術の新たな応用方法について競った。近い将来、世界公募のプログラムに育てたいと考えている。また、開催地は横浜臨海部を中心としながら、みなとみらい、横浜駅周辺、元町商店街、山下町、日本大通りにも展開。2012年からは緑区が参加、里山での展開は新鮮であった。鶴見区や神奈川区、金沢区、他からも開催を期待する声が上がるなど徐々に広がりをみせている。

展望

私は本事業について「世界で一番暗い光のフェスティバル」を目指していると説明している。昨年横浜を訪れたリヨンの関係者に向け解説した際には、光源の数やダイナミックで華麗さを競って世界各地で隆盛の光の祭典にあって、新鮮な視点であるとして大いに歓迎された。

やがてこの取り組みへの共感が全市に広がり、単に明るさを競うのではなく、エネルギーを抑えながら、光と影の中に街の魅力を見いだしていくこと、市民一人一人が創造性豊かな光を楽しみ、創り出し、持続的に発展、他都市に無い「街」が実現する事に期待したい。

人工衛星で夜の地球を撮影すると世界中の都市が光の点で満ち、とりわけ日本は真っ白く発光している。いつの日か、世界の何処にも無い仄かで美しい光が灯っている横浜の姿を宇宙から見てみたいと思う。

岡田 勉
（象の鼻テラス、スマートイルミネーション横浜
アートディレクター）

スマートイルミネーション横浜

年始に「オルトヨコハマ」の高層マンションから静かな横浜港を眺め、開港以来の歴史の変遷と未来への胎動が混在する我が生まれ故郷について思いを馳せた。

ハードからソフトによる街づくり

「街づくり」とは、新たに街を興すハードが主役の開発と、既存の街がもつ様々な文脈を活用し、より快適で住み易い街を様々な側面から改善を図ろうとするプロセスそのもの、の2つを指すと思われるが、近年は多くの場合後者を指し、各地でユニークな取り組みが行われている。今日の横浜市の場合、この10年間推進して来た「クリエイティブシティヨコハマ」の成果を踏まえつつ、港の未来をより良きものする為にこれまで培って来た創造性溢れる独自性の高いソフトパワーをフル活用して官民が一体となって取り組むべき時だ。

2009年に我々が象の鼻テラスの運営を横浜市から受託する際に掲げた運営コンセプト「文化交易」に従い、クリエイティブシティヨコハマを実現するエンジンとして、アートのもつ創造性を活用しながら様々な活動を今日まで行ってきた。街づくりにアートを応用し、より良きユニークな変化を街や市民にもたらしたいと考えている。

象の鼻テラスの目玉事業のひとつ「スマートイルミネーション横浜」は、象の鼻パークを中心とした臨海部で2011年から展開し、2012年からは実行委員会が主催する事業に成長した。

成り立ち

「スマートイルミネーション横浜」は、2009年アートを活用しスペクタクルな展開を行う世界の事例調査からスタートした。2010年には前年のリサーチの成果を踏まえ「光」に着目。光のアーティスト高橋匡太氏、写真家森日出夫氏を擁して、知られざる横浜の景観にフォーカスし「夜景開発プロジェクト」としてライトアップした一時的な風景を撮影し写真展を行った。そして、2011年からはいよいよ光のフェスティバルの開催を決意した。その矢先、東日本大震災が発生、とりわけ人類史上かつて無い福島第一原発の事故は、エネルギー危機に留まらず、社会全体で乗り越えるべき大きな課題を我々の眼前に投げかけ立ちはだかっているが今日も解決されていない。

思い起こせば、日本国民全てが絶望感に満ち沈鬱で、心も街も暗い時間を随分長く過ごした。当時の都心部は電力不足に対処するため計画停電や節電で実に暗く、暗澹たる人々の心持ちとこの国の未来を象徴するかのような状況であった。一方、これでやって行けるならこれで良い、また、仄かな街の光の様はヨーロッパの町並みの様であり、実に美しく思えた。折しも同年、横浜市は国から環境未来都市として選定され、「低炭素社会の実現と水問題の解決」、「超高齢化社会への対応」、「文化芸術・産業の振興」等に取り組む、とした。

こうした状況を踏まえ、本事業の開催の是非について深い議論の末、実施を決定した。理由は、今だからこそ、アートや市民

構内禁煙

第2章 都市計画としての創造都市

2-1 東横線跡地に見る 基盤整備×創造都市×都市デザイン

第7回　2013年7月4日

［ゲスト］

塚本由晴｜東京工業大学大学院准教授、建築家

［プレゼンター］

桂 有生｜横浜市都市整備局都市デザイン室

飯島悦郎｜（一社）横浜みなとみらい21

［司会進行］**大蔭直子**｜横浜市文化観光局創造都市推進課

司会　二〇〇四年に廃止となった東横線の桜木町駅は、横浜駅の発祥、鉄道の発祥、そして日本近代の発祥の地としても重要なポジションを占めています。都市の記憶やその遺産を継承していくにはどうしたらいいのか、東横線跡地をケーススタディとして進めていきます。

都市デザインからアプローチする東横線跡地活用

都市整備局都市デザイン室
桂 有生

「都市デザイン」と「創造都市」

こんばんは、都市整備局都市デザイン室の桂です。都市デザイン室と創造都市は親和性が高いので、一緒にいろいろな事業に取り組んでいます。創造都市推進課と今取り組んでいるのは東横線跡地の魅力づくりです。今日はその話をしたいのですが、その前提として横浜の都市デザインの話から始めたいと思います。

横浜は一五〇年前に開港し、こういう大きな都市に発展してきたわけですが、これまで三回の大火で燃えています。まずは出火元の名称から「豚屋火事」と云われる横浜大火です。これが都市をリニューアルするきっかけとなり、今の日本大通りができました。二回目は関東大震災、市街地の九五％以上が燃えてしまった大災害です。三回目は第二次世界大戦の空襲で、市街地の四二％が焼失しました。更に横浜の場合は他の都市が戦災復興を遂げていく中、東京の接収回避の影響で、港湾施設の九〇％と中区では区域の四分の三が接収という状態が長く続き復興が非常に遅れました。

一九六〇年代になり、戦災復興と同時に、東京のベッドタウンとなるのではなくきちんと自立した都市をつくっていこうということで、三つの方針が立てられました。六大事業のプロデュース、民間開発のコントロールによる市街地スプロール化への対抗、そして都市デザイン手法の導入です。都市デザインは横浜の個性を創出する活動で、横浜のまちづくりの特徴でもあります。さらに八〇年代に入ると歴史を生かしたまちづくりが始まり、歴史的建造物の活用が、創造都市政策に繋がっていきます。

都市デザインの七つの目標と実践

横浜の都市デザインには七つの目標というものがあります。安全で快適な歩行空間の確保、地形、歴史、オープンスペースや緑を大切にする、また人々のコミュニケーションの場を増やすことなどを活動の目標としていますが、七つ目に「形態的、視覚的美しさを求める」と掲げています。最終的には形態的、視覚的な美しさを求めること、デザインをきちんと都市空間の魅力に反映させていくこと、そこまできちんとやって都市デザインだと都市デザイン室では口酸っぱく言われ続けます。歩行者空間としては、市庁舎横のくすのき広場と当時の国鉄各駅から山下公園までを結ぶ都心プロムナードを整備したり、汽車道と呼ばれている貨物線廃線跡地を歩行空間化して桜木町駅から赤レンガ倉庫を結んだり、みなとみらい線の地下工事に合わせて日本大通りを再整備し歩行者空間を拡張し、道路上にオープンカフェを出せる仕組みをつくったりしています。歴史的建造物の保全活用も行っています。旧富士銀行と旧第一銀行の建物をただハードとして保存していくのではなく、中身をどうやって活用していくのかという話を進める中で、創造都市という政策に繋がっていきました。

象の鼻地区に見る都市のクリエイティビティ

私は都市デザイン室に入って最初に象の鼻パークを手がけました。陸から海に向かっていく緑の軸線と、今までなかなか人が入れなかった水辺空間を開いていくウォーターフロントの軸線が交差する場所として、象の鼻地区は都市デザイン的にも非常に重要だと位置付けていました。象の鼻地区は、今日の講座のタイトルにもある「基盤整備」と「創造都市」と「都市デザイン」の三つが重なってできた場所と私は認識しています。そういう意味で非常に重要なプロジェクトから参加できたことは幸せだったと思っています。象の鼻パーク内には創造界隈拠点のひとつとして象の鼻テラスが新しく整備され、活発にアートの活動も行われていますし、市民の憩いの場所としても活用されてもいます。北川フラムさんが以前、「創造都市というのはアーティストの活動だけではなく基盤整

象の鼻パーク

備にまでクリエイティビティが行き届くことが重要だ」という話をされていて、すごく心に刺さりました。それが本質的には都市デザイン室がずっとやってきたことで、やはり都市デザインと創造都市は手を取り合ってやっていくべきだということを非常に強く感じています。

帝都と港都の関係

横浜の都心部の課題を考えるとき、開港の地であることがもはやアドバンテージでないということが常に僕の中にあります。六大事業、都市デザイン、それに加えて創造都市も推進してきたけれどそれで果たして十分なのかということを、今プロジェクトを進めていく中で考えないといけないと思っています。

そういう意味では、東京との距離というのが今でも非常に重く圧し掛かっています。帝都と港都と言いますが、帝都にはなかなか勝てない、ナンバーワンにはなれない。東京と一体化して大東京圏としてアジアと対抗していく、そうではなく横浜として単騎戦でいこう、あるいは連携してその中間を目指そうとか、いろいろな話がありますが、どこを目指すのかというのは避けて通れないと思っています。

その前提で東横線跡地を考えているつもりです。

東横線跡地プロジェクトが動き出した

風呂敷をさんざん広げておいて、東横線跡地の話に移ります。なかなか難しいプロジェクトになっています。

東横線跡地の歴史を振り返る中でまず重要なのは、一八七二年に今の桜木町駅（当時の横浜駅）で品川駅〜横浜駅間の日本初の鉄道が開業したことです。鉄道発祥の地であるということを忘れてはいけないと思います。東横線が桜木町まで全線開通するのは一九三二年。一九五一年には鉄道が炎上し多くの方が亡くなられた桜木町事件もありました。そして高架下はロコ・サトシさんの作品で有名になり、グラフィティの聖地になりました。僕が学生の頃はその影響で、アートスペースみたいな形で卒業設計の敷地に選ぶ建築系の学生が後を絶たない場所でした。二〇〇四年の東横線廃止後、旧駅舎が九〇一というギャラリースペースとして活用されていたのは記憶に新しいかと思います。ホームも全部取られて何もない東横跡地は、とにかく一直線です。閉鎖されてから誰も行かない場所になっているので、だんだん忘れられているのではないかと思います。高

東横線跡地

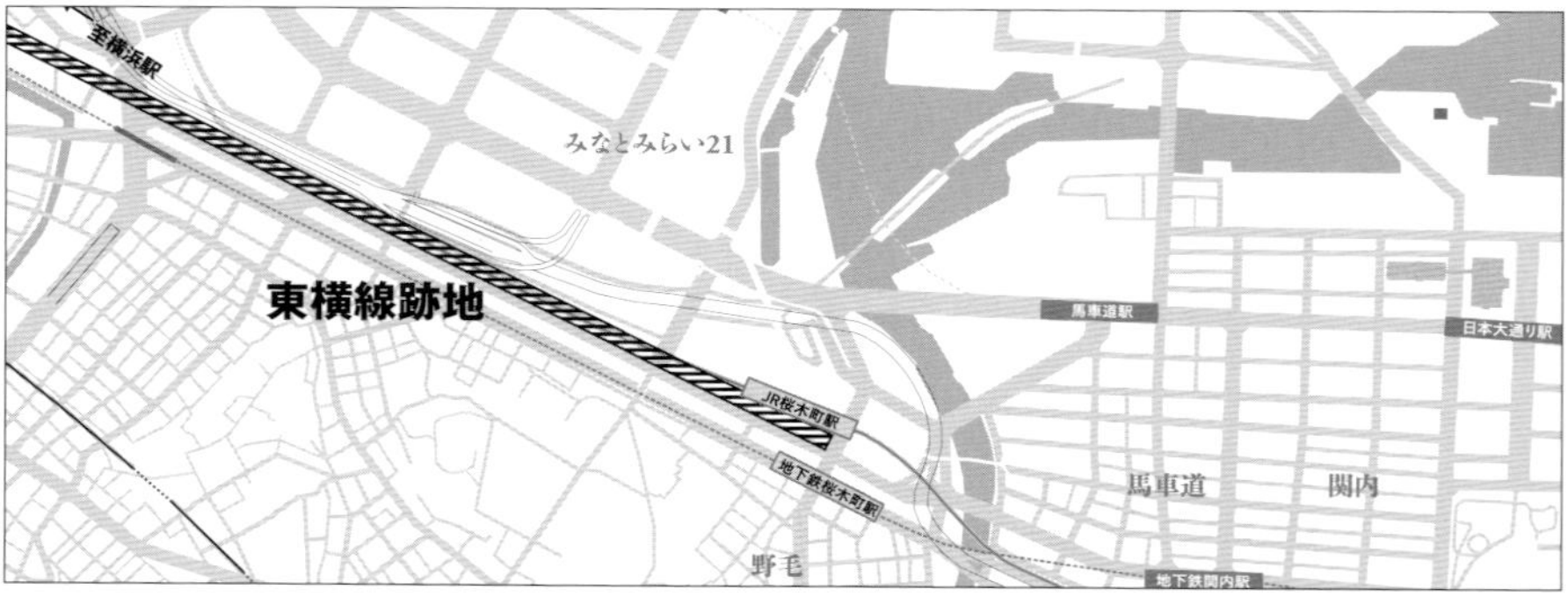

東横線跡地の位置図

架はみなとみらいと、旧市街である戸部の街を分断している万里の長城的な存在です。都市の言葉でいうとエッジとして効いていて、地元の人には「壁」として認識されている。みなとみらい側から見ても戸部に意識を向けるようにはできていない。高速道路、JR、国道一六号線、桜川新道もあり、分断の度合いがかなり強い場所です。国道の上に高架を張り出す形で造られているということが、実は東横線跡地計画に非常に大きな影を落としています。

横浜駅〜桜木町駅間は一・八キロあり、幅は約七メートルです。市は自転車も通れる遊歩道として整備する計画を立て、事業を進めています。二〇〇四年にナショナルアートパーク構想に位置づけられ、二〇〇八年から魅力づくりプロジェクトが動き出しました。ナショナルアートパーク構想では「東横線アートウォーク」という形で、最終的にはアーティストの創作空間として整備するとされています。北山恒委員会によるリサーチの中身を見て、ニューヨークのハイラインやパリのヴィアデュック・デ・ザールのように活性化の一助を担えるんじゃないかとすごく興奮したのを覚えています。

「健康」「環境」「交流」をテーマに人が集う場所に

電車からも山の上からも、マンションからも下からも見える場所として、横浜の顔になるプロジェクトにしようと勢い込んで、計画に関わりました。使えるスペースをいっぱいつくって、ヨガをしたり、コンテナのお店があったり、コミュニティサイクルがあったり、更に国道を一車線減らしてそこから上がったり下がったりできるようにすることなど、今考えるとなかなか難しいことを提案しています。テーマを「健康」として、アートと合わせて一般の人たちにもちゃんと使ってもらえるようなスペースをつくりませんかというのが、僕の提案のスタートでした。

横浜市の検討体制としては、都市整備局都市交通課が主管課で基本設計をしています。そこへ押しかけ部隊として都市デザイン室と創造都市推進課が連携して、ここの魅力を一緒につくりましょうというアプローチをかけました。東横線跡地は道路なので、将来は道路局に移管し、実施設計、施工、管理は道路局が行うことになる。ここが非常にハードルが高いです。道路法や道路交通法などで、道路でできることが非常に制限されているのです。お店を出そうとしても簡単には出せません。更に西区と中区の二つの区にまたがっていて、地元の方や隣接しているＪＲ、警察、国道など、いろんな登場人物がいる中で、どうやったら魅力的な場所ができるか検討をしています。

山崎亮さん率いるStudio Lには、二〇一〇年から主にソフトの面で参加していただいています。更に本日のゲスト塚本由晴さん率いるアトリエワンにも設計に参加してもらっています。地元やコミュニティとの関係が、塚本さんの手がけた「みやしたこうえん」のようになったらいいなと思っています。一昨年の基本構想・基本計画でのコンセプトは「Urban Platform」で、その時はＳＴＧＫの熊谷玄さんというランドスケープアーキテクトと山崎亮さんの混合チームに関わっていただいてました。いろんな活動を受け入れられるプラットフォームになろう、今まで分断の象徴だったところを人が集まるような場所にしようというものです。「健康」「環境」「交流」の三本柱で活性化していこうとしています。

元々東横線の桜木町駅があったところを広場にして、そこから高架への上がり方やにぎわいのつくり方など色々なアイデアをつくりましたが、今のところまだ合意に至っていません。基盤整備のセクションが非常に強く、魅力づくりチームはかなり押し戻されている状態です。話題提供としては、まずはここまでとしたいと思います。

みなとみらいから見た東横線跡地

(一社)横浜みなとみらい21 **飯島悦郎**

私の所属している横浜みなとみらい21は、みなとみらいの土地建物の所有者・管理者を主な会員としている社団法人です。まちづくりのいろんな調整、いわゆるエリアマネージメントをやっている団体です。やはりみなとみらいの側から見ても、東横線跡地の一帯は万里の長城なんですね。首都高がありＪＲがあり、この東横線跡地があり、その先には国道もあり、旧市街地との繋がりを持とうと思ってもなかなか持てない場所だと感じています。元々みなとみらいは都心部の一体化が大きな目的にありますから、東横線跡地そのものをどうするかというよりも、旧市街との連

携をどうするかということにどちらかというと関心があります。

そういう意味では、主に戸部方面と連携ができるのかどうかが今後の課題のひとつです。ご存知のように、みなとみらいはいろいろコストが掛かる街でして、食べたり飲んだりするのも、それなりの値段の店になってしまいます。しかも遅くまでやっている店が少なく、大衆的な居酒屋に行こうとするとやっぱり野毛に行くというのが、だいたいパターンになります。それはある意味で、みなとみらいと既存の市街地との役割分担でもあります。みなとみらいが集客して、その人たちがまた周りへ行くというのは望ましい構造です。戸部方面に魅力的な店があれば、みなとみらい側から飲みに行ったり遊びに行ったり、多少のハードルは乗り越えて行くのではと思いますが、東横線跡地の整備によって戸部方面へのハードルが下がれば、より連携がしやすくなります。私は廃線となった東横線の横浜駅－桜木町駅間をかつて毎日通勤で使っていました。末端のローカル区間のようなところがあって、朝でも夕方でもゆったりと電車の中で過ごしつつ、車窓からはみなとみらいの街の移り変わりが見えて、なかなか良い区間でした。東横線跡地はＪＲ根岸線から見ることができますが、車窓から見えるということは、たくさんの人に関心を持ってもらえるという点でとても大事なことだと思います。この東横線跡地、今後どうなっていくのか、車窓から、そしてみなとみらいから見守っていきたいです。

東横線跡地が秘める可能性とは

塚本由晴
東京工業大学大学院准教授、建築家

歴史と街と人をつないだハイライン

塚本です。よろしくお願いします。場所の可能性として、ニューヨークのハイラインを例に挙げたいと思います。これが非常に魅力的なんですね。マンハッタンのロワー・ウエストサイドいうところで、先端の西側にミートパッキングエリアという所があったのですが、その辺りを走っている高架の鉄道があり、いろんな建物が繋がっていました。そこが封鎖されてしばらく放置された後に、市がいよいよ

ニューヨーク「ハイライン」

取り壊すという話が出て、これはもったいない、これほど面白い場所はないのだからなんとか利用方法を考えようじゃないかということで、市民団体で勝手にアイデアコンペをしました。このようにまず世論を盛り上げていろんな人の関心を得て、政治的なサポートも得られるようになったという、非常に草の根的なやり方のプロジェクトです。

最終的に改修する際にコンペがもう一回行われ、ディラー・スコフィディオら非常に優秀な建築家たちがコンペを取り、素晴らしいデザインのものが出来上がりました。産業遺構を利用して空中を回遊できる場所ができ、且つそこでいつの間にか自然に生えてきていた草木を生かした独特の雰囲気を残したランドスケープがつくられ、いい憩いの場所になっています。犬を連れて上がれないとか自転車はダメとか、いくつか禁止事項があって、とにかくニューヨークの人たちは自由を求める人たちなので、禁止があること自体が気に食わないと言って批判している人もいますけれど、非常に良くできています。

パリ「ヴィアデュック・デザール」

デザインをやっている人や建築家は、この東横線跡地の計画というのをどうしてもハイラインに重ねてしまうんですね。ついものすごい期待と共に見がちですけど、一般の人の感覚でいうと、なんでそんなに盛り上がっているのかわからないのではないかと思います。元々高架は無かったんだから壊してもいいんじゃないかと言う人もいるぐらいです。

東横線跡地に歴史的価値はあるのか

そもそも、東横線跡地は無理やり残すほど歴史的価値があるものなのか。別の例を挙げると、パリには廃線になった鉄道高架を遊歩道として再生したヴィアデュック・デザールがあります。そのスケール感が有楽町の高架下アーチの倍くらいはありすごく立派で、内部空間も非常に大きいです。鉄道はパリの歴史の中では新しいので、古い建物を切り裂くかのように造られています。ここを歩くと古い街のアパートメントの裏側が突然出てきたりするのがたくさん見られます。それがまた面白くて、そういう意味でやっぱりヴィアデュック・デザールには歴史的価値があると思っています。公園の整備をしている人や、デザインをやっている人は、この東横線跡地の計画というのをどうしてもハイラインやヴィアデュック・デザールに重ねて、期待と共に見がちですけど、一般の人の感覚はどうなのでしょうか。

東横線跡地に関して言うと、構造体そのものに歴史的価値をどれだけ見るのかということについては、そんなに期待できないと思っています。ではなぜ残すのか。なんでも壊して新しくすればいいという時代ではなくなっているのは確かですが、残さなくても良いという方もいるようです。非常に難しいところですが、これは市民の皆さんが決めることだと思うのです。

そもそも最初の鉄道は高架ではなく、今の国道一六号線のレベルを走っていました。だからどの時代を評価するのかということになると、これまた悩ましいですね。より長い時間の尺を持ち出した方が勝つものですから、高架も安泰というわけではない。そこまで含めて議論した方がいいと私は思っています。でも耐震改修したので後に戻れない、ということで悩ましい状況です。

重なる意志をつないでいくこと

残された物を通して、ここに鉄道を走らせようとした昔の人たちの勇気ある意志を引き継ぐことが一番大事なんじゃないかと思っています。意志の系譜学と言いますか、初代が今の道路のレベルを新橋まで走ったその鉄道だとすると、二代目が高架になって、三代目が複線化してＪＲが入ってきて、次は四代目くらいになるんじゃないかと思います。どういう形で意志を継いでいくのかを考えるべきだと思っています。

物を残すのは非常に大事なことですけど、それは相対的な関係性の中で決まること。ですから、ちょっと引いたところで考えないといけないと感じています。

東横線跡地の未来像を描く

高架の跡地を道路として取得したので、道路としての使用を前提にした整備をしないと筋が通らない。であれば、移動手段に関する新しい試み、例えばエネルギーを使わない移動手段であるとか、あるいは今までの自転車とは違うタイプの乗り物とか、足腰が弱っても街を自由に歩き回れるようにアシストするロボット的な乗り物とか、そういう多様なものが一堂に会したような不思議な公園が出来る仕掛けもいいと思います。

映画「スターウォーズ」の酒場というのが私は非常に好きです。あそこにはいろんな星から来た非常に変わった連中が集っていますが、やっぱりこいつらも酒が好きなんだな、という共通性のもと、一緒にいるというあの感じが好きなのです。東横線跡地がそんな感じになるのも面白い。

また、地域の人というのが非常に大きい資源だと思っています。東横線跡地の系譜的なものが縦軸だとすると、横軸として現代をどう交差させるかということを考える必要があります。住民の人たちというのは必ず現代というものの横軸になってくれるので、その人たちをどうやってあの高架の物語に登場させるかを考えなければいけません。それがまずあって、次に観光客など外の人がそこにどう加わっていくのかという構えになった方が筋がいいでしょう。最初から観光を主眼にすると、じゃあどんな観光価値があるのかということになってしまいます。それよりも今地域の人たちが抱えている問題、例えば、みなとみらいと戸部や野毛の住民たち、その両方が入って来られる場所をつくる。障壁であることには変わりないかもしれないけど、そこでまた交流が生まれてきます。

地元の人が知恵を絞り工夫して出来上がった場所というのは、外から訪れる人にとっても魅力ある場所です。こんなことができるのか、こんな風に街は人が集う場所になれるのか、と体感できるようになれば、それは横浜の魅力をそのまま高めることにも繋がります。

「公共」から「公共空間」へ～「みやしたこうえん」の実践から

「公共の場所」として整備されたものは「公共」であるかもしれないけれども、「公共空間」と言えるのか。どこから「公共」が「公共空間」と言えるものになるかというその境目が、議論されなくてはならないと思います。まちづくりが各所で盛んになっても、ここは「公共」ですと指定したその場所に誰も来なければ、それはあくまでも行政が管理するだけの場所になってしまい、本当の意味での公共空間にはなりません。公共の管理する場所が公共空間に変わるその契機はどこにあるのかは、潜在的な人々にどうやって参加してもらうかという仕組みづくりと大きく関わります。それが「みやしたこうえん」の設計で我々が基本的にやろうとしたことです。改修前の宮下公園の利用者は、ホームレスの人と仕事の途中でちょっとサボろうかなというサラリーマンくらいでした。木が生い茂りすぎて人通りもなく、周りから全然見えないので隠れるには良い場所だったんです。そこにどういう風にいろんな人たちを登場させるのか、潜在的な利用者にどうやって宮下公園に上る苦労を感じさせずに利用してもらえるかということが、大きなテーマでした。視界を抜くとか、公園を少し広げて道に近づけるとか、空間的なこともやりましたけど、もっと大事なのはどういう人たちがあそこに来てくれるだろうかという議論の中で、その人たちのスペースを少しづつ用意していって、上がってきてもらう仕組みづくりです。スケートボード、ウォールクライミング、ストリートダンスの人たちや、元々活動していたフットサルの人など、都市ならではのスポーツを楽しむ人たちを呼び込むことによって、人の流れが変わりました。パフォーマンスを見ようとお母さんと小さい子供、高校生が集まってきて、OLの人たちがお弁当を食べに来て、相乗効果で裾野が広がっていき、それによって公園が随分違う場所になりました。

みやしたこうえん

ホームレスの人たちに対しては渋谷区でかなり丁寧に対応

して、公園の敷地内の明治通りと同じ高さのところに移ってもらいました。簡単な木のフレームを用意して、後は皆さんそこにビニールを張って暮らしています。一部ではそれはホームレスの人の排斥だという批判も受けましたが、今の日本社会の中で、最大限包摂的な解決を取ることができたと私は思っています。

Discussion

分断から連携を探る

司会　高架を取り壊すのもひとつじゃないかと言われてちょっとドキッとしました。地域住民の方々との関係はすごく気になるところですが、いかがでしょうか。

桂　地元では分断は非常に大きいという意識だと思います。沿道のマンション開発も進んでいて、新住民の方たちと古くからいる方たちの間には交流が全然無い。ここはその象徴のように捉えられています。だからこそ東横線跡地では、交流の場所として、本当の意味での公共空間を創っていくべきだと思っています。それが先ほどの提案にもつながります。役所の中では道路は基本的に通行する場所としてしか位置づけられていない中、どうやって交流の場として使えるスペースをつくっていくか。都市デザインの発展系として考えていきたいです。

飯島　みなとみらいのさくら通りでは、数年前から「さくらフェスタ」というイベントを開催しています。このフェスタと、昔からの桜の名所である掃部山公園との連携をうまく取れないかということを仕掛けています。一緒にチラシでPRしたり、紅葉坂の辺りに「さくら通りはあちら」「掃部山公園はあちら」という風に一時的に路面にマークを施して回遊性を増すようにしています。塚本さんが言われたように、将来は東横線跡地が両者が出会うような場所になるといいと思います。

実際にみなとみらいと戸部とでは、旧三菱正門と言っているところを通って、大体一日に三〇〇〇人から四〇〇〇人ぐらいの行き来があるようです。ここを突破口にいろんな動きが出てくると良いと思いますね。

多様な認識がせめぎ合う場所として

塚本　東横線跡地については、立場によって随分認識が違うと思うんです。私たちのように設計をやってる人間はあのハイラインを思い描いて、これは日本のハイラインになれるんじゃないか、と考えます。それに対して、とにかく視界を遮るものが後からできあがって邪魔だ、あれはただの障壁だという認識もあると思います。更に市役所には、道路として買った以上は道路として使うしかない、という市役所としての認識があります。

とにかく話が合わないという時はだいたい最初の認識が違うんですよね。出だしの所をすり合わせないと、あるいはその違いをまず理解しないと、話が前に進まない。重なり合っている異なる認識を読み解いていくと、あの構造体にどういう物語があるのかが浮かび上がってくるはずです。

今こそ原点に立ち戻る

司会　認識の差異を浮き立たせ、入れなかったところに分け入って行くという意味で、この東横線跡地は非常に創造都市らしい取り組みです。これまで関わった方々からも一言いただきたいと思います。

参加者A　以前、都市整備局でこの事業を三年間担当していました。横浜市がこのまま計画を進めるのは良いのか悪いのか、様々な障害や障壁がある中、どういったものを皆が求めているのかを考え直す良いきっかけなのではないかと思います。これだけの空間が残っている場所はなく、この使い方が横浜の今後を考えていく中で非常に重要なターニングポイントになります。八ッ場ダムと同様に、何のためにやっていくのか、一度その原点に返って考えてみるときっと答えが出てくるのではないかと思いました。

参加者B　二〇〇八年ぐらいに桂さんと一緒に取り組んでいました。東横線跡地はある意味「壁」だけれども、非常に稀有な場所だからこその可能性もある。その可能性は明確ではありませんでしたが、なんとなく皆感じ取るものがあって、何かできるのではないかという期待から検討を始めました。地元の方々を巻き込んで検討会もやりました。ただ実際、高架の跡地に上ったことのある方というのが非常に少ないわけですよね。そうすると、ただ下から見ているだけなのにここに何か意見があるかと言われても難しいのです。やはり東横線跡地は最初からガチッと完成形でいくのは非常に難しいと感じます。使いたいという人が使ってみれば面白い活動も出てくるでしょうから、モデル事業的な期間をうまくつくっていければいいのではないかと感じました。

GREEN
やさしい麦茶

参加者C　現在、文化観光局創造都市推進課で東横線跡地に関わっています。実験事業としてやってみるという方法ならきっと面白いはずだという、自分なりの確信を持っていいます。面白く使ってもらうためにはいろんな人たちを巻き込むことがすごく大事なので、マネージメントに携わる人、空間を使ってくれそうな人などとにかく巻き込んでいくこと、これが推進するときの大きな鍵なんじゃないかと感じています。

東横線跡地への様々な思い

司会　東横線跡地が将来こんな風になったらいいというイメージを会場からもいただけますか。

参加者D　小学生の時に桜木町から中目黒まで通学していたこともあり、桜木町はものすごく思い入れのある駅です。駅廃止の最終日には大学の授業をサボって電車に乗ったという、本当に自分にとって大事な駅であり大事な路線です。鉄道は多くの人に影響を与えるコンテンツだと思います。だから、もっともっと開いていかないと、一部で進んでいる開発のように見えてしまい、結局ぜんぜん手の届かない場所で使い方が決まっていくことに思いは複雑です。この開発に市民はどんな思いを持っているのかを聞く機会をもう少し広く設けていただけると、できた後に自分はどう関わっていくかということも、もっと能動的に考えられるのではないでしょうか。そうした方が結果的にいろんな人たちに使ってもらえる場所になると、一市民として思った次第です。

塚本　どこまで当事者と捉えるのか、どこまで広がるんだろうかということを考えなくてはなりません。そして、市でこの事業に取り組んでいる人、或いは設計者として関わっている人など、何かものを決める局面に近いところにいる人たちは、必ずその当事者というものの広がりについて、ものすごく注意深く当たらないといけないと思います。

桂　裾野の広げ方というのが結構難しいエリアではありますす。市電が廃止になって、みなとみらいのドックがなくなって、揚句に東横線は廃線になって、みなとみらい側に新しい線路が敷かれてという状態で。どういう風に意見を集めたらいいかという手段を、実際はなかなか持ちえないところもあって、すごく悩んでいるところです。

塚本　一回壊すと決めてみると面白いかもしれません。そうすると、市民運動が盛り上がっていろんな人が出てくる可能性がありますね。

参加者E　東京で生まれ育ったんですけども、横浜といえば東横線で行くもんだという感じでした。廃線になって欲しくなかった、廃線となった経緯が判らず勝手な言い分ですが。支線となってそのまま桜木町まで走っていてくれていれば良かったのにと思いました。また新たに桜木町と日ノ出町を繋ぐような線路が出来るといいなとも思っています。

塚本　いいですね。そういう話をしなきゃいけないよね。

桂　以前野毛の住民の方にヒアリングした時、八王子には大学の集積がたくさんあるから、JR横浜線の終着駅を東神奈川駅ではなく東横線跡地を使って桜木町駅にすれば、その大学生がいっぱい野毛に呑みに来るはずだ、とおっしゃっていました。また、実際に京急は桜木町と日ノ出町を結ぶ計画で、地図上にその痕跡も見られます。廃線にしなければ良かったのにと言われて、僕自身は廃線の後から参画しているわけですが、いろんなことを思い出しました。

飯島　私もさっきからの話に非常に共感が持てます。潜在的に関心のある人が随分いるんだなと思いました。その一方でだんだん時間が経ってくると、最初から廃線前の東横線を知らない若い世代が増えてきて、そういう人たちが東横跡地をどう認識するかというのは興味があります。

創造都市の今後を予見するプロジェクトとして

参加者F　横浜がどういう都市を目指しているのかが、私は非常に大切だと思いました。一〇〇年後、二〇〇年後にニューヨークを超えるようなっていくためにも軸はぶれちゃいけない。ただたくさんの行政課題をこのスペースで解決しようとすると、大きなビジョンというのは崩れてしまうという気がします。この一・八キロメートルの今後が創造都市に弾みが付くのかどうかという大きなところなので、火を消さないでもらいたいです。提案の中に「健康」や「環境」はありましたが、「アート」が出てこなかったのが残念です。

塚本　「創造都市」という言葉は英語の「クリエイティブシティ」からきていると思うんだけど、例えば中華街というのは創造都市なのかどうか。あの非常に自立性が強い場所というのは、周りがどうなろうと生き残ると思うんですよね。自分たちのやり方が分かっていて、そこでの暮らしもあるし仕事もあるし、自立的な場所になっています。戦後に自分たちでやっていかなきゃいけないという中で叩き上げた自立心だと伺ったことがありますけど、今では横浜で一番集客力のある場所になっています。

市が言う創造都市も分かるんだけど、どこかよそ行きな感じがしています。私がクリエイティブシティとして理解しているのは、あんまり家賃が高くなく、だからこそ若く創造性のある人たちがたくさん住めて、暮らしが良くて、最大限に生産性を発揮できる都市です。いきいきしたものを生み出すし、ライフスタイルも生み出すしということで、ブランディング的にもマーケティング的にも良くなっていくというのが創造都市だという認識なんです。

桂　創造都市に横浜が取り組んでまだ一〇年たらずです。こなれてないというのは本当だと思うんですよね。創造都市が文化観光局に入ったということも非常に大きい。三つのコンセプトの中にアートがないと言われたのですが、アートは「交流」を巻き起こす大きなエンジンとして捉えています。コミュニティデザインとして、地元の人たちを巻き込んだ活動をターゲットとするため交流という言い方をしていますが、それを巻き起こすのはやっぱり創造力ではないでしょうか。創造都市の精神に非常に大きな期待を寄せて、このプロジェクトに取り組んでいるつもりです。

参加者Ｇ　こういうプロジェクトが動いていること自体を知らない人も沢山いると思います。例えば、ＪＲ根岸線の車窓から良く見えるようにインスタレーションを置いたりすれば、勝手に噂にもなります。プロジェクトが動いていることについて世間的に盛り上がっていくという仕掛けも何かあるといいと思います。とにかく公共がただ管理しているだけの空間をつくっても全然意味がないので、ここはひとつ正念場だと思います。

宮下公園から東横線跡地へのエール

司会　ではここで塚本さんが手がけられた「みやしたこうえん」、開かれてない空間を開いてきたという非常に面白い事例のビデオを見ていただきたいと思います。

塚本　「みやしたこうえん」は線路のすぐ脇にあり、広い所で三〇メートル、長さは五〇〇メートルぐらいです、黒く染めたガラスで古い更衣室を囲っておいたんですけど、ストリートダンサーの人たちが発見してそこで自然と踊りはじめてくれたわけです。自然とみんな寄ってきて使うようになったんです。なぜ黒いガラスだけにしたとかいうと、踊っている人たちから、鏡だと見えすぎちゃうからダメだ、動いている自分は良く見えるけど後ろでじーっと見ている人は見えないのがいい、という話をヒアリングで得たからです。スケートボード場のデザインもスケボーの人たちやコミュニティの人たちにも聞いて、基本的なデザインはこっちで決めて設計しました。こんな風に、様々な人が関わっているというのが一番大事だと思います。

司会　最後に「みやしたこうえん」の素晴らしい様子を見せていただき、東横線跡地への期待が高まりました。このプロジェクトが進み、横浜の今後がどのようになっていくのか、皆様にも意見をいただきながら進めていければいいのではないかと思います。どうもありがとうございました。（了）

コンバージョン

アーティストが利用している施設の多くは、元違法飲食店と呼ばれていたもので、現在、約60軒が改装され、スタジオとして利用されている。
2011年頃まで借上げ店舗数は急激に伸びていたが、最近はやや減速傾向にある。今後は、違法飲食店に限定せず、地域の協力を得ながら、より安定した物件の確保に方向転換を図る必要があるだろう。

高架下施設

2008年に建設された2カ所のスタジオに続き、2011年、2012年、全長約100m間に4つの建物と1つの広場が整備された。全ての施設を異なる建築家に依頼した結果、それぞれ個性的な施設が完成した。
高架下施設は、この地域の中心的な拠点であり、新しい黄金町のイメージを発信する施設としても大きな役割を担っている。また、大面積の建物をほとんど持たないこのエリアにおいて、約100㎡前後の面積をもつこれらの施設は、大型作品の制作の他、多人数で集まることができる貴重な場所として活用されている。今後の日ノ出町～黄金町駅間の高架下の開発は、このエリア全体の将来の方向性を決定する大きな要因となることは間違いない。

安全・安心のまちづくり

この課題については、地域、警察、行政、大学、アーティスト、協議会、NPO、そして黄金町の取組みを支援してくださる全てのみなさんの協力により大きな成果を上げることができた。しかしながら、この中の要素のどれかひとつが欠けたとしても、現在の状況が一挙に崩壊してしまうことは十分に考えられる。安全・安心という課題はまだ終わっていないという認識を持ち続けることを関係者にお願いしたい。

まとめ「コミュニティとアート」について

地域コミュニティとはひとつではない。そこには複数の異なる目標と欲望と価値観が同居している。その中で、アートの役割とは何か。私は単純にコミュニティを更新することが、アートの役割ではないかと考えている。アートはコミュニティの再現ではなく、コミュニティに対して更新されたイメージを提案する。アートによる更新とはフィクションであり、仮想のコミュニティにすぎない。しかしそれは現実のコミュニティを照らし、批評する力を持っている。

山野真悟（黄金町バザールディレクター）

黄金町エリアの取り組み

最近の黄金町の事業と今後の方向性について説明します。

「黄金町バザール」

「黄金町バザール」は横浜トリエンナーレの開催年（2008年、2011年）とそれ以外の年では、規模と観客動員数がまったく違うという状況が続いている。「アートとコミュニティ」という基本的なテーマは始めから同じだが、回を重ねるうちに方向性がより明らかになって来た。

ひとつは、アーティスト・イン・レジデンス（以下AIR）と展覧会を結びつけるという手法であり、それがアーティスト同士の交流や地域とアーティスト間の交流を生み出すという「黄金町バザール」独自の特徴になっている。また、それに伴って、海外アーティスト、特にアジアのアーティストとの交流が盛んになり、現在では、単にアーティストの交流に留まらず、各地域のアーティストやキュレーターが集まる拠点とのネットワーク化が進み、それが展覧会を組み立てるための情報源として大きな役割を果たすようになった。また、2012年度から地域の「初黄日（はつこひ）商店会」との相互連携がスタートした。

「アーティスト・イン・レジデンス」

黄金町では約40組のアーティスト、建築家、工芸作家、ショップ、カフェなどが長期の利用者として日常的な活動を行なっている。黄金町のAIRの特徴は、その施設が街の中に点在していることで、言い換えれば、街ぐるみの受け入れ体制を持っているということである。それに加えて、今後は2〜3ヶ月程度を目安とした短期的なAIRの需要増を計画している。海外を含む多彩な利用者の誘致によって、「AIRのまち」として黄金町のイメージが定着し、広がること、それが結果的に地域の活性化へと繋がっていくことになると思う。

国際交流

各拠点間とのネットワークはようやく交換プログラムが可能な段階にたどりついた。2012年にはインドネシア、フィリピンへ黄金町からアーティスト計3名を派遣し、現地のアーティストとのコラボレーションとリサーチを行なった。2013年は、台湾の2拠点と交換プログラムを実施、現在ベトナム、タイの間でも同様の計画が進められている。

黄金町芸術学校

コミュニティの中に学校の機能を組み込むことによって、街の機能の一部を学校という視点から捉え直すこと、これが黄金町芸術学校というアイデアになった。

黄金町を拠点に活動するアーティストが講師になることで、アーティストと地域コミュニティの間に交流の機会が生まれる。

また、アートマネジメント、建築等のクラスでは黄金町を素材とした実践を視野に入れた授業を行なうことができる。将来的には「まちづくりとアート」を担う次世代の人材の育成を目指している。

Think About Creative City

アートで変わる町とこれから

今私たちが住んでいる日ノ出町の家は、昔は家業だった炭屋の倉庫として使っていた場所にあります。当時、大島から大岡川を通って薪を運んでいました。

阪神・淡路大震災を契機に、京急高架下の補強工事が始まり、黄金町あたりの風俗営業が表立って出てくるようになりました。警察・消防などにも相談しましたが、営業を阻止できるものがなくどうにもならないと言われました。そして家の周りにも地上げ屋が来て、近所の人たちが引っ越していくようになりました。

そんな中、2005年についに「バイバイ作戦」が始まり、お店は閉鎖されました。

黄金町の再生に「アート」の力を活用するということについては、行政と住民で話し合いの場があったわけではなく、気がついた時には、行政がアートで行くと決めて走り出していました。初めのうちは、町内会はアートで何ができるのか懐疑的でした。私たちもアートに興味があったわけではありませんが、2007 年に黄金町バザールの事務所が隣に出来て奮闘しているのを見て、何とか助けよう、協力しようと思いました。そのひとつとして、黄金町バザールのスタート時から、まちあるきサポーターとして関わっています。サポーター活動を通してアーティストと話をする機会も多く、時には悩み相談を受けることもあります。

黄金町バザールで、ある作家さんの作品に地域の高齢の方が積極的に関わって制作されていました。それを見て、アートは外から来てくれた人と交わる接点で、お互いが分かりあえるきっかけになる、アートで町を盛り上げていくやり方もある、と思うようになりました。

今後この町の再生を進めていくには、やはり経済について考えないわけにはいきません。もちろんアーティストの作品が売れる、黄金町のアートイベントに人が来る、ということも経済かもしれませんが、それだけでは活性化に限界を感じます。

例えば、まだ活用されていない高架下部分にテーマ性をもった飲食店舗を入れてはどうか。大岡川や川沿いの道に目を向けて、釣り、ボート、サイクリング、ジョギングなどに関連するお店を集めてもいいかもしれません。アートもからめながら、来た人が面白さを感じる町、歩きながら楽しめる町にしていけないかと考えています。またもう少し広い範囲で捉え、黄金町エリアだけではなく大岡川を挟んだ向かいの町とも一緒に活動して、このあたり一帯をもっとよい所にしていきたいと思っています。(談)

小串文俊・幸枝 (中区日ノ出町)

黄金町 ステップワン

2005年1月11日、神奈川県警による黄金町周辺の違法風俗営業の一斉取り締まり「バイバイ作戦」の開始とともに、初黄・日ノ出町地区の再生への取り組みが始まった。当時、この界隈では違法風俗営業が公然と行われ、「ちょんの間」と呼ばれる売春店舗は250を超え、当地区を縦断する小学校の通学路の両側でも昼夜を問わず目を覆うばかりの光景が繰りひろげられていた。急速に悪化する環境に対し、地元の有志・PTAの父兄らの危機感は頂点に達し、神奈川県警も「県警察の威信をかけて」という本部長の声明とともに空前の一斉取締りが始まった。24時間の警戒体制により、違法風俗営業は一掃され、まちから売春婦や酔客の姿が消えたが、膨大な数の売春店舗が灯の消えた空き家のまま残された。これらの店舗は、2階ないし3階建、ワンフロア約15㎡の狭小なものが連なってできていて、他の商業活用への転用が物理的に難しかった。また、最盛期には1000万を超える価格で取引されたといわれる店舗群は複雑な権利形態に縛られた建物となり、更に、早晩警察はいなくなる—という所有者たちの思惑が不動産の流動化を妨げ、街の再生の大きな足かせとなった。そうはいっても、街の再生には、閉鎖された状態の不動産の転用・活用が不可欠であり、取締り後、これらの所有者に対し、警察・行政・地元が知恵を絞って働きかけを行っていくこととなった。地元では、防犯活動に加え、まちづくりを推進する組織をつくり、地区内での再生に向けた活動を企画・実施し地元の再生への強い思いを発信した。警察は、24時間の警戒体制で、治安の維持と虎視眈々と売春の再開をもくろむ勢力を抑える一方、地道に所有者の動向などの情報収集をおこなった。我々は、地元の防犯・まちづくり活動を支援しながら、警察との緊密な連携のもと所有者に接触し、これからのまちづくりの方向を説明し、不動産の転用について説得することに力を注いだ。この地道な交渉でバイバイ作戦から約1年、はじめて売春店舗の借上げに至り、2006年3月、最初の店舗転用施設—地域防犯拠点「ステップワン」の開設にたどり着いた。命名も地元の総意によるものだった。あれから8年、借上げ施設も増えて、アートのまちとして変貌を遂げつつある。2005年、わずか1軒の借り上げに要した1年間は、手探りと創意工夫の中で見えた再生への確かな手ごたえであり、黄金町の劇的な変化の前の最初の一歩だった。

大堀 剛（元横浜市職員）

らここにあるかのような安心感。幅広い関心を受け止めてくれそうでありながら、ここにしかない個性的な雰囲気。そういったこの地域の特性は、これまでソフトプログラム（活動）に関わってきた人たちの努力と才能により獲得されたものだが、その背後で、独特の空間構造とその取り扱いが、それらをサポートしていたわけである。

曽我部昌史（建築家/みかんぐみ）

設計者リスト

日ノ出スタジオ
横浜国立大学大学院／建築都市スクールY-GSA
飯田善彦スタジオ、SALHAUS 一級建築士事務所

黄金スタジオ
神奈川大学曽我部研究室
一級建築士事務所マチデザイン

京浜急行電鉄黄金町高架下新スタジオ
基本構想・基本計画
横浜市・黄金町エリアマネジメントセンター
設計
Site-A ギャラリー：柳沢潤/コンテンポラリーズ
Site-B カフェ：宮晶子＋三木真平/STUDIO 2A
Site-C 工房：高橋晶子＋高橋寛/ワークステーション
Site-D 集会場：小泉雅生/小泉アトリエ
かいだん広場：西倉潔/西倉建築事務所

BankART桜荘への改修前の元ちょんの間。
補強工事未了の高架エリアが現・黄金スタジオ。

BankART桜荘

Koganex-Lab

日ノ出スタジオ

Think About Creative City

黄金町・魚の骨型都市構造

阪神淡路大震災からしばらくした頃、補強工事をすることになった高架下は、以前の雰囲気を封印するかのように仮囲いで覆われ、もともと高架下にあったいわゆるちょんの間は周辺の小さな建築群に分散した。立ち入れないリニアな空間で地域は分断されたまま、その周辺に近づきにくいエリアが浸み出すように広がったわけである。魚の骨型とでも呼べるような立ち入り困難エリアが地域を覆うこととなった。バイバイ作戦による大摘発後しばらく極端にひと気のない荒涼とした雰囲気が広がったのは、魚の骨型であるがゆえに地域の印象に影響を及ぼしやすかったからだろう。逆説的に聞こえるかもしれないが、空間資源的にみれば、このことは大きなアドバンテージだった。つまり、少人数のアクティビティを引き受けるのに適した小空間群（小骨）と、それらを関連づけるように伸びるリニアな空間（背骨）という立体的な空間のコンビネーションが、活用のアイデアとアクションを待っていたのである。

BankART桜荘やKoganex-Labなど初期の試みでは、小空間の特性を生かした顔の見える活動の受け皿を生み出した。若いアーティストなどが地域との関わりを重ね、既にあった地域のコミュニティと連続的な関係が醸成されていったのは、空間の適度な小ささと無関係ではないだろう。この関わりが地域の文脈をつないだ。ドラスティックな街づくりでは地域の文脈を切断するようなやり方も珍しくないが、それとは対極的である。その後、その関わりの進展のひとつとして、高架下空間のあり方を地域の人たちと模索する勉強会が始まった。

高架下の活用については、当初は実現が前提ではなかった。再び地域の人々が立ち入れない場となってしまうことへの懸念を、活用の可能性を具体的な姿で確認することで払拭するための会だった。当初から明確に意識されていたわけではないが、回を重ねるうちに、魚の骨型を生かすように、周辺に広がりつつある小空間群での活動を関係づける緩やかなハブのような場がイメージされるようになった。例えば黄金スタジオが、大きなショーケース的立面と低く開放的な立面という二つの異なる表情をもっているのも、新しい活動を発信しながら、同時に周辺との関わりを深める場とするためである。

高架下がワンアイデアでまとめられていないことも、この地域の特徴である。補強工事を進めながらの計画であることや法的・構造的要請から、高架と独立した小規模な建築群で構成されることとなった。それぞれ別々の建築家が関わり、活動としてもデザインとしても独自の個性を得た。周辺の空き家改修による場と網の目状の関係を持つ、個性的な空間群が創出されたのである。高架下はシンボリックな存在感をもった背骨から、柔軟性のある背骨（ナマコの骨片群のようなものか）へと変貌したともいえる。

全く新しいようでありながら、ずっと前か

仕事の減少にともない、高齢者や生活保護受給者の方々が多く住む「高齢者・福祉の町」へと姿を変えている。これは、社会経済の変化に合わせて、ドヤの空間と機能をそのまま生かして、利用価値の転換が図られたものだ。住人は家族や社会とのつながりが乏しく孤立して生活し、寿町が終の棲家となっている方が多い。

今日、人々が貧困など様々な理由で、社会との関わりが持ちにくい、あるいは地域社会との関わりが持てない状態にあるときに、この状態を改善し社会の一員として活動できるようにする「社会包摂的アプローチ」が注目されている。まさに寿町のプロジェクトでは、芸術文化の創造的な作用を活かし、コミュニティを再生し、誰もが社会の一員として社会的に包摂され、生きがいを持って生活することのできる状態に返すソーシャル・インクルージョンを試みている。

一方黄金町は、戦略的に行政が芸術文化をツールとして活用し、地域を活性化させることにより、地域の環境や魅力を向上させ、町の価値を上げる。まさに、ジェントリフィケーションがこのプロジェクトのミッションだろう。特殊飲食店のアートによる観光資源化により文化・社会的な価値観を転換させ、経済的な価値の転換をも誘発していくことだ。

次は、タウンヒストリーを再評価し、地域の「文化性」を軸とした否定的歴史さえも生かすことにより、より多くの来街者につなげて欲しい。日本ではまだ珍しいが、「消滅すべき過去」から「保存すべき現代史の一断面」としてのレガシーコスト（負の遺産）を学習観光として生かすダーク・ツーリズムという発想だろう。

「避けたい町」から「訪れたい町」を目指して、今、アートの力が試されている。

河本一満

（寿オルタナティブ・ネットワーク 総合プロデューサー）

Think About Creative City

Yokohama Hostel Village

日雇い労働者の街として知られる横浜寿町は、現在、住民が高齢化し福祉の街へと変わっている。その寿町を拠点に2004年より地域の資源を活用した地域活性化プロジェクトを実施。空き部屋を活用し新たな人の流れを作り出す事業、ヨコハマホステルヴィレッジや、慶応大学を始め大学と連携した地域拠点の開設、またクリエイターと連携し周辺地域の空き家を活用した環境改善プロジェクトなど地域内外に拠点を増やしつつ持続的な取り組みを行う仕組みづくり・環境づくりを行っている。

岡部友彦（コトラボ合同会社 代表）

Think About Creative City

アートプロジェクトが目指すもの

黄金町と寿町は横浜の中でも避けたくなるイメージのある特殊な町である。今では、黄金町は行政のイニシアティブのもとに、また寿町はプロボノ活動で、アートによるまちづくりが進められている。何を目的としているのだろうか。町には固有のタウンヒストリーがある。これに根ざしてプロジェクトのミッションは自ずと決まってくるものである。

寿町は日本の3大ドヤ街のひとつとして、高度成長時代は1万人を超える日雇い労働者が暮らす町として栄えた。近年は日雇い

2-2 芸術不動産リノベーションのこれまでとこれから

第5回　2013年6月20日

[ゲスト]

西田 司｜オンデザインパートナーズ代表取締役

中村真広｜ツクルバ代表取締役CCO

[プレゼンター]

肥山達也｜横浜市文化観光局創造都市推進課

鈴木智之｜横浜市都市整備局企画課

[司会進行] 大蔭直子｜横浜市文化観光局創造都市推進課

司会　本日のテーマは「芸術不動産」です。リノベーション自体にブームめいたところも感じますが、芸術不動産に至るまでの経緯というのは決してブームではなく、横浜が抱える都市の問題とその解決を手探りで求めてきた歴史が内在しています。講座後半の進行はゲストの西田司さんにお願いし、具体的な事例もご紹介いただきながら皆さんと議論ができればと思っています。

芸術不動産で地域全体の価値を高める

肥山達也
文化観光局創造都市推進課

「芸術不動産」とは

「芸術不動産」というと、何だろうこの用語はと感じられる方もいると思います。芸術不動産は創造都市で取り組んでいる事業です。アーティストやクリエーターの滞在、制作、発表の場の創出、それらが第一の目的ですが、芸術と社会をつなぐ仕組みをここから作り出していきましょうという壮大な目標を掲げて事業を展開しています。現在は横浜市が横浜市芸術文化振興財団に補助金を出して、財団が芸術不動産事業を実施しています。

芸術不動産前史

従来横浜市では、近代の歴史的建造物を積極的に保存し活用していくことに取り組んできました。例えば、日本大通り駅の真上にある横浜商工奨励館という一九二九年築の建築物は、横浜情報文化センターとして活用されています。二〇〇二年四月には横浜赤レンガ倉庫がオープンしましたが、これはもともと新港ふ頭の保税倉庫として使われていたものです。横浜情報文化センターの隣は二〇〇三年から都市発展記念館・ユーラシア文化館という公共施設として使われていますが、もとは横浜市外電話局の建物でした。このように横浜市では、公設公営という枠組の中で積極的に歴史的建造物の保存を行ってきました。

芸術不動産を語る上で大きな転換期になったのが、二〇〇四年一月に出された「文化芸術創造都市－クリエイティブシティ・ヨコハマの形成に向けた提言」です。「創造性」というキーワードで都市の再生を図っていこうとい

横浜情報文化センター

旧第一銀行（現ヨコハマ創造都市センター）

うものです。この提言の中に具体的に「創造界隈形成」という言葉が出ています。これが今も脈々と創造都市政策の中に生きていて、「創造界隈」と呼ばれるものを作っています。

この提言の中でのちの芸術不動産に大きく関係する内容としては、歴史的建造物の保存活動だけでなく、倉庫に着目して文化芸術に活用していく、空きオフィスを活用していくという方向性が打ち出されていることで、大きな転換期になっています。また歴史的建造物を保存活用する上で、「公設民営」という新しい概念が打ち出されました。

提言が出された翌月、一九二九年築の旧第一銀行（現ヨコハマ創造都市センター）と、同じく一九二九年築の旧富士銀行のふたつの公的な建物を民（NPO法人BankART1929）で文化芸術に活用する、という取組が実験的に始まります。それを受け、二〇〇四年四月には横浜市に文化芸術都市創造事業本部というセクションが設置され、スピード感を持って進めていく体制が整いました。翌二〇〇五年には、旧富士銀行に東京藝術大学を誘致したため、BankARTの一部は日本郵船横浜海岸通倉庫に移転し、「BankART Studio NYK」がスタートします。

公設民営から民設民営へ

現在、再開発のエリアになっている北仲第一地区には、横浜生糸検査所の事務所として使われていた建物とその横の帝蚕ビルと呼ばれていた白い建物の二棟が残っていました。BankART1929による、日本郵船横浜海岸通倉庫の活用の成果もあり、開発業者から、開発の準備期間中、これらのふたつのビルを活用してみないかという話になりました。そうして生まれたのが、クリエーターのシェアスタジオ「北仲BRICK＆北仲WHITE」です。オープンは、二〇〇五年五月です。この建物の管理運営は開発業者でしたが、立ち上げにはBankART1929も大きく貢献し、これが、公設民営から民設民営の流れをつくっていきます。横浜市は、これをきっかけに空きオフィスを活用していく政策を打ち出しました。行政として空きオフィスの活用支援を制度化していこうということで、その年の九月に「クリエーター等立地促進助成」がスタートしました。これはクリエーターが関内・関外地区にオフィスを新設した場合に、オフィスの床面積に応じて初期費用の一部を助成するというものです。

この制度自体が、北仲ＢＲＩＣＫ＆北仲ＷＨＩＴＥの活動を行政として受け止めて制度化したという、なかなか行政では考えられないような取り組みです。民の取り組みを行政が受けて展開したのです。また二〇〇五年度には、これは官主導でしたが、商船三井の万国橋倉庫を文化芸術の場として活用することも同時進行で行っていました。

翌二〇〇六年に北仲ＢＲＩＣＫ＆北仲ＷＨＩＴＥが予定通り閉鎖されることになりました。そこに集積したアーティスト、クリエーターにどうやって引き続き関内・関外に留まってもらおうか、ということで横浜市がまず打ち出した

ZAIM

本町ビルシゴカイ

ランドマークプロジェクトⅡ「芸術不動産」

宇徳ビルヨンカイ

のが、市の資産である旧関東財務局を「ＺＡＩＭ」という名称で暫定的に活用することでした。そしてもうひとつは、「本町ビルシゴカイ」です。これは民間のチームによって推進されたケースですが、本町ビルという建物のうち四階と五階だけにクリエイターが入居し、二〇〇六年一一月にスタートしました。

芸術不動産の誕生

この本町ビルシゴカイの取り組みが芸術不動産に直接的につながっている、と言っても過言ではないと思います。北仲ＢＲＩＣＫ&北仲ＷＨＩＴＥはどちらかというと非日常的なプロジェクトでしたが、本町ビルシゴカイについては日常生活そのもので、これは十分一般化し得る可能性を秘めている、いよいよ創造都市で空きビル活用に取り組む時期に来たんじゃないかというのが二〇〇六年頃です。

「芸術不動産」という言葉がおそらく初めて世の中に出たのが、二〇〇六年にBankART1929が開催した「ランドマークプロジェクトⅡ」というイベントです。出展の一つとして、民間の側の発意で芸術不動産本部というプロジェクトがありました。芸術不動産本部では、アーティスト、クリエーターの居場所を作りましょう、そして街を活性化させていきましょう、ということが打ち出されています。現在の芸術不動産でもこのような考え方を受け継いで展開させています。こういった動きを受けて、二〇〇七年七月、行政でも芸術不動産の実験事業がスタートしました。支援のシステムづくりを官民共同で行うモデル事業であり、現在の芸術不動産リノベーションの制度的な枠組も整いました。

事業の推移と関内外地区活性化への動き

二〇〇八年四月には、「クリエーター等立地促進助成」を、「クリエーター・アーティストのための事務所等開設支援助成」として財団事業に移管するとともに、一坪当たり一万六〇〇〇円だった助成額を三倍にしました。二〇一二年度までで、事務所等開設支援助成としては約七〇件、助成金額は年間でおよそ六〇〇万円から八〇〇万円ぐらいの間を推移している状況です。現在に至るまでアーティスト、クリエーターを誘致するための制度として継続しています。

二〇一〇年三月に都市整備局が「関内・関外地区活性化推進計画」を作りました。その中で、関内・関外地区を活性化するためには、業務機能の再生、特に改修制度をきちんと構築していく、ということが打ち出されました。

同じ二〇一〇年六月、芸術不動産は本格的に制度化され、オーナー向けの助成として「芸術不動産リノベーション助成」制度を創設しています。この助成では築二〇年以上経過した建築物を対象としています。どんなビルでもいいというわけではなく、関内・関外地区の活性化に寄与するために、ある程度年数の経った建物を対象としつつ、引き続きアーティスト、クリエーターの活動拠点の整備を支援する事業としてスタートさせたものです。この制度によって、馬車道エリアで「宇徳ビルヨンカイ」を展開したり、長者町でアーティスト向けに「長者町アートプラネット」という事業を行ったり、中華街の中に「八〇〇中心」という拠点を作ったりと、着実に進んでいきました。

一方都市整備局では、活性化推進計画にあった業務機能再生をモデル的に進めていくため、二〇一一年三月に「mass×mass 関内フューチャーセンター」というビジネスインキュベーション拠点を設けました。これはまちづくり活動へ起業家の参画を促し、地域活性化を図っていこうというものです。

芸術不動産のセカンドステージ

その後も芸術不動産事業としては、防火帯建築物という昔ながらの住宅併設ビルや、現在は「さくらＷＯＲＫＳ」という拠点が入っているビルなどをリノベーションしてきました。二〇一三年五月、芸術不動産リノベーション助成の制度を若干変えました。新しいキーワードとして打ち出したのが、「地域経済活性化」そして「まちづくり」です。具体的には、アーティスト、クリエーターの拠点だけではなく、カフェやギャラリーなどを設けることでビル全体の魅力をアップすれば、その改修全体を支援するというものです。そうすることによって、ビル全体の価値、ひいては地域全体の価値が高まり活性化につながっていくのではと考えています。先ほど行政と民間の関係性のお話をしましたが、実際に民間がどういった形で関与し、ビジネスモデルとしてどう構築されていくの

防火帯建築物（吉田町第一名店ビル）

か、あるいは公民連携のあり方としてどういう形が考えられるのか、こういった部分は今後の展開として考えていかなければいけない点です。また、関内・関外地区活性化推進計画や都市デザイン室が行っている取り組み、ひいては建築基準法という法律とどう向き合っていくのか、これらは欠かせない論点になるのではと考えています。

起業家の支援と関内地区の活性化

鈴木智之
都市整備局企画課

関内地区が抱える問題

都市整備局の鈴木です。関内・関外地区活性化事業のひとつであるビジネスインキュベートのモデル事業について、少し補足します。

関内・関外地区では、この一〇年ぐらいで極めて経済的地盤沈下が進んでいます。横浜駅周辺やみなとみらい21地区が繁栄しそちらに取られている、ということもあるかもしれませんが、いろいろデータを調べてみると、そうとも言い切れない状況です。やはり東京や市外に出ていってしまう、吸い上げられてしまうという傾向が出ていて、この一〇年ぐらいで関内地区の商品販売額はだいたい五割ぐらい落ちています。みなとみらい21地区は敷地が大きいので、高層で新しいビルに大きな企業の本社を誘致するということもできるのですが、関内地区はあまり大きい建物がなく建物も古いので、企業の本社機能や数フロアをいっぺんに埋めるような会社を持ってこようと思ってもなかなか難しい。ビルがOA対応ではないなどの制約もあります。

では関内にどういう企業を誘致しようかと考えたときに、これから事業を始めよう、会社を立ち上げようじゃないかという、いわゆる起業家に焦点を絞って、その人たちを受け入れる土壌をつくっていくという発想がありました。まずモデル事業をやろうということで、二〇一〇年度から三ヶ年計画で始めました。

モデル事業の立ち上げ

二〇一〇年度に事業者を公募しました。空きビル、空き室を見つけてきてもらって、その内装費を最大一五〇〇万円補助するというもので、国の補助制度も活用しました。二社応募があり、審査の結果関内イノベーションイニシアティブという会社が選ばれ、ビルを改装してコワーキングスペース「mass × mass 関内フューチャーセンター」を開設しました。

ちょうどそのオープンが二〇一一年三月一一日の東日本大震災の日でした。オープニングセレモニー開催の準備をしていたちょうどその時に大きく揺れて、セレモニーは全部吹っ飛んでしまいました。結局それから三ヶ月後にキックオフイベントの形でお披露目をしましたが、一年目はそれ開設の補助で終わり、それから二年目、三年目は額が小さくなりましたが、起業家のネットワーク形成事業の補助を行いました。

mass×mass 関内フューチャーセンター

そのコワーキングスペースは、一階がいわゆるフリースペースで、大きなテーブルがあってネット環境が整備されています。どの席に座ってもよく、だいたい一ヶ月一万円ちょっとで利用できるというものです。二階は個室になっていて、面積で賃料が決まっています。最初は一階に入ってパソコン一台で仕事を始め、会社が大きくなったら二階の個室に移って、さらに大きくなったら近所の空き室を借りて更に大きくしていってもらおうということを目指して、事業を行っています。まだ空きがありますので、こういう場所をもっと使ってほしいと思っています。

芸術不動産はアーティストとクリエーターにターゲットを絞っていますが、こちらの事業は特に業種を限定せず、起業する方は誰でもＯＫですよ、というものです。司法書士、ソーシャルビジネスを始めようという方、地産地消の農家のプロデュースをする方、障害者の自立支援をする方など、いろいろな方が利用しており、入居者同士がコラボレーションして新しい事業を始めるという成果も現れています。

場の発明を通して暮らしをイノベーションする

中村真広
ツクルバ代表取締役CCO

建築を学んだ学生時代、そして起業へ

皆さんこんばんは。まず僕自身の自己紹介ですが、八四年の千葉県生まれで、大学で建築を学びました。学生時代に北仲BRICK&北仲WHITEに、お世話になっていた先生が拠点を構えていて、そこに結構出入りしていた記憶があります。今、渋谷でワークプレイスを運営しているのですが、まさにその原風景を見させてもらえたのがこの横浜の北仲BRICK&北仲WHITEでした。大学院時代には、渋谷区の宮下公園を改修するプロジェクトに携わりました。設計を私の恩師の塚本由晴先生が受けてきて、僕の担当はスケボーパークの設計でした。ナイキの方々がつくった面白い企画にいわば便乗して設計していたのですが、その時に企画を仕掛ける側って面白そうだなって単純に思ってしまったんですね。そのナイキの方々がいなければこのプロジェクトは生まれなかったと考えると、そっち側に行きたいという思いが強まりました。

そういう経緯もあり、そのまま真っ当に建築設計の事務所に就職するのではなく、デベロッパーに入社しました。そこでマンションを売ったりしていましたが、入って半年ぐらいでリーマンショックで不動産業界は壊滅状態になり、会社も社員が半分になるということで転職をしました。もともと建築の前段階を知りたいと思って不動産業界に入ったのですが、逆に建築の後段階の方がこれからは可能性があるのかなと思い、ミュージアムデザインというちょっとニッチな業界に行きました。学芸員の方からいろんな知識を吸収しながら展示に落とし込んでいくというもので、デジタルコンテンツや空間演出などを手がけていました。

その傍らで二〇一一年二月、「マイプロジェクト」として池袋でカフェを仲間たちと始めます。ミュージアムデザインというのはすごく大きな組織での仕事で、一つの映画をつくるような体制となるため、誰のための仕事なのかというのが少しぼんやりしていました。でもこのカフェでは目の前にお客さんがいて、自分たちがDIYでつくった空間で結婚式の二次会を開いてくれたりします。まさにこういうお客さんとの直接的な関係性の方が自分自身のモチベーションが上がるなぁと思うようになりました。悶々と迷いながら三・一一を迎えたのですが、偶然その翌々日に僕自身が入院するということがあり、入院中に自分と向き合うという機会を持ちました。もうウジウジしている場合じゃないと独立を決意し、その年の八月に「ツクルバ」という会社をつくりました。

みんなが集まる場所をつくりたい

ツクルバは僕ともう一人が共同代表の会社です。メンバーは六人で、ようやく二期目が終わり次から三期目という段階です。ツクルバでは、まずクリエーターのシェアオフィスを手がけることになりました。デザインとかクリエイションをやっている人間が独立するというのは、なかなかしんどいものです。デザインはできるけれどそれ以外はよくわからない、という方も結構多いと思います。そういう時にバックアップしてあげるようなレーベル機能があったらいいなと思い、もう一人の共同代表と話していたら、転じてみんなが集まって仕事をしているような場所がつくれたらよりいいんじゃないか、よりシナジーが生まれそうだよねという話になりました。

co-ba shibuya

東京のオフィスビルは、二〇〇三年頃は七～八％の空室率があり、「第一次シェアオフィスブーム」と勝手に呼んでいる現象が起こっています。そして僕らが始めようと思ったのが二〇一一年です。二〇〇三年と二〇一一年とではデバイスなどの環境は全然違っています。モバイルが一般的になり、ソフトウェアもクラウド化され、どんどん身軽になっています。そうなるとオフィスも全然違うのではないかと思いました。

そんなことを考えている時に、コワーキングスペースというものを知りました。日本ではまだ全然知られていなかった頃です。コワーキングスペースとは、ただ場所をシェアするだけでなく、自分のアイデアやスキル、人脈すらもシェアし、相互に高め合っていこうというワークスタイルのことです。これはすごく面白いきっかけがもらえたということとで、実際サンフランシスコに行っていろいろと見てきたりしました。下準備を経て、二〇一一年一二月に「co-ba shibuya」をオープンしました。

「co-ba shibuya」の立ち上げと実践

co-baで僕らがやりたいことは三つありました。コワーキングというスタイルを掲げて実践していくこと、面白い大人たちがせっかく集まるのであればなにかしら地域に還元しローカルを目指していくこと、そしてよい環境の中で仕事ができるようデザインに気をつけること、という三つです。

ただ、もともと建築・不動産の出身なので、コミュニティ形成やソフトのデザインは全然得意ではありませんでした。場のファシリテーションもよくわからない。そんな中で、ワークショップデザインを研究している東大の中原淳先生の本に出会い、エッセンスを二つ抽出しました。「主催者がロールモデルを示して場の振る舞いを方向付ける」こと、そして「その場が温まってきたら主催者は後ろに控え、オーナーシップを皆さんに譲る」ことです。

もう愚直に実践するしかないということで、とにかく我々

co-ba library

が面白いと思える場にするということをまず実行しました。co-baでイベントを開催してもいいですよと会員のみなさんに言っても、なかなかその方法が分からないと思うので、まずは僕ら自身がイベントをバンバン仕掛けたりしました。

コミュニケーションの場を仕掛ける

そうやって場所の使い方をどんどん示していくと、徐々に盛り上がってきました。ただ僕がスナックのママみたいな感じで人を繋げても、それ以上はなかなか上手くいかず、何か他の方法はないかなと思っていました。co-baでは一画

に、本を自由に持ってきていいですよというゾーンをつくっていたのですが、ここを見ていた時にふと思いました。この本の並びがこのコミュニティを可視化している。では本を通じたコミュニケーションが生まれるような「シェアライブラリー」をつくったらどうか。そこで一年前に「co-ba library」という場所をつくりました。

白、茶、黒の部屋があって、一番手前の白い場所は雑誌の空間で、とにかく平置きにして、パッと表紙だけで情報が入ってくるような場所です。一歩入って茶色い空間に行くと一つ一つのマスがco-baの会員さんの本棚になっていて、自分で好きな本を並べていいですよ、という仕組みです。例えば同じエンジニアという肩書きでもその人は映画が好きかもしれないし、サーフィンが好きかもしれない。肩書きだけでは可視化できないキャラクターを本を通じて可視化する、そういうシェアライブラリーです。一番奥の部屋は黒板の部屋です。スリット状の本棚があり、周りが黒板なのでいろんなコメントを書き込めるようにしています。アマゾンのレビューやブクログなどのウェブサービスのリアル版みたいなものがここで展開されるイメージです。そういう場所を使って、似顔絵を友人のアーティストに描いてもらったり、ピラティス教室を開いたり、子供向けのワークショップを開催したり、ただ働くだけの場所ではなく半分公民館みたいな使い方を自ら実践しています。

シェアを広げる

また co-ba library を街に展開しようということで、「はしご図書館」を手掛けています。渋谷にはキャラクターの濃いお店がたくさんあるのでそこを可視化したい、普段行きつけのカフェがどんな思想でやっているのかが見えたら面白いと思い、三〇センチ角のちっちゃい箱をお店に置いてもらい、本はオーナーさんが入れるというものです。今渋谷近辺で二一箇所置き、これをマッピングして、はしごして楽しむ図書館というものを民間の社会実験として行っています。

働くという側面でいうと、一カンパニー一テーブルという形式で開設したのが、

はしご図書館

「ten-to」という場所です。チームで入れるようなオープンタイプのシェアオフィスです。そこには実は3Dプリンターや3Dスキャナーも入れています。今は投資家にIT関係のベンチャーの次は「ものづくりベンチャー」に投資していきたいという思いがあるようなので、こういう設備をいれてものづくりベンチャーを誘致しようという思惑もあります。この場所は投資家がスペースオーナーで、その意向のもとで我々がプロデュースで入っています。

企画段階からのコラボレーション

企画の段階から色々なステークホルダーを巻き込んでいくということも試みています。調布にて行っているまちづくりの活動では、地元の方々に愛されるコミュニティスペースをつくるために、全五回のワークショップ「調布まちみらい会議」というものを開催し、潜在ニーズを可視化するプロセスから始めました。スペースの企画がまだ固まっていない段階からワークショップを開催し、ステークホルダーになりそうな方々と共にブレストをしてきました。その中で、どういう場所だったら使いたいですか？ということをヒアリングしながら、企画のタネになり得るアイディアにまとめていきました。それらを設計与件に落としこんでいき、実際の空間の企画・設計へと繋げています。

場を発明するための五つのキーワード

ツクルバとして我々がやりたいことは「場の発明」です。変化の中で生まれた未来のプレイヤーを発見して、そのプレイヤーとともにこれからの文化を創造するための場の発明をしていくことです。co-baという場所は、MacBookを持ってノアールで仕事をしていたような人がプレイヤーとして徐々に顕在化したところで、そういう人たち向けにちょっとオープンなシェアオフィスをつくってみようという場の発明をしたら見事入ってくれた、そういうようなプロセスだと思っています。

場の発明のために我々が考えていることを五つのキーワードとしています。「コンテクスト」「パーパス」「オープンエンド」「グットノイズ」「ソーシャルキャピタル」の五つです。

まず「コンテクスト」です。「コトづくり」の中で「モノづくり」というものを位置づけたいと考えています。大きな流れとしては、企画、設計、運営という三つがありますが、全体のコトづくりの中に設計活動というモノづくりを位置づけていきたいですし、企画や運営も一貫してやろうというのが我々のマインドです。

また大いなる目的を掲げたいと考えていまして、どのようにやるかではなくて何のためにやるのか、そこが問われる時代になってきたということで、二つ目に「パーパス」をあげています。

三つ目のキーワードは「オープンエンド」です。とにかくいろんな主体を巻き込める状態にする。それを我々は半仕上げの状態と呼んでいますが、そういう状態にデザインをもっていくということです。具体的にはco-baやco-ba libraryをつくったときに、クラウドファンディングのサービスを活用しました。単にお金を出してもらうだけではなく、例えば一万円払ってもらったら一ヶ月分の利用料をただにしますというようなリターンをちゃんと設計して、プロジェクトの資金集めとファン集めを同時に行います。また先ほどの「調布まちみらい会議」の例もそうですが、設計要件をマーケットリサーチから割り出していくのではなく、ふわっとした段階からステイクホルダーを巻き込んで一緒に企画をつくっていく、ということを我々のプロジェクトではよくやります。co-ba libraryも初めはただの棚で、何も埋まっていません。それが徐々に埋まりはじめると、いわゆるブックセレクターの方がつくった本棚ではないので選書としてはエッジはきいてないかもしれないけれども、すごく自分ごとになっているような場所ができてきます。そういうつくっていくプロセスにみなさんに参加してもらうことで、自分一人の物語だったものが私たちの物語になっていくということ、それによって様々な人が当事者になっていくということが面白いと考えています。

そういう場所で「グットノイズ」というものを生み出したいと思っています。アマゾンのリコメンド機能は素晴らしいですが、予定調和のところがあります。予定調和はあるけれど、「未定調和」というのが今の時代に欠けている。いいノイズにはセレンディピティみたいなものがあり、そのノイズによって予定調和を超えら

ワークショップイベント（調布まちみらい会議）

れるんじゃないかと思っています。街の本屋には、街の本屋にあってアマゾンにないものがあります。例えば建築系の本を買おうかなと思って行くと、雑誌が平置きにされているので目に入ります。そういうところから得られる情報というのがきっとグッドノイズです。街の本屋とco-baというのも実は似ています。co-baで作業していると隣の人が突然ブレストを始めたりします。僕らはＩＴ関係の仕事は全くしていませんが、周りにはＩＴの方が結構多いので、一年ぐらい経つとやたらとＩＴ業界に詳しくなります。そういうのもひとつのメリットです。

最後は「ソーシャルキャピタル」をつくり出すということです。ソーシャルキャピタルは社会関係資本と呼ばれていますが、僕らは人と人の関係や人と空間の関係に変化をつくり出すことだと思っています。ひとつは、「祭りを捏造」したいと思っています。co-baの交流会は月一回この日に絶対やる、というのを決めます。そうすると何だか当たり前のように人が集まってくるようになって、そこからフリーランスの方々とのコミュニケーションが生まれたりします。もうひとつは、プロジェクトという祭りを投下してしまうというものもあります。チロルチョコから、co-baのみなさんでなにかアプリをつくってくれないかという話をもらった時に、フリーランスの方々を束ねて一緒につくりましょうというふうにプロジェクト化しました。一緒に仕事をすることで仲良くなったりしますし、一番面白かったのは、そういうネットワーク型の即席チームでつくったアプリが無料アプリランキングで六位にまで入ったことです。周りを見ると大企業ばかりで、こういう個人事業主同士のチームでここまで食い込めるというのが面白かった事例でもあります。

この五つのキーワードというのが、場の発明にとって一番重要だと思っている、僕なりの仮説です。

自分ごとにする

最近、行政や企業のサービスが自分たちの生活を変えてくれるんじゃないかと、どこか頼ってしまっているような風潮が見られます。でもそんなはずはないと思います。自分ごととして、自分の暮らしをもう一回自分でつくり出すということを、それぞれがやらなければなりません。自らの手で自らの生活の解像度を上げていくということ、まさにそれは暮らしのリノベーションにつながります。自分の生活をリノベーションするためには、こんな場所が欲しいとかこんなサービスが欲しいというところまで、自分自身、みなさんひとりひとりが考えていくことが、次の時代のリノベーションです。

我々としては、自分たちが欲しい空間や欲しいサービスを自らつくり出しているだけではありますが、場の発明を通じて当事者として暮らしをリノベーションするということをこれからもやっていきたいなと思っています。

Discussion

西田 司
オンデザインパートナーズ
代表取締役

ベンチャー企業のスピード感

西田　僕は設計事務所をやっており、先ほどの肥山さんの紹介にあった北仲ＢＲＩＣＫ＆北仲ＷＨＩＴＥで関内エリアに事務所を移し、その後本町ビルシゴカイ、宇徳ビルヨンカイと御紹介頂いた順番で移動してます。日常的に芸術不動産案件のなかで仕事をしている影響で、僕自身異業種のシェアに可能性を感じており、仕事としても中華街にリノベーション助成を活用した八組のクリエーター拠点「八〇〇中心」をつくり継続的に運営サポートもしています。
二〇〇五年に北仲ＢＲＩＣＫ＆北仲ＷＨＩＴＥに入ったときには、そこには五四組のアーティストクリエーターが入居しており、、中村さんのプレゼンにあったように、祭りをやろうという人が出てくるんですよ。せっかくだからここを活用してギャラリーをやろうとか、この場所を上手く生き生きとさせてオープンな状態にしようとか。アーティストが絵を描いている姿をちょっと見られたりする、そういう風景が日常にあると、普段アートに造詣がなくても、アートに興味を持ってきて面白いと

北仲BRICK&北仲WHITEのポスト

感じてきます。もっと街に開こうということを始めて、北仲ＢＲＩＣＫ&北仲ＷＨＩＴＥには人が外から来るようになりました。すごく面白いなと思っていたのですが、残念ながら一年半で北仲のプロジェクトは終わってしまいました。そこから関内の宇徳ビルというまた同じような古いビルに移って、現在事務所を構えています。

中村さんの先ほどのプレゼンで非常に印象的だったのは、数多くのプロジェクトがわずか二年の間に立ち上がって実現している、ということです。そのスピード感とかそこにかけているエネルギーの充実感は意識的なものなのか、それともそうしないとビジネスとして成り立たないというハングリーさがあるのか、その辺りはいかがですか。

中村　スピード感ということで言うならば、それこそヤフーが「爆速経営」を掲げているんですよね。ヤフーで爆速だったら我々ベンチャーはどうすればいいのか、それ以上に爆速じゃなきゃ駄目だろうということで、自分たちを鼓舞している部分はあります。co-ba に入居するようなネット系ベンチャーの方ってもっと爆速なんですよ、言ってしまえば。出資を受ければ一気にパーンと跳ねますし、どんどん社員が増えていくのが普通なんですけれども、やっぱり我々は空間ビジネスなので、そんなには跳ねないんですよね。事業のビジネスモデルも跳ねないですし、じゃあ今年から一ヶ月おきにスペースをつくっていきますということもすぐにはできない。その中でも、空間ビジネスならではのスピード感を持って動きたいという思いはあって、それは意識的にやっている部分です。

外からみた横浜の取り組み

西田　横浜の取り組みを外から見てどのように感じますか。

中村　実は先ほどのお話にありましたさくらＷＯＲＫＳに最近遊びに行きました。公設公営から公設民営、そして民設民営になって、徐々にジェネレーションは変わっていってはいるものの、その根底にあるものは変わっていないんじゃないかなと思っています。北仲ＢＲＩＣＫ&北仲ＷＨＩＴＥの当時の熱量をそのままに今も活動されている方々が至る所にいる、しかもいろんな拠点ができているというのが、今の横浜の状況なのかなと外から見ていると思いますね。

誰を対象にするのか

西田　鈴木さんのお話にあったmass × mass関内フューチャーセンターには様々な方が入居されていて、そういう人たちも含めて「クリエイティブ」と括っているのが非常に範疇を広げていると感じたんですが、そのあたりは入っている人たちを見ていかがですか。

鈴木　今日のテーマである芸術不動産というのは、もともとアーティスト、クリエーターの拠点をつくっていくものでしたが、mass × mass関内の発想はビジネスインキュベートで、全く別だったんですね。ただ、起業家の中にはアーティストやクリエーター系の方もいて、たまたまそこがかぶっていた。だから、文化観光局も都市整備局も似たような事業をやっていてどっちがどっちだかわからない、とよく言われるんです。

関内はビルが老朽化して空き室が多かったり、古いビルが壊されてそのあとは駐車場になったりして、どんどん衰退していくような状況にありました。どうしたらこういうところにちゃんと企業や働く人が入ってきて、経済活動が営まれていくんだろうかということを考えた時に、それを解決するためのモデル事業としてmass × mass関内を始めました。

結果的に入居している方にクリエーターが多く、その中でクリエイティブな活動が行われたり、いろんな業種の方とのコラボレーションが生まれたりしている、ということは聞いています。でもそこで育った人が大きくなって東京に行ってしまっては意味がない。我々の目的は、この横浜で引き続き仕事をしてもらうことです。入居した方たちがこの地域の人たちとうまくネットワークをつくれば、そこからビジネスが生まれ、人間関係もできてきます。ここから離れてしまえばせっかく築いた財産である人間関係を捨てていくことになるので、そうならないようにここに留まってもらう。ですから、周りといろんな関係を築いてビジネスを興していく、というところまで発展しないと、我々のモデル事業は成果が出てこないのですが、そこは難しいところがあります。まだなかなか成功というところまでいっていない。三年しか経っていませんので、これからだと思っています。

西田　横浜市がアーティストやクリエーターを集めるというステージから次のステージに展開する時には、アーティストやクリエーターでない人も入れる余白感というか、のりしろ感みたいなことが必要なのかなと感じています。中村さんの運営するシェアオフィスでは、実際どのような方々が入居しているのでしょうか。

中村　co-ba にはグラフィックデザイナーや建築家、そういう方々が入るんだろうと思っていたんですけど、ふたを開けてみるとぜんぜん違っていて、六、七割はＩＴ関係の方なんですよ。

とにかく入居希望者全員と面談をします。事業計画を出せという話ではなく、あくまでどういう思いで仕事をやっているんですかとか、逆に我々はこういう思いでこのスペースをやっているんですよ、というような話をします。その時に一つ基準にしているのが、何かを自分でこう変えたいんだ、という思いがあるかどうかです。そのジャンルは別に何でもよく、日本酒を売って日本酒の消費量を上げたいという方でもいいですし、福祉の事業でもいいですし、イーコマースサービスをやりたいという方でもＯＫだと思っています。とにかく何か社会に対してより良くなるためのアクションをやっている方にこそ入ってもらうようにしています。

六本木のレストラン（六本木農園）でのプロジェクト

西田　なるほど。僕は以前、都市の中で農業を考える、という六本木のレストランのプロジェクトに関わったことがあります。農業と食と健康、くらい大きなテーマになると、農業に興味がある人、美味しいものを食べたい人などいろんな人が集まるんですよ。やはり、「自分ごと」にできることが重要なんじゃないかと思います。例えば子供に健康なご飯を食べさせたいとか、自分の出身地では農業が衰退してしまっているから応援したい、みたいなことです。そういうモチベーションで働いていたり、食べにきたり、活動に参加している人の間ではすごいシナジーが起こります。クリエイティブと呼んでいるものが必ずしもアーティストやクリエーターだけのものではないと感じていたので、先ほどの鈴木さんの話は非常に面白いなと思いました。

西田　肥山さんは、これまで一〇年ぐらいアーティストを集積させてきた横浜でどんなことに取り組んでいきたいですか。

肥山　原点は芸術不動産という言葉ができた時に定義づけられた、アーティスト・クリエーターの手によって地域の価値を上昇させていきましょうということ、そこに尽きると思っています。経済が安定成長に入っている時代にどうやって豊かになるのかということを追求すると、やはり社会と向き合う必要がある、そういう社会と向き合った空間として芸術不動産が使えないか、という基本的な発想を持っています。それは結局、関内・関外地区を活性化し再生していこうという時のストーリーの挿入みたいなものです。テナントが入って埋まったからよかった、というのではなくて、関内・関外地区をこれから社会に対してどう向き合う空間に変えていくのか、それをこの芸術不動産を通して考えていく時期に来ています。

世界の中で考える

西田　会場からもご意見、感想をいただけますか。

参加者A　横浜でグラフィックデザインの仕事をしています。もともと僕はずっと東京を拠点にしてきたので、クライアントには東京の企業が多いんですよね。横浜に来てからも大半は東京の仕事です。横浜で起業した人たちが成功した時に東京に行ってほしくない、というお話がありましたが、何によって解決するのかということを考えると、横浜にちゃんと産業があるかどうか、ということになるのではと思います。やはりもっと大きな産業、できれば観光以外の「もの」を作る産業がもっともっと集まってくるような都市が、創造都市のこれから目指すべき姿ではと思います。mass × mass 関内のように、クリエーター以外の人たちも集まってどんどん産業が膨らんでいくことが、僕らにとっても横浜で仕事をする意味につながってくるのではないかと思いました。

参加者B　先ほどの鈴木さんの発言についてですが、育った子が東京に出て行って何がだめなんですか、あるいは世界に出て行って何がだめなんですか。一〇億やそこらのお金をかけて、この都市がアートで評価されるなんて思わない方がいい。例えばニューヨーク郊外の巨大なアートセンター「ディア・ビーコン」や、韓国の各都市に新たにできてきているアートセンターには数百億円かけています。文化行政に対して世界の中でのランクを見据えている人があまりにも少なすぎます。なぜ日本でソニーが生まれて世界的なアーティストはほとんど生まれないのか。三七〇万人都市横浜の事業として、もっと大きな視点を持ってほしい。またすぐに真似ることはできなくても、もっと世界の動き、アジアの動きを見てほしいと思います。

鈴木　文化や芸術に対する強い思いは非常によく分かるのですが、行政の立場とするとやはりなかなかそこは難しいところでもあります。市民の理解や合意が得られるのかということを我々はいつも求められているんですね。タックスペイヤーでもある多くの人たちの理解が得られるかを、行政の立場としては常に意識しなくてはなりません。大きいことをやりたいけれども、まず市民のみなさんに理解して頂くところから始めないといけない。それは常に頭の中に引っかかり、苦しいところでもあります。

西田　マンハッタンにチルドレンミュージアムというアートスペースがあります。ここの面白いところは美術館のように作品を鑑賞することが目的ではなく、作品制作の現場に触れたり、子供たちが楽しみながらアートワークに参加できたりと、創造的な刺激を体感することで、次世代のクリエイティブの担い手の教育の場になっています。ここに子供を連れてきたり通わせる親が増えていて、ニューヨークに住むということがビジネスや利便性のためだけでなく、知育や教育といった子育て価値につながっており、アートと市民、社会というものがちゃんとブリッジしています。ただただ芸術だけをやっているということではなく、次の世代に受け継がれていけば、その世代がまたアートや次の街をつくったりする種になっていくと思うんですね。産業を興していくとか、そこから次の新しい活動を生み出していくといった時に、彼らの活動を広げていくための場所や拠点というものには、もっと可能性があり得るのではないか。そういうことは行政だからこそできると思います。

参加者C　中村さんのお話は、ソーシャルイノベーションができる人に入居してもらうということで、筋が通っているように感じました。一方で芸術不動産は、言葉自体に無理があるような気がしています。そもそも芸術は社会にとって何ができるのかということを、行政も受け取る市民もまず理解する必要があります。社会と対立するのがアートであって、そういったものを内包できる社会が豊かな社会だと言えます。そういう方向に持っていくために行政に何ができるかということだと思います。芸術の価値が共有できないなら芸術不動産と名乗らず、「ソーシャルイノベーション不動産」という名前にして事業を展開する、くらいのことを考えていいのではないでしょうか。

参加者D　今回のお話を聞いて純粋に思うのは、もっともっと民間を活用すればいい、ということです。私の勤めている会社ではファッションビルの運営をしているということもあって、もっと日本のファッション界が面白くなってほしいと思っています。それでクラウドファンディングのシステムを使って若手ファッションデザイナーを応援するプロジェクトをやっていたりもします。決してすぐにお金にはならないかもしれないですが、若い人たちが元気にならないと、いつか日本のファッション界は衰退していき、そうなれば結局企業としても未来がありません。多分そういうふうに考えている会社はたくさんあるのですが、具体的にどこで、誰とやるとか、場所はあるのかとか、足りていない情報もたくさんあります。行政と企業の利害が一致するところでできることはもっとあるのではと思っています。それは横浜における公民連携のあり方というところにつながっていくのかもしれないですけども、行政がもっとそういうところに関わっていけば、可能性が広がっていくのではと思いました。

西田　非常に盛り上がっているのに申し訳ないですけども、時間の関係で一旦この場では終了します。本日はありがとうございました。（了）

動、フォローする行政の政策、それを現場で中間支援をして繋ぐ財団、この関係が横浜の魅力です。

この仕組みが魅力的であったからこそ、今や200を超えるアーティストやクリエーターが横浜で活動していると考えています。

『関内外OPEN!』は、集積したアーティストやクリエーターの日常的な営みをイベントとして見せる場です。街に自分のスタジオを開くことで新たな出会いを生む場です。市民が創造都市横浜の一端に触れ、横浜ならではの観光イベントになることを目指しています。

私たちは、2013年から「創造都市プロモーション」という形で、さらに多くの方々を巻き込む取り組みをはじめています。WEBやSNS、そしてメディアを通じて国内外の方々に「創造都市横浜」を知っていただき、訪れ、体験し、参加してもらうことを目指しています。

創造都市の概念は、文化観光においても揺るぎないものです。中長期的視点において、都市の魅力づくりの結果として起きる、定住人口、交流人口の増加や維持という波及効果を、このプロジェクトは目指しているからです。

今年2014年は、みなとみらい線が開通し東横線横浜駅-桜木町駅間の廃線跡地が生まれてから10年であると同時に、ヨコハマ創造都市センターになっている旧第一銀行横浜支店の再活用がはじめられてから10年です。ヨコハマ創造都市センター立ち上がり間もない2009年には、150年前から続く横浜の創造力に想いを馳せ、創造都市の未来に希望を持ちました。今はそれに皆様と共に歩んできた10年が加わりました。創造都市横浜は、ストックマネジメントに活路を見出しました。これからの10年はもっとそれが必要とされる時代です。今ある「跡地」これから「跡地」になることが予想されている場所には、創造都市的な発想が必要とされることでしょう。10年前創造都市横浜の打ち出したコンセプトには、「関係性の豊かさこそが持続的な社会や経済をつくり、都市の幸福度を高めるのではないか」とあります。なぜ、近代化を果たしきった都市が創造都市政策に注目しているのか。都市の成熟へ向け、もう一度横浜の実績を振り返り次へ繋げることが、創造都市に関わる者すべてに課せられた使命ではないかと考えています。


杉崎栄介（公益財団法人横浜市芸術文化振興財団ヨコハマ創造都市センター担当リーダー）

アーツコミッション・ヨコハマが繋ぐ関係

ヨコハマ創造都市センター（公益財団法人横浜市芸術文化振興財団）の中核的機能を担うアーツコミッション・ヨコハマ事業（以下ACY・2007年～）の仕組みについて、8年間携わってきた経験からお話します。

私たちは、創造的な人材が活動しやすい環境づくりを行うことが、「都市の内発性」を高めると考えています。それは、多様な人材がチームを組んでプロジェクトが起きる、魅力あるまちづくりをしていきましょうということです。

そのための要素として、①自主性の高さ、②評価の定まっていない先進的活動、③コミュニティ形成における多様性と流動性を大切にしています。

そして、プロジェクトに具体的に求めることは、①主体性、②街との連携、③非営利マネジメント、④発信力です。

私たちは、相談窓口に訪れるアーティストやクリエーター等の話を聴くところから中間支援を始めます。これまでに受けた相談は1000件を超えます。相談内容は、企画・移転・スタジオ開設・マッチング等々多岐に渡ります。それらの相談を通じて、人を知り、時代を知り、社会を知ります。そして、ここから生まれたネットワークを次の支援へと活かしています。同時に、時代を先駆けるアーティストやクリエーターの話を聞くことは、私たちにとって大変勉強になります。

次に、彼らの作品づくりや活動を実現に向け支援する手段として助成制度の運用を行っています。ただ、助成（お金）だけでは作品をつくることはできません。創造都市横浜の最大の魅力である「創造界隈に拠点を構える多様な担い手（人）」を繋げることで、その活動を支援します。

例えば演劇であれば、最近は劇場以外の空間で発表される作品も多く、そうした要望にも横浜が持つ多彩な都市空間は応えていることから、商店街の区画占有や、事務所、住宅のモデルルーム、駅前の空き地など、様々な場所で作品発表したいという相談を受け、多くの方の協力を得ながら実現してきました。

また、臨海部に立地する複数の劇場がつながることで、結果として、ひとつの劇団が世界で活躍するまでの大きな流れを生み出しています。STスポット＆急な坂スタジオ→のげシャーレ→赤レンガ倉庫1号館→KAAT（神奈川芸術劇場）というようなコースをたどったり、この間に「坂あがりスカラシップ」や「BankARTカフェライブ」、「横浜ダンスコレクションEX」「TPAM in YOKOHAMA」などの様々なショーケース機能を通過しています。

「人の繋がり」と並んで私たちが大切にしているのがアーティストやクリエーターを街に迎えるための「場を生み出す」ことです。私たちは、芸術文化と都市と経済、人と不動産と活動、その仕組みや関係の豊かさに注目してきました。多様なオーナーシップによる共同提案で場をつくりこの関係を皆で読み解いていくのが創造都市横浜です。

「北仲BRICK&北仲WHITE」が活動を終えた後、アーツコミッションの事務所開設助成やリノベーション助成が生まれたこともそのひとつです。アートNPOの先駆的な活

Think About Creative City

東京から見た横浜の取り組み

「関内外OPEN！」は、僕たちが東京の神田・日本橋の裏通りで10年間（2002-2011）続けた「CET/Central East Tokyo」に似た構造を持っている。

エリアに点在する空き物件を顕在化させたり、その空間をうまく使いこなし、活動するクリエーターを文字通り街に対しオープンにする機会をつくっている。そこでは街での働き方や生活のヒントが提示され、次の住人を引き寄せる呼び水となる。CETの場合は空き物件をテンポラリーなギャラリーとし、それを探すプロセス自体が重要なイベントだった。

「関内外OPEN！」は空き物件を発見し、それをクリエーターとマッチングする機能として「芸術不動産」があり、それがエンジンとなっている。CETでその役割を担ったのが「東京R不動産」である。今年で始めて10年になるから、まさにCETというイベントと並走してきたと言っても過言ではない。

僕はこのようなプログラムを「蓄積型イベント」と呼んでいる。一過性の祭でなく、それが具体的な居住や定着につながる。最初はイベントを機会に集まってきたクリエーターたちも、そこで作品をつくったり活動をするうちに場所を理解し、いつしか愛着が生まれる。頭ではなく身体が街に反応するようになる。そして、街の変化の一端に自らが関わってしまうことで、そのダイナミズムにコミットしてしまう。そもそもクリエーターとはそんな生物のようだ。

イベントを重ねるうちに人材が蓄積され、それらは自律的なネットワークを形成する。アクティブな点はつながりやすいもののようだ。

僕はこのプロセスは、新しい都市計画の方法論と言っていいのではないかと思っている。関内外のようにすでに都市構造が強く存在し、その隙間を埋めるような作業が似つかわしい街では（全国のほとんどの街がそうだと思うが）マスタープラン型の計画は通用せず、このような浸透型とでも言おうか、じわじわと人や仕事が街に染み込むようなプロセスが有効だと思う。「関内外OPEN！」はそのモデルである。課題は、こうやって育った仕組みをいかに民間にバトンタッチしていくかのようだ。それが自律システムにまでになると「関内外OPEN！」はイベントではなく、日常になる。

馬場正尊（Open A）

2-3 都市変容と空間計画 参考論文

北沢 猛（初出：二〇〇八年三月 BankART1929発行『未来社会の設計』）

ものの豊かさを超克する価値の探索が続いている日本社会。背景には急激で構造的な社会の変容がある。成長システムから縮小システムへと構造の変革が求められている。

近代という成長と開発の時代を象徴する都市は、ポストモダニズム社会においてはやや輝きを失ってはいるが、引き続き主導的役割を演ずるであろう。しかし、世界最大の東京都市圏においても縮小現象は体感できるところまできている。人口減少により都市活動も停滞していくが、一方で、郊外化と拡散化は進行が止まらない。物的にも心理的にも密度の薄い拡散型市街地はいずれ深刻な問題となる。急激な都市変容が始まっている。それは、ガラパゴス諸島のウミイグアナが体の大きさを調整して、環境の変化、水温の上昇や餌の減少に順応しているという自然の現象と同じ道を歩むのであろうか。人工の現象である都市は環境負荷と環境破壊の主たる発生源となっているのであり、そして私たちの都市とは地球環境は一体のものであるという認識と都市の変容の理解が必要であり、さらに言えばその先にどういう都市を選ぶかという意思が問われている。

未来社会設計から得られること

地球を描こうという地球シミュレータは個別分野のシミュレーションを統合するものである。気候変動の予測は複雑な要素と分野の統合モデルであるが、社会経済の予測が難しいとされ、認識や政策、生活の変容、さらには構造的な革新の進展が大きな不確定要素と言われている。

従来の動向分析による経済変動予測、フォアキャスティングは構造的な変容がない場合は有効であるが、経験のない急激な少子化高齢化などに対しては限界があるということである。見えにくい将来予測は現状追認型の政策改善に留まり、構造改革や価値の転換には結びつかない。そこで、未来社会設計、バックキャスティング※1によって、持続可能な未来社会を描き、未来から破局を回避する構造的な改革を発想する必要がある。未来社会設計は都市や地域で描く必要がある。しかし未来社会設計の方法論は確立されたものではない。未来社会設計は、複雑な要素と人間の生活や意思があり、仮に目標をはっきりと捉えることができたとしても、そこに到達する道程やシナリオは幾通りも描けるものである。二〇〇六~七年に東京大学が行った京浜臨海部（京浜工業地帯のブラウンフィールド）の再生に関する調査研究では、並行的で重層的なシナリオもありえるということを示している。社会がどのように変わり、生活がどのように営まれるかは見えにくいものであるが、存在するのは地球上であり都市であり地域という限定された空間である。そこに未来社会設計の起点がある。また、未来と現在をつなぐ空間計画への期待がある。

都市構想の系譜：都市の原則を見いだす

環境と空間という概念を結びつける都市構想。人間を囲む環境と空間の総合的な都市構想と具現化のための計画は、先進地であった欧米においても一〇〇年程の歴史である。工業化により膨張する都市化社会に対して、理念としての未来都市を描き、一方では眼前の都市問題に対処した構想の歴史がある。都市への集中と混乱から、田園都市構想（一八八九 E.Howard）などのユートピアが生まれ、レッチワー

京浜工業地帯

京浜工業地帯の運河と駅

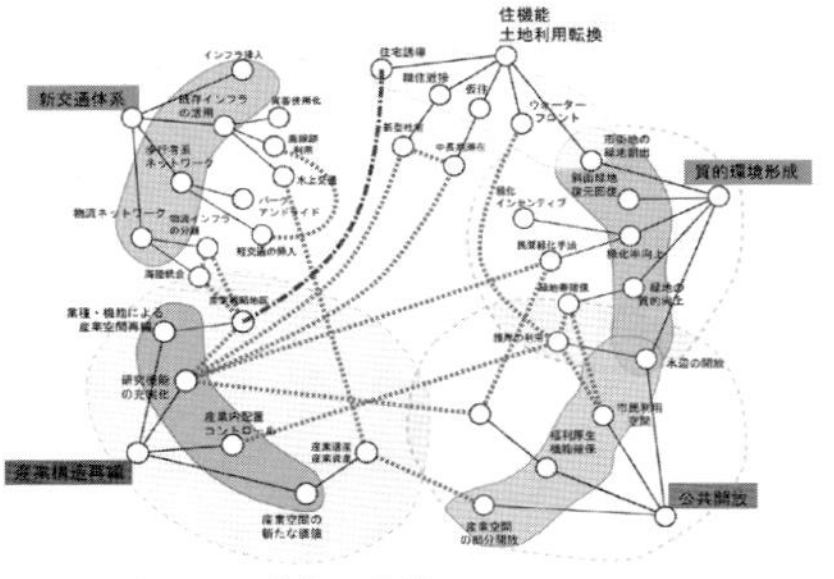

シナリオプランニング 第二段階

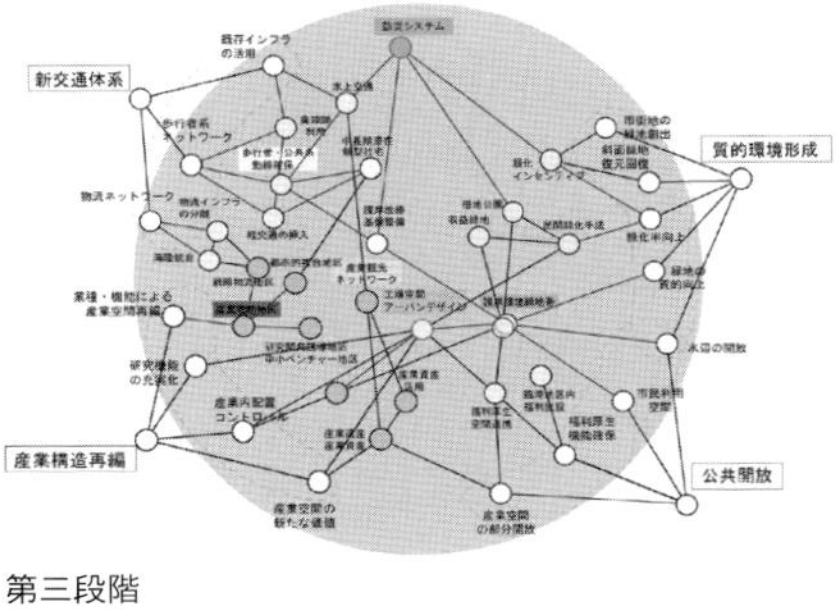

第三段階

スなど郊外像が、そしてスカイスクレイパーの都心像が生まれた。工業化時代は未来社会設計のアイデアや目標、そして構想計画が盛んに創られ、政治や経済、そして政策や制度が動いたのである。環境と空間はまだ人の手にあった。空間の規模や時間、そして構造もコントロール可能なものであった。社会経済も空間との対応があり同じ位相で理解し計画することができたのである。高度経済成長時代に都市は暴走し、未来社会設計は未来予測となり、そして経済指標に置きかえられていった。放棄された未来社会設計。都市の規模の問題だけではなく、社会の複雑化と経済のグローバル化が都市の把握を困難とした。再度、都市を構想し、構造や制度を改革する必要が理解されたのは一九七〇年前後であった。すでに都市全体の荒廃、環境と空間が破壊されていた。アーバンデザインは空間を理解し改善の糸口を示す新たな都市づくりとして登場した。一九六〇年代のアメリカで理論構築がなされ、七〇年代には早くも実際の都市に適用された。今日、ヨーロッパや日本、そしてアジアの諸都市にも広く展開している。空間を理解し課題を共有することからあるべき姿を議論し将来を構想することによって、都市の原則（理念や価値）が見いだされるのである。「都市はどうあるべきか」は、「私たちがどう生きられるか」とほぼ同義である。

都市構想の現在：アーバンビレッジ構想

アーバンビレッジ構想という言葉を初めて聞いた時には多少の違和感を覚えたが、この「都市のなかの村」構想は、英国で議論され一九八〇年代には米国の都市再生に方向を与えた。断片化した都市や地域。そこに欠けた要素を補い人間生活の全体像を都市に回復しようという理念であった。原型は伝統ある村や歴史ある小都市の空間である。そこには生活のための空間や活動があり独自の社会と文化が持続されてきた点を評価したのである。日本の近代以前の村や都市でも、自然との共生や伝統的な産業を中心にした環境循環など、高度な持続性が生み出されており、地域社会の持続性も高い水準で維持されてきた。日本の伝統空間を高く評価し、次の空間計画に取り入れていくべきである。「都市のなかの村」構想は一定の成果を上げ、環境都市計画（ニュー・アーバニズムなど）という理念や方式に展開していった。コンパクトな都市、つまり歩行者空間や公共交通網を中心に高効率的で凝縮された都市は、ＥＵにおいて、自然と人間そして地球を視野に入れた環境政策と結びつき、国を越えた広域空間や都市群空間、自然と田園を包含した広がりをもって議論されている。居住と移動、産業、エネルギーの全体をとらえた空間政策が進み、その具体論としての空間計画が展開している。これを考え実行するのは都市であり、国ではないという発想が見られることにも注視したい。「アーバンルネサンス」を目指してきた英国の都市は、できうる限り既開発地を再生利用し、新たな空間需要に対応するとしている。日本も空間需要はまだ高く、既開発地つまりブラウンフィールド（土壌汚染のリスクと解消コストがある）の再生が重要な課題となっている。都市の成長と郊外開発は抑制するスマートグロース政策が基本である。大ロンドン計画（一九四四年）は中心部の既成市街地では再開発を行い、田園地域にはニュータウン建設で成長を受けとめ、中間にあるグリーンベルトは都市スプロールを抑制するために保全するものであった。「ロンドン・プラン」（大ロンドン法の空間開発戦略）が二〇〇二年に示された。ここでは生活の質を改善するためグリーンベルトやオープンスペースを維持し、高効率な都市構造への転換、つまり経済成長活動の適切な集積と公共交通整備を重視している。

セントポール都心部

セントポール・アーバンビレッジ構想（1980）

横浜開港広場（1988）

明治後期に概成した新港埠頭

長と生活の質、環境の総合化を図る空間開発戦略である。また、社会計画が空間に統合されている点が興味深い。

アーバンデザインとは空間の力をひきだすこと

都市構想とその実現には、空間の構造を理解し全体像を描くと同時に、小さな空間や界隈などの小さな単位の計画やデザインの積み重ねで構成していくことが需要となる。これは横浜市のアーバンデザインのアプローチでもある。横浜市はまた、実践の中から新たな課題や方法を見いだしてきた。横浜金沢シーサイドタウン（一九七〇年代）は埋立て地に人口三万人の都市を構想したものである。すべての要素を計画することが可能であるが、計画し尽くされた都市は柔軟性が乏しく、樹木だけが成長し環境は劣化していく。ここでは、非計画地、余地を残すことで可変性を考えた。開港広場は小さな広場であるが、集まり楽しむ空間としては適当な大きさと密度、親密性を考えた。周囲にある横浜海岸教会の保存など、建築群の調整で一〇年がかかった。空間としては『群集の中の楽しさと都市の孤独。両方を感ずる空間』が目標であった。魅力ある商店街空間は地域の文化や産業ともつながり独特の雰囲気を持っている。日本の都市づくりは、産業をもっと扱うべきであった。歴史的文脈や地域遺産、地域の誇り、神社仏閣など宗教空間も同様である。場の記憶や力を継承し、ひき出すことが魅力となる。

再生のデザイン：オープンスペースが機軸

横浜の都心再生（当時は都心部強化）は、一九六五年「横浜の都市づくり」構想※2に明快な理念や目標、方法が示された。一九七一年に都市デザイングループが日本で最初に市役所に組織されて実践段階となったが、空間計画は①シンプルで分かりやすい内容②情況に応じて戦略地区や優先事業を決める柔軟性③利用や形態の規制と誘導、公共事業の連携④公民の小さな事業を積み重ねる漸進性、といった点に特徴があった。横浜の都市づくり構想に示された内容は、骨格空間としての大通り公園や臨海公園という公共空間、オープンスペースに重点があった。その後四〇年間の時間をかけ再生された姿が見えるようになった。ニューヨーク市ではアーバンデザインチームが一九六九年に組織され、「Plan for New York」という都市構想を発表した。横浜市と理念も共通するところがある空間計画で、歩行者の環境や広場の創出、歴史的文化的特徴の強化などが書かれている。その中心となるのはオープンスペースのネットワークにより荒廃都心を再生する戦略である。横浜とニューヨークは、背景は違うが同時代に課題や問題に出した結論が同じだった。描かれた空間計画とそのイメージもよく似ている。

都市形成史から生まれるデザイン：実験場としての歴史

都市を考える際にはまずは歴史と地勢を見よう。横浜の地勢。谷戸というきめ細やかで複雑な地形、そして水系や生態、また田畑や森林、それらから都市を読み取り理解することができる。都市形成を知り、時代ごとの風景を再現するところからアーバンデザイナーの仕事は始まる。一五〇年前の横浜開港。開港場建設計画が突如として進む。近代都市の最初の空間計画は見様見まねで始まった。ほどなく大火となり欧米流、コロニアル流の都市をモデルに近代都市計画が日本で初めて行われた※3。明治一〇年代には、道路や上下水道、公園が完成した。明治後半には港湾整備計画にあわせて都市が拡張していく。震災の復興計画や昭和初期の積極的な産業成長政策、さらに大横浜計画と続く空間計画の歴史と積み重ねがある。山下公園計画は、震災時の瓦礫の埋立地を埠頭や産業用地にするという議論の末

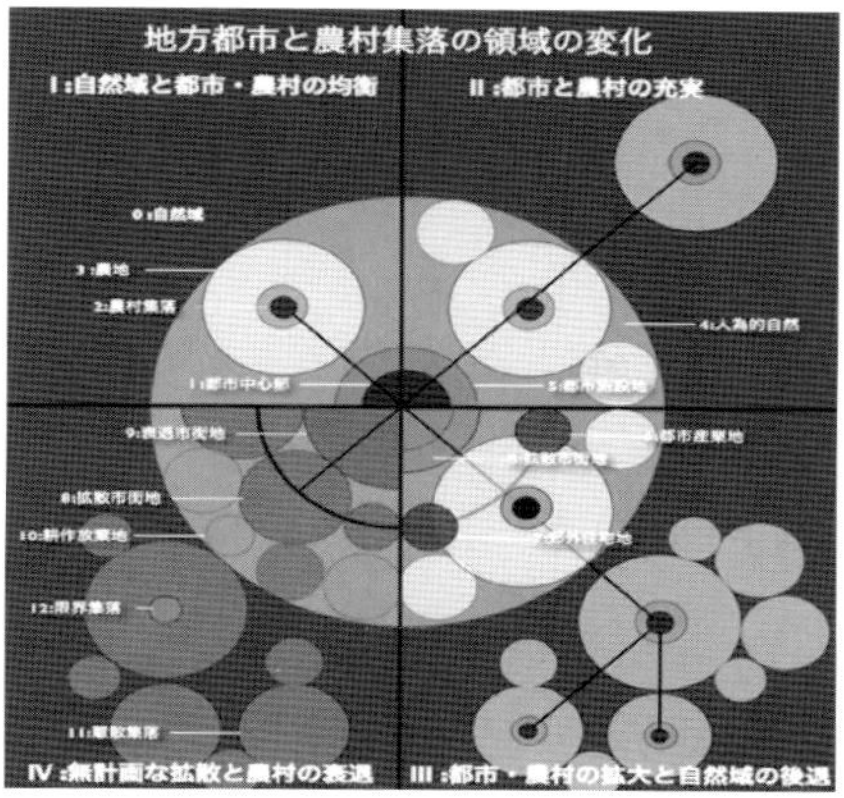

都市と農村の変遷

地方都市の中心市街地と周辺農村

持続的都市開発のモデル

小さな公共空間

に、臨海公園となり、その後の都市構想（一九六五）の下敷きともなった。膨張する市街地に対して「三ツ沢緑地〜野毛山緑地〜山手根岸のグリーンベルト構想」も震災復興時に計画案が示されている。都市の計画は大きな実験を行うことはできない。しかし歴史に実験場があり、歴史に成功や失敗を学ぶことができる。

変容する都市と都市群の現在と予測

日本の人口構造推計は色々と数字があるが、二〇五〇年で八八〇〇万人、二一〇〇年では三一〇〇万人。江戸時代の人口水準に戻るということである。少子高齢化と定住人口減少により地方は深刻な問題に直面している。ここに東京圏の将来が見える。都市と農村のバランスや循環が崩壊しており、限界集落が増え中心市街地は消滅寸前と危機にある。東京圏でも都心への回帰現象がしばらく続くが、郊外や外縁地域では、深刻なほどに夜間人口は減少する。しかし郊外地域での減少は一様な傾向ではなく、大きく減少する都市もあれば増加をする都市もある。一方、雇用の場、昼間人口は、都心一極集中から郊外化、外縁化する傾向が見られるなど、面白い兆候もある。二〇一七年から横浜市も減少傾向となるが、すでに人口減少が進んでいる地域も数多くある。細かく見ると増加地域と減少地域が隣接しているところもある。建設時期による差が空間上にも現れるが、魅力がある地域は活動を維持できる可能性も高いとも言われている。

空間モデルを開発すること

二〇〇四年中国西安都市圏において新都市の空間計画に参加した。国際指名計画設計競技で最終段階では三カ国から三チームが空間モデルを提案した。対象面積は一〇〇〇ヘクタール。持続する都市と都市群のネットワークを提案の基本にした。五〇〇メートル四方の街区を基本単位とし、街路沿いに低層の公共施設や商業業務施設と併用併設住宅で連続した町並みをつくった。街区の内側は時代の要請に応じた住宅と職場が混在する。街区規模や空間構成は西安つまり長安の都の城址計画から引用している。新都市には五つの大きな緑地帯がそれぞれ延長四キロメートルで、大河川「渭水」の緑地帯に繋がる。文化的な中心でもあるこの新都市は渭水沿いに他の都市とネットワークを形成していく。四〇%の緑地面積を確保、空間開発戦略は三〇年を完成までの期間としたが、その後も改変ができる保留地が確保されている。各段階での公共交通や風力発電やバイオ発電のエネルギー自律などの環境負荷の軽減を図っている。

小さな公共空間：柔軟性と可変性から

横浜市は「非成長時代の新しい公共を構築する」という大きな課題に挑戦している。成長時代は拡大する都市、つまり人口や産業が求める公共施設やサービスの量を増やすことが主題であった。これからの「公共空間」はその質が問われる。サービスも同様で一律では効果がないことも多い。しかし自治体の資金や人的資源からも難しい課題である。むしろ市民が提供し市民が運営する公共空間があってもいいのではないか。多様なあり方を考える時代となっている。二〇〇八年にはUDCK(Urban Design Center)※5において小さな公共空間の実証実験を行っている。この「PLS:Public Life Space」プロジェクトは、個人が提供する公共、個人が楽しむ公共、様々な公共の形を探している。

また、地域の特性に応じた公共も必要である。都市内分権と地域自主運営など、大都市でも小さな自治が求められ、それぞれに空間モデルが必要とされている。

ブータン王国シンカー村

鳥取県智頭町新田集落

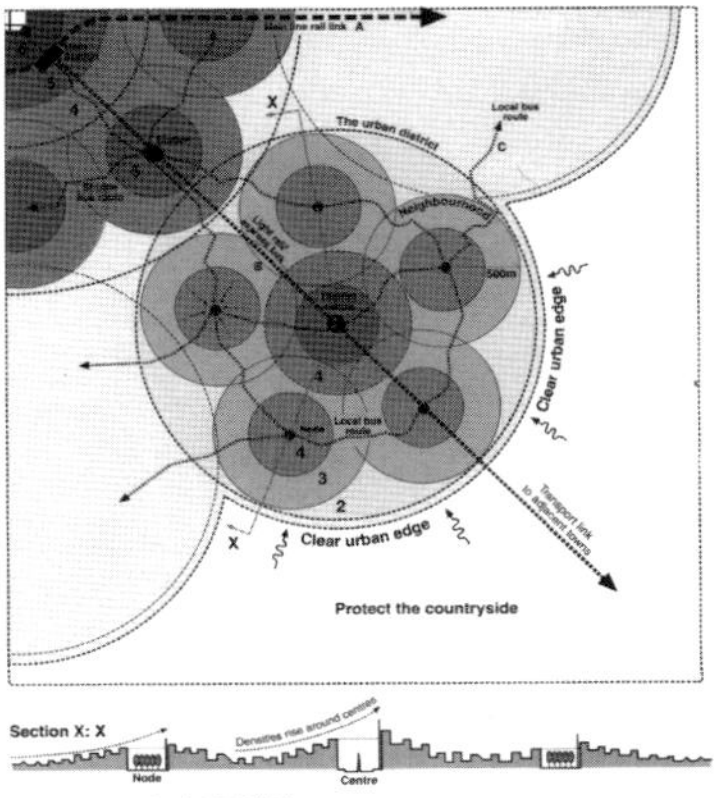

コンパクトな空間構造

北欧の空間構造

生活の質：今を評価し未来をつくる都市指標

豊かさを計るのは「楽しい」という感覚である。空間という風景や自然を感じ、人間として家族や仲間そして地域や組織に、仕事や文化など社会活動に楽しいという感覚が生まれる。東京大学は調査研究フィールドとして小さな村や町に長くかかわってきた。高齢化や産業停滞が深刻であるが、豊かさや思わぬ地域の力も見え、現代の桃源郷と思える。小さな地域の力はブータン王国での集落調査から得た実感でもあった。ブータンは国王が国家目標はＧＮＰよりＧＮＨ（Gross National Happiness 国民総幸福）※４を優先すると提唱し知られた小国である。標高三〇〇〇メートルを超える村、車をおり数時間も歩く村、ヒマラヤに続く山並みと棚田に囲まれた美しい村であるが、学校教育は無料でかつすべて英語でという徹底した人材育成、新しい道路や電気など基盤づくりもゆっくりと着実に進んでいる。時間をかけて発展しながらも自然と農、文化や芸能そして仏教の教えが支える開放的な共同体はしっかりと持続している。幸福のエンジンは生活を楽しむ村人や子供たちの姿である。二〇〇五年のブータン初の国勢調査で、「幸せか」の問いに九割以上が幸せと答えたのは、興味深い。

横浜から環境空間計画を考える

一七八カ国を評価した世界幸福度マップ（World Map of Happiness 二〇〇六）では、一位はデンマーク、二位スイス、三位オーストリア、以下アイスランド、バハマ、フィンランド、スエーデン、そして八位にアジアからブータンが入っている。日本は九五位。先進諸国の幸福度と一人当たりのＧＤＰとの相関は弱く、生活水準が一定レベルに達すると生活の質に感心が移る。非成長社会あるいは成熟社会では、友人や地域などの人間関係や働くことから得られる喜び、自然や文化を楽しむことが意味を持つと言われている。信頼が高い都市や地域ほど幸福度が高い。

横浜の都市としての評価指標はどうであろうか。都市での生活の質を考えると①生活②健康③教育④生態⑤文化⑥時間⑦統治⑧地域⑨幸福感といった評価項目があると言われている。※６例えば横浜の象徴は港であるが、人と港の関係は経済活動を越えたものがある。港の風景は横浜の個性であり、美しさや豊かな情景、そして人々の記憶もそこに存在する。港には、楽しい時間や多様な人と活動、思索や創造の場がある。では横浜の郊外はどうか、どう評価するのか、幸福度を現す都市指標は目標でもある。

都市の空間構造：コンパクトになるか？

都市指標と都市構想、それらを包含する「環境空間計画」は、持続可能な都市づくりに向かう。空間構造のモデルであるコンパクトシティはいまだ定説はない。地域性もあり、また効果のほども検証されていない。横浜から研究や提案が必要である。それでも多核的な都市構造や多様な都市群のネットワークによる均衡、都市と田園の共存、社会基盤施設と交通アクセスの最低限の保証、自然環境や地域遺産の保全再生、文化の創造、自律的な地域運営は重要であろう。また、エネルギー使用や移動量を最小化する高効率な空間、多様な活動により活力を維持する複合空間、そして都市の魅力や生活の質を実現する優れたアーバンデザインは都市づくりの基本施策となる。

UDCK:柏の葉アーバンデザインセンター

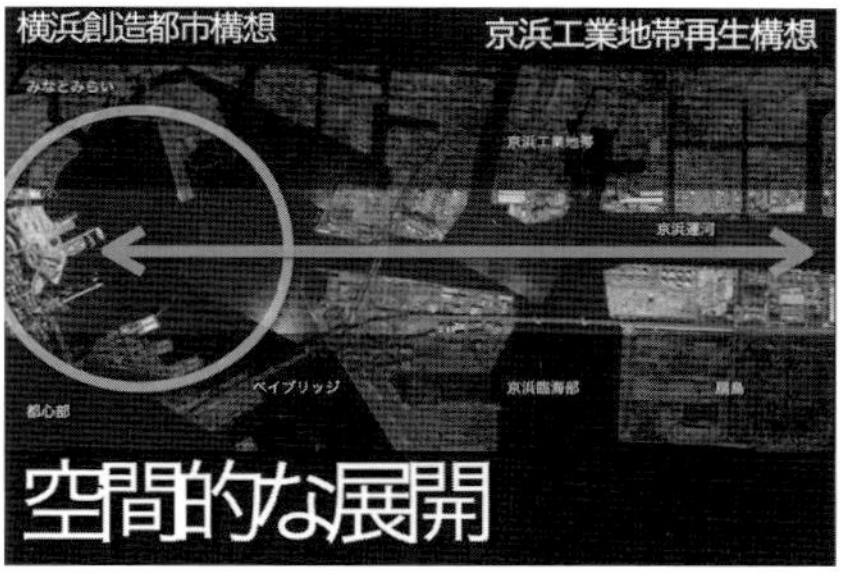

都心空間の再編から京浜臨海部の産業空間の再編への道

地域の空間構造：小さな地域政府が力を持つか？

二〇〇五年までの七年間、私は岩手県大野村（現：洋野町）の村民とともに集落計画を作成してきた。集落単位の自主事業の支援システムを整え、豆腐や蕎麦、漬物、パンの工房という集落事業が生まれた。鳥取県智頭町新田集落はわずかに一七世帯であるが、集落をNPO法人として「小さな自治政府」を目指すと明解である。そうした中山間地域の集落がつくる環境空間計画は美しい風景が出発点でもあり地域づくりのゴールでもある。豊かな空間の中に、豊かな時間と人間の関係が築かれていくという期待が生まれた。

アーバンデザインセンター：専門家集団が力を発揮するか？

つくばエキスプレス沿線、東京都市圏の外縁部に柏の葉アーバンデザインセンター、UDCK(Urban Design Center)は二〇〇六年開設された。人的なネットワークが活動の力である。自治体や公的組織、民間企業、NPO、地域組織そして大学から、職員や市民、専門家、企業人、研究者が集まった。二〇〇八年には一三平方キロメートルの広がりを持つ郊外地域を対象に三〇年後の未来社会設計（国際キャンパスタウン構想）を策定した。一方、区画整理事業や住宅や施設の建設が進む現場でもある。空間の質を決めていくアーバンデザイン方針やＵＤＣＫがガイドラインの策定やデザインレビューを試行している。他に地域の価値を形成していくプロモーションや社会実験、教育や研究なども行っている。ＵＤＣＫの常勤スタッフは現在四名、非常勤のメンバーは三〇名程度。それぞれが専門性をもった人材のタスクフォースである。私は二〇年間、横浜市の都市デザイン室を中心に、空間計画を練り、ひとつひとつの空間を積み重ねることに苦心してきた。自治体の持つ調整や計画、制度における多層的な方策や権限は重要であるが、一方で個々の市民や民間企業とは異なる公共という視線や立ち位置は責任を伴うものである。アーバンデザインの主軸は自治体にある。しかし現場では都市が姿を現すまでに二〇、三〇年の時間が必要であり、またデザインという高度な専門性も求められる。一九八〇年代には市民参加や市民主体のまちづくりが動き、一九九〇年代は企業を含めた協働が動き出し、二〇〇二年には横浜市政の柱となった。アーバンデザインセンターは、言わばまちづくりの専門家集団であり、地域の環境空間計画を示し、参加を促し空間の質を高めていくものである。横浜市や日本の諸都市での展開としては、まずは都市やまちづくりのミュージアムであり、都市の歴史を学び、未来の都市を考える創造の場であって欲しい。アーバンデザインセンターには、夢や理念としての未来社会そして都市構想を描き、また眼前の課題に向き合う環境空間計画が望まれている。

横浜の構想的刷新：環境空間計画をつくる

横浜市はこれまでの都心地域での再生の実績をもとに、創造都市構想（二〇〇四）を進めており、BankART1929(NPOが運営する自由度の高い創造空間）が実験事業に着手した。数年でクリエーターも集まり創造活動も活性化している。構想では創造活動と産業を結び、さらに環境や空間の魅力と結ぶことで都市づくりが展開すると期待している。臨海部ではナショナル・アート・パーク構想も進行している。しかし、横浜駅周辺地区やみなとみらい地区、古くからの都心である関内・関外地区と後背地、さらに臨海部によって構成される都心地域全体の空間計画は未成熟である。また、郊外地域では、高齢化や単身世帯の増加は地域社会に急速な変容をもたらしている。従来の生活を維持できない危険性も高まっている。日本全体でみても、二〇三〇年には単身世帯が一八二四万世帯（三七％）と最も多くなり、その内の七一七万世帯が六五歳以上の単身世帯、四二九万世帯が七五歳以上の世帯となるとみられている。特に、横浜市の郊外開発は、一九六〇年代には年間一〇万人の人口が増加する時代があっただけに変化も早い。

一方、郊外地域や、その象徴的存在である団地が生んだ価値は正当に評価されていない。そこでは新しいライフスタイルが生まれ、多様なコミュニティや文化が育まれ、歴史が刻まれてきた。郊外が故郷である人も増えている。郊外に関する研究の蓄積がないことが課題である。

郊外には緑地など共通の資源も課題もあるが、郊外をどこも同じように計画するのではなく、小さな地域単位ごとに地域が主体となり環境空間計画をつくる必要がある。住宅地に居住だけでなく就労、教育や遊びの複合空間を考える動きもある。また、京浜工業地帯などの産業空間も大きな変化を見せており、都市との関係も変わるであろう。このようにして、多様な地域が生まれ、そのネットワークによって都市全体の活力が生まれることになる。そのためには移動空間は重要となり、歩行や自転車、小型軽量車両、公共交通の複合的な移動手段は、都市の構造を変える視点となる。移動空間や産業空間は、環境という視点からも転換が期待される。横浜において未来社会を設計し、議論を重ねて目標や指標を設定していくことが必要である。さらに、それぞれの地域において、環境への配慮と空間の構造的刷新や質的な向上を目指した『環境空間計画』をつくり、実践されていくことが求められている。（了）

※1 スウェーデンの環境NGOである「ナチュラル・ステップ」のカール・ヘンリク・ロベールが提案した概念

※2 横浜市が市民向けに一九六五年に発行した「横浜の都市づくり」には六事業（交通や面整備など）による都市構造の改革というプロジェクト主義が分かりやすくかつ簡潔に説明されている

※3 一八六六年一二月「第三回地所規則（横浜居留地改造及競馬場、墓地等約書）」締結。居留外国人と公館と幕府の協定 ,市街地整備から下水・塵芥処理・屠場などの総合的な都市計画であった

※4 国民総幸福度は国民総生産よりも重要である。GNH is more important than GNP。一九七六年一二月第五回非同盟国会議でブータン国王が宣言。国家戦略『ブータン二〇二〇』（二〇〇二）では人間の育成、文化と遺産、公正な開発、適切なガバナンス、環境保全を尊重

※5 活動内容はホームページ http://www.udck.jp/, 詳しくは二〇〇七 UDCK アニュアルレポート

※6 ブータン国立研究所の幸福度の検討を基本に整理

Think About Creative City

風土に根差した都市文化戦略

横浜市の創造都市政策は、2002年からの「文化芸術・観光振興による都心部活性化検討委員会」が起点となっている。委員会では国際港都としての個性が最重要視され、横浜都心部が150年間にわたり蓄積してきた魅力資源を活かすための様々な提案がなされた。つまり、都市横浜の持つ固有の「風土」、土地・歴史・景観・産業などの総体を尊重しながら、オリジナリティある都市文化戦略が追求された。熱心な議論の中から、ナショナルアートパーク、創造界隈、映像文化都市などの基本コンセプトが生まれた。その後、事業本部体制が取られ、関係者の努力によりスピーディーな構想の具体化が進められた。特に今は亡き北沢猛検討委員会委員長、川口良一事業本部長の功績は大変に大きい。

現在、創造都市政策は最初のホップの段階を終え、次の発展ステップの段階に入ることが必要だと思う。都心臨海部インナーハーバーという地域風土に根差した視点を再確認し、新たな「港湾文化都市」のビジョンを提示し世界に発信することが重要であると考える。横浜からの発信には、上海・バルセロナ・ハンブルグなどの同種の拠点都市の文化戦略が呼応する可能性がある。港湾文化都市の国際ネットワークが生まれると、人やモノや情報が交流して文化イノベーションが起こるだろう。東京・北京・ロンドン・ベルリンなど政治や経済活動が中心の首都とは違い、より自由で開放的な都市文化の創造が期待できる。

しかし一方、横浜市は人口370万人の大都市であり、地域風土にも多様性がある。かつて瀬谷区役所に在籍した頃、鎌倉期以来の歴史を持つ豊かな農村文化の存在に驚いたことがある。瀬谷や泉区などの西部エリアには、寺社・史跡・農地・小河川などが良く残り、新興住宅地とブレンドした“とかいなか”的イメージが形成されている。また、金沢や磯子区などの南部エリアには、金沢文庫に代表される歴史資産や、別荘地や保養地としての海浜文化の名残が今も息づいている。さらに青葉や都筑区などの北部エリアでは、丘陵地に計画的市街地が形成され、街の熟成とともに快適な郊外生活のニュータウン文化が確立されている。これらの地域風土は魅力資源としての再発見を待っている状態と言える。

横浜がこれからも人々が住み続ける都市であり、人を惹きつける都市であるかどうか。地域風土に根差したローカルな視点と、世界と交流するグローバルな視点を両立させて、多面的個性を打ち出すオリジナル戦略が、今、求められている。

土井一成（横浜市水道局長）

Think About Creative City
場の再生 vs 自己表現

これだけの大都市が、文化芸術創造都市施策を掲げ、港づくりなどのハード整備の機会を巧みに利用しつつ、アートの振興や場づくりを続け成果をあげてきていることに敬意を表しつつ、今後への期待を述べたい。行政（横浜市）がこの施策を推進しているのは、文化芸術振興とともに、地域の活性化（それによる人々の生活の向上）の場づくりになるからだろう。場との関係性で、アーティストを2つのタイプに分けてみる。場の再生の意識が強い人。場とは関係なくその空間で自己表現をしたい人。前者の「場の再生タイプ」は、行政の場づくりのコンセプトと合致しやく市としても応援しやすい。後者の「自己表現タイプ」は、表現できる場があり表現したいから表現するのであって、行政の場づくりのコンセプトとは関係ない。それでも行政が後者の活動を支援するのは、創造性や個性が場の魅力を高め、結果として場づくりにつながるからだろう。しかし、一般市民にとっては、自己表現者の作品、とりわけ現代アートの意味や価値を理解するのは容易ではないこともあり（もともと理解してほしいから表現しているわけではないこともあり）、この活動を公的に支援すべきかどうかについて、行政の意思決定者や世論から疑問が投げかけられることも少なくなかろう。施策推進の関係者は、世の中からの疑問の声や表現者の先端的進取的言動の中で、日々たいへんなご苦労をされていることだろう。関係者のご努力にあらためて敬意を表しつつ、継続のためには市民に活動の意義が理解されることが必要であり、そのため市民の素朴な疑問に耳を傾け、軌道修正も必要だと思う。施策・活動の継続・発展を心から祈念する。

難波喬司（国土交通省）

札幌と横浜の新しい都市ビジョン

一枚の絵画が示す視点、一塊の造形が放つ問い、流れる音の感動。芸術・文化がもたらす共感は、人々の創造的な発想や活動エネルギーとなり、まちの魅力や経済活動を牽引する源になります。札幌市は、市民の創造性を刺激し、市民の創造的活動をまちの活力につなげていくことを目指して、平成18年3月に「創造都市さっぽろ」を宣言し、この間、様々な取り組みを進めてきました。

地下鉄コンコースをアート作品展示空間とした札幌大通地下ギャラリー「500m美術館」をはじめ、札幌駅前通地下歩行空間を単なる通路ではなく、芸術・文化の発信拠点と位置づけて整備するとともに、国際短編映画祭、サッポロ・シティ・ジャズ、パシフィック・ミュージック・フェスティバル(PMF)、さっぽろアートステージや札幌演劇シーズンなど、市民が身近に文化芸術に親しみ、市民の豊かな創造性を涵養する機会提供に努めてきました。最近では、さっぽろ雪まつり大雪像にプロジェクションマッピングを投影するなど、デジタル技術を用いた新たな芸術表現への取り組みも進めているところです。

そうした取り組みが評価され、平成25年11月11日に「ユネスコ創造都市ネットワーク」のメディアアーツ分野での加盟が認められました。

古くは開拓時代のフロンティアスピリット、近くは札幌オリンピック開催など、札幌市民が誇りとしてきたものが徐々に風化していく中で、札幌市と札幌市民の創造的な取り組みが世界レベルで認められたことは、新たな"市民の誇り"を手にするとともに、札幌の都市ブランドを確立するうえでも大きな意義があります。

今後も、平成26年7月に初開催する「札幌国際芸術祭」など、文化芸術事業をはじめとして、まちの資源・資産を活かしながら都市の魅力を高める取り組みを積極的に進め、札幌らしい創造都市を創り上げていきたいと思っています。

横浜市は、昭和40年代から「都市デザイン」という概念を取り入れ、都市の骨格の整備と歴史を活かした横浜オリジナルな都市空間の形成に取り組んでこられました。

こうした都市デザインがハードの取り組みとするならば、平成16年に全国に先駆けて実施した創造都市施策「クリエイティブシティ・ヨコハマ」は、これまでのハードを基礎に、クリエイティブというソフトを融合させた新しい都市ビジョンとお見受けしております。

歴史的建造物を文化芸術活動に利用するBankART1929のような先駆的なプログラムをはじめ、文化芸術の創造性を活用したさまざまな大胆な事業は、私どもを含めた創造都市を目指す自治体にとって常に注目の的であります。

今後も「創造都市横浜」が、創造性あふれる先導的取り組みを展開されますことを心からご期待申し上げます。

上田文雄(札幌市長)

Think About Creative City

創造都市の機関車・横浜市

日本の西海岸に位置し、横浜市と同じ開港都市である新潟市は、平成の大合併を経て2007年に政令指定都市に移行しました。新・新潟市は鳥取や高知などの県を超える水田面積を持つ「田園型政令市」ですが、新しい都市像の1つに「創造都市」を掲げることにしました。縦割り行政を排し、物事を総合的に捉え、独り善がりに陥ることなく市民と協働し、「学び続けるまち」を目指す方向性を「創造都市」の名に込めたのです。

新潟の方向付けに大きな刺激となったのが横浜市でした。新しいものをつくるときに地域の歴史を踏まえ、銀行だけでなく官民の古い建物を活かしてさまざまなシーズを育ててきたBankARTや、街の再生にアートを取り入れた黄金町の取り組みは大変に刺激的でした。横浜が主導して2007年に開催した「日仏都市・文化対話」に新潟も参加させていただき、フランス側のリーダー市、ナント市との縁が深まりました。

ナントは世界を代表する創造都市の1つであり、造船業が競争力を失って衰退に向かったまちをアートと公共交通・住宅政策の組み合わせで再生させました。ナント市の素晴らしさを知り、2009年に新潟とナントは姉妹都市の縁組みをしました。横浜はその仲人役ですし、2008年のG8サミット誘致にご一緒できたことも貴重な経験でした。

新潟はそんな体験を活かして、創造都市の道を歩み出しました。大合併した新潟のアイデンティティーを、私たちは日本一の「水と土」に求めました。本州日本海側最大の港町も、合併地域に広がる日本最大の美田も、日本一の信濃川とそれに次ぐ水量を有する阿賀野川という2つの母なる大河が運んだ、日本一大量の水と多様な土から生まれました。そこにプレミアムライス「コシヒカリ」をはじめとする「食」が育まれ、多様な暮らし文化が根付いています。

新潟は地域それぞれの歴史と文化に光を当てる「水と土の芸術祭」を2009、2012年に開催。ナントから生まれ世界に広がっている「ラ・フォル・ジュルネ『熱狂の日』音楽祭」を2010年から新潟で続けています。現在はユネスコ創造都市ネットワークにガストロノミー（食文化）の分野で登録を目指しています。

「環境」と「持続可能」、そして「創造」がこれからのまちづくりのキーワードと思います。「環境モデル都市」と「文化芸術創造都市部門」で文化庁長官表彰をいち早く受けた横浜の取り組みは、新潟にとって1つの羅針盤です。創造都市の道をさらに切り開いていただくことを期待しています。

篠田 昭（新潟市長）

人間は自然に内包される

第3章 創造都市横浜のこれまでとこれから

3-1 「映像文化都市・横浜」が映し出す未来

第8回 2013年7月11日

［ゲスト］

岡本美津子｜東京藝術大学大学院映像研究科教授アニメーション専攻

森川嘉一郎｜明治大学国際日本学部准教授／意匠論・現代日本文化

［プレゼンター（横浜市）］

大﨑敬一｜横浜市文化観光局横浜魅力づくり室企画課

佐野和博｜横浜市文化観光局創造都市推進課

神部 浩｜横浜市文化観光局横浜魅力づくり室企画課

［司会進行］**大蔭直子**｜横浜市文化観光局創造都市推進課

司会　本日は「映像文化都市」を取り上げます。映像文化都市は創造都市施策の柱のひとつであり、その象徴的な成果として東京藝術大学大学院映像研究科の誘致がありました。その経緯も振り返りながら、何よりもこれからの未来に向けてどのように映像文化都市を進めていったらいいのかを議論します。

映像文化都市施策 現在・過去から未来へ

文化観光局横浜魅力づくり室企画課
大崎敬一

文化観光局創造都市推進課
佐野和博

文化観光局横浜魅力づくり室企画課
神部 浩

映像文化都市の誕生と四つの展開

大崎　文化観光局魅力づくり室企画課の大崎です。今年三月までの二年間、創造都市推進課で映像文化都市の業務を担当していました。今日は私と同じくかつて映像文化都市を担当していた神部、そして現在担当している佐野の三名で、映像文化都市のこれまでの経過、現在の状況そして未来像についてお話したいと思います。横浜市で「映像文化都市」という考え方が打ち出されたのは二〇〇四年のことです。この年、創造都市横浜推進協議会から市に対して提出のあった「文化芸術創造都市～クリエイティブシティ・ヨコハマの形成に向けた提言」の中で、四つの基本的な方向性が示されました。この方向性を実現する上での三つのプロジェクトのひとつに「映像文化都市」が掲げられたのです。

開港以来横浜には人が集まり、今の伊勢佐木町や野毛周辺には見世物小屋や寄席などが建ち並ぶようになりました。一九一一年には海外から輸入した映画を封切るオデオン座が開業し、その周りには横浜日活会館や横浜電機館などの映画館が集まるようになりました。また山下町には大正活映という映画会社もできて、映画といえば横浜、という時期がありました。そういった歴史的な背景、地域特性を生かすという意味合いもあり、映像文化都市という発想が出てきたと聞いています。

提言でのプロジェクトの趣旨は、「映像文化をはじめとした文化芸術活動の活性化」「経済の活性化、新産業の創出、雇用増大」です。創造都市構想を推進していく中で、唯一経済的な視点が強調されたのがこの映像文化都市だというところが非常に特徴的です。このあたりの経緯を神部からお話させていただきます。

神部　文化観光局企画課長の神部です。二〇〇七年度と二〇一一年度に映像文化都市を担当していました。横浜市が創造都市を指向した時の喫緊の課題は都心部活性化でした。創造都市はその「活性化」を文化芸術だけでなくまちづくり、そして産業の振興の三つの視点で進めていくというのが提言の趣旨だったと理解しています。では創造都市としてどのように産業振興ができるのかという議論の中で、横浜が映画の街だったという背景、また映像コンテンツが今後の成長産業になるという目論見もあり、映像文化都市という考えが生まれました。当時映像系の企業が横浜に来るという話がいくつかあり、

映画の街横浜・伊勢佐木町（提供：横浜市史資料室）

産業活性化の「産業」の部分は映像産業で担うと位置づけられたのです。私も仕事の半分は映像系の企業誘致で歩き回っていたのを思い出します。

大崎　提言の中では映像文化都市の展開イメージが全部で四つ示されています。「中核機能立地の推進」「映像文化関連のイベントの積極的な展開」「映像コンテンツの蓄積化と活用」そして「関連企業の誘致」です。一番目の「中核機能立地の推進」については、東京藝術大学大学院映像研究科の誘致が二〇〇五年度から二〇〇七年度の三年間かけて実現しました。二番目の「映像文化関連のイベントの積極的な展開」に関しては「ヨコハマEIZONE」というイベントを二〇〇六年度から二〇〇八年度まで行い、毎回三万人を超える来場者を数えました。二〇〇九年には横浜国際映像祭も開催しました。三番目の「映像コンテンツの蓄積化と活用」は、コンテンツを集積してアーカイブをつくるイメージですが、まだ実践されていません。最後に四番目の「関連企業の誘致」に関しては二〇〇五年度から二〇〇八年度まで「映像コンテンツ制作企業等立地助成」という補助金制度を設けていました。七つの事務所を誘致できましたが、最後の方はほとんど申請がなく補助事業と

しても上手く活用できてないということで、事業は終了しました。この補助金は今ではちょっと考えられないのですが、一件あたりの上限が五〇〇〇万円でした。「映像関連の企業が関内の決まったエリアに移転したらその費用の一部を補助金として出す」というものです。ただし条件があって、一度来たら五年間はこのエリアにとどまってくださいという補助制度でした。このように様々な取り組みを行ってきましたが、今年度の主なメニューとしては、東京藝術大学との諸業務と映画祭開催支援の業務の二つです。現在の担当者の佐野から紹介してもらいたいと思います。

現在の取り組み

佐野　今年四月から創造都市推進課で映像文化都市を担当している佐野です。現在も継続している事業についてご紹介します。まずは東京藝術大学大学院映像研究科の諸業務ですが、今年度の予算は約二五〇〇万円で、映画、メディア映像、アニメーションの三専攻と一緒に地域貢献事業を行っています。横浜市は藝大に映像文化施設として馬車道校舎（映画専攻）、新港校舎（メディア映像専攻）、万国橋校舎（アニメーション専攻）の三校舎をお貸ししています。地域貢献事業ではこれらの施設を利用して、藝大が持つ知識や技術により多くの皆様に触れていただけるよう、市民向け講座などを行っています。二〇一二年度の実績としては、馬車道校舎での公開講座などを開催し、来場者数は約四〇〇〇人でした。アニメーターや制作会社の社長さんなどにもコメンテーターとして来ていただきました。もうひとつの事業、映画祭開催支援では、今年度予算は約三〇〇万円で、多くの市民の方々に映像に触れる機会を提供することを目的に、民間主体で開催している映画祭に対して補助金を交付しています。そのひとつ、横浜フランスアニメーション映画祭では、普段なかなか見ることのできないフランスのアニメーションを上映したり、関連するゲ

上から：馬車道校舎、新港校舎、万国橋校舎

ストを招いてトークショーを行ったりもしています。

事業は先細り？

大﨑　ところで映像文化都市で、かつて行っていた事業のいくつかは、現在、姿を消していますが、その原因は何でしょうか。

神部　映像産業をもっと集積させていきたいということでつくったのが、先ほど説明のあった企業立地の補助金制度でした。伊藤有壱さんのアイトゥーンがスタジオを東京から移したのが第一号です。誘致活動では、ＣＧ制作、ゲーム制作、テレビ・映画のポストプロダクション会社などいろんなところにお話を聞きましたが、クライアントが東京にあり夜中まで働く仕事であるため多摩川を越えるのはなかなか厳しい、と言われたのが現実です。ヨコハマＥＩＺＯＮＥでは三年間、新しい技術を使ってコンテンツをつくっている作品を横浜で見てもらいましょうという切り口で、バンカートにもボルタンスキー展を同時開催してもらうなどまち全体で盛り上げようとしましたが、なかなか続かなかった。どんどん担当が替わるという役所の体制もどうだったんだろうという思いがあります。いろんな方が関わって協力してくれたのですが、そういう人達のネットワークをうまく良い関係のものにつくっていくことができなかった、そういうことが原因だと思っています。

横浜フランス
アニメーションフェスティバル

これからどうする映像文化都市

大﨑　事業の予算が減ってきているのも事実ですし、なかなか産業振興にもつながらないと、後ろ向きなことをお伝えしてきましたが、最後に前向きな話をしたいと思います。横浜に東京藝大大学院映像研究科があることを知っている方はまだまだ少ないと思います。二〇一四年の「東アジア文化都市」を契機に、藝大との協働も更に力を入れていき、映像文化都市としての取り組みも何かできたらと思っています。横浜市議会から、そろそろ産業振興につながるようなことを打ち出してみてはどうかという意見を最近よくもらうようになったことも意識し、今年度から「創造的産業モデル事業」を創設しています。例えば、「タオルをつくる企業がこの界隈のアーティストと組んで、素晴らしくデザインされたタオルをつくって売り出す」というようなイメージです。その切り口で、映像メディア系の企業とも組むチャンスがあると思っています。また横浜には映像に携わるキーパーソンが何人もいます。そういう方々が結集して何かうねりを興せるような場をつくれたらと思います。日本新聞博物館のように映像のアーカイブ化を進めている施設と連携ができないかなという気持ちもあります。

今後も横浜市としてはいろいろと取り組んでいくことになると思いますので、映像文化都市の未来は決して暗くないという話で締めたいと思います。

横浜のポテンシャルを引き出し　海外に発信する

岡本美津子
東京藝術大学大学院映像研究科教授
アニメーション専攻

プロデューサーの視点で提案する四つのコンセプト

皆さんこんばんは。私は東京藝術大学大学院映像研究科アニメーション専攻にいます。アニメーション専攻はまだできて五年目でして、五年前まではＮＨＫでプロデューサーとしてメディアアートの発掘番組「デジタルスタジアム」などを手がけていました。今でもＮＨＫのＥテレの「０６５５」「２３５５」などのプロデューサーをしています。アニメーション専攻にいながらプロデューサーでもあるので、今日はその視点でお話をしたいと思います。

藝大自身、横浜市への貢献がまだまだできていないと自己分析をしています。大学院映像研究科ができてから今年で九年目ですが、まず大学院を立ち上げるのがすごく大変で、必死でここまで走ってきたというのが本音のところです。今は市と協働していくために第二フェーズに入ろうとしているところだと捉えていただければと思います。映像文化都市政策は先細りではない、というところに皆さんの気持ちを持っていければと思っています。

私はプロデューサーなので企画をいっぱい出してなんぼみたいなトレーニングを受けていて、ここからは夢物語になるかもしれないですが、こういうやり方がある、こういうことをやってみたら面白いんじゃないか、という話をしたいと思います。予算的根拠のある話ではないので、そういう意味では提言というよりまだブレスト段階と思って聞いていただければと思います。

横浜が映像文化都市としてやっていくための四つのコンセプトを挙げました。一つ目は横浜の街をメディアとして使っていく。二つ目は目の肥えたオーディエンスをつくる。三つ目は横浜からの海外発信。そして四つ目が人材コンテンツの蓄積です。

街そのものをメディアに

一つ目は、横浜の街をメディアにということです。

具体例を挙げていくと、まずスタジオは街のアイコンになるのではないでしょうか。スタジオはセットを組んだり俳優さんが演技をしたりする場所と理解されがちですが、いろんな機能を兼ね備えていると捉えることもできます。万国橋近くに昭和の街のオープンセットをつくったらどうか。我々もそこで撮るし、市民の方もいらしていただく。東映太秦の映画村は有名ですが、韓国、中国、ドイツ、イタリアなどの海外でも、アミューズメント施設のような機能を兼ね備えたスタジオは街のアイデンティティーになっています。横浜市民が誇れる開放されたスタジオができれば、非常に映像文化都市らしいと思います。藝大新港校舎のスタジオは、残念ながら市民の皆さんが原則的には入れないふ頭内にあるので、なかなかオープンにしづらいのですが、もっと開かれた楽しいスタジオというのがあるんじゃないかなと思っています。

昭和の街のオープンセットのイメージ

それから、プロジェクションマッピングの活用も街のアイコンとして考えられます。横浜には歴史的な建造物もたくさんあり、そういった建物はポテンシャルがあると思っています。東京駅でのプロジェクションマッピング開催時には推定人数一〇万人が集まり、ご存知の通り二回目以降は人出が多すぎて中止になりました。花火大会に毎年たくさんの人出があるように、光と音のイベントには人が集まる習性があるように思えます。プロジェクションマッピングは毎年続けることで観光資源になっていくのではないでしょうか。単発ではなく継続することによってそういう価値が生まれてきます。

それから、大桟橋で屋外上映会を開いてはどうか。世界最大のアニメーションフェスティバル「アヌシーアニメーションフェスティバル」では、湖の近くの芝生に夕方になると巨大スクリーンが設置されて、街の人達が子供を連れてワインとチーズを持って集まってくる、そしてファミリーが楽しんで見ています。横浜でも街のポテンシャルを生かした屋外イベントができるのではないでしょうか。街自体が映像と結びついてPRできていくような政策があるんじゃないかなと思っています。

未来のオーディエンスを育てる

二つ目は目の肥えたオーディエンスをつくることです。イベントをやっている中で、やはりオーディエンスに知識や評価ラインが根付いていくことが非常に大切だなと思っています。プロジェクトDOGAという大阪のNPOが開催しているイベントがあります。国対抗で、例えば日本チームとフランスチームが短編アニメーションを交互に上映し、お客さんの拍手の量で勝敗を決めるんです。お客さんがどっちに大きく拍手をしようかと必死にアニメーションを見るんですね。自分にとっていい映像、いいアニメーションとはどういうものかということをお客さん自身が考えていく、いわゆる受動的ではないイベントとしては非常に有意義だと思います。映像文化都市の横浜に育った子供達には、いい映像をいっぱい見せたいし見方自体を教えたい。鑑賞教育をきっちりやっていくべきではないか。加えてリテラシーとして、映像というのは必ず作り手の恣意的な部分が紛れ込んでいくものだと、そういう時にどう見たらいいかという教育をやるべきだと思っています。

海外発信につながる若手発掘

三つ目が横浜からの海外発信です。

日本はアニメ大国と言われていますが、実はアニメーションの国際的なフェスティバルというのは少ないのです。メディア芸術祭はアニメ専門のフェスティバルではなく、東京国際アニメフェアは産業系の見本市みたいなものです。そこで若手の才能を発掘するための国際的フェスティバル「アジア学生アニメーションフェスティバル」を開催してはどうかという提案です。新進の若手を見つけるためのフェスティバルは、横浜のアイデンティティーと非常に近い感じがします。実は韓国の富川（プチョン）では、町おこしとして「プチョン国際学生アニメフェスティバル」を開催していて、そちらにお株を奪われつつあります。やっぱりアニメのお膝もと日本でも開催すべきではと思っています。フェスティバルの中では、監督がクライアントに自分の企画をピッチングしてお金を出してもらうようなこともできたら良いとも思ったりしています。

海外発信のもうひとつの例として「日本アニメ映画アカデミー」の提案です。藝大は少人数の大学院なので、大学院とは別に海外の方も含めて教える場を持つというのがこのプランです。アメリカの小さなリゾート地でロバート・レッドフォードがやっているサンダンス映画祭というのがあり、そこのサンダンス・インスティテュートには、ハリウッドの監督や照明や撮影など一流の人達が教えにくるんですね、世界中から映画を学びたいという人がこのインスティテュートに殺到して、そこで学んで各国に帰っていきます。横浜でアニメのインスティテュートをつくれば、学んだ学生達が自分の国に戻ってそれを伝えていきます。こういった人材育成型の発信という方法があるのではないかと考えています。藝大映像研究科にも沢山の外国人の方が受験に来ますが、英語対応が常時できないなどで泣く泣くお断りをしていて、非常に惜しい機会になっているので、ぜひとも横浜にできたらいいなと思います。

アーティストインレジデンスも有効です。アニメ大国日本に来たい海外のアーティストは沢山います。黒沢清監督から学びたい人もいっぱいいる。横浜でレジデンスした後、横浜シンパになって各国に戻ってくれれば、情報発信は彼らからできるのです。パリ郊外にフォントブロー修道院聖堂がありますが、ここもアーティストインレジデンス施設で憧れの的になっています。考えてみれば海外に行ったときに滞在した場所は心のふるさとにもなります。ちなみに日本でもアニメのアーティストインレジデンスを文化庁が行っていますが、その定宿は新宿のビジネスホテルです。やはり建築物、街のポテンシャルに関しては、断然横浜は有利です。

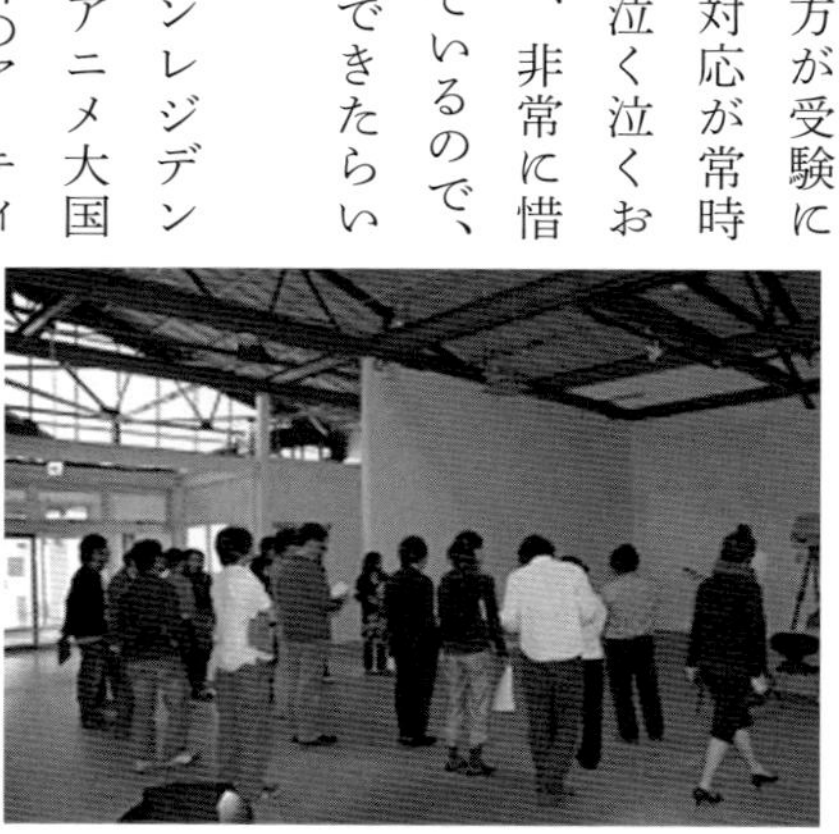

藝大映像研究科（新港校舎）

何よりも映像文化都市の継続を

最後に、四つ目の人材コンテンツの蓄積は、大学側が一緒に取り組まなければいけないことです。ポップカルチャーの研究者に対しては藝大がその拠点になりうると思っています。インキュベーションに関しては、なかなか卒業生が横浜に根付いてくれないので、地元でいろんな活動を起こしていけるようなことができればと思っています。

藝大はこれまでの一二〇年以上の歴史の中で、音楽も美術も海外に留学してそこから学んで日本に伝えるというような、ずっと西洋に学ぶやり方をしていました。でも今は逆ではないか、新しい価値を学びたくて日本に来てくれている人たちに我々自身が価値を教えて送り出すような立場ではないか、そういう逆転の時代だと思っています。そのためにも、映像文化都市政策の集中と何よりも継続、とにかく継続を、と訴えたいと思っています。

素人が創作する時代の都市ビジョンを描く

森川嘉一郎
明治大学国際日本学部准教授／意匠論・現代日本文化

「アーティスト・クリエーター」対「一般人」の構図

森川です。どうぞよろしくお願いします。岡本先生の発表にあった、欧米中心の芸術からの離脱というところは私自身も非常に関心が深いところです。今日はそれにまつわる私なりの考えを発表したいと思います。

文化芸術創造都市と掲げた取り組みを伺いましたが、その根底にあるのは、類いまれな才能があって専門的な教育、修練を積んだごく少数のクリエーターが作品をつくって、それを大多数の一般の人が享受するというような構図だと思います。そのような構図が横浜トリエンナーレや藝大の誘致、あるいはヨコハマＥＩＺＯＮＥの開催のような取り組みの根底にある。いやそれだけではなくて市民参加のいろいろな催し物もある、とおっしゃるかもしれませんが、第一線の人達がつくる作品があってそこに素人も参加しているという構図においては、変わりはありません。

アーティストという才能がある人が作品をつくって、それを一般の人が鑑賞して楽しむ。別にこのことを疑う必要はないんじゃないか、と思われるかもしれません。しかしこれは実は当たり前でも何でもなくて、長い芸術文化の歴史に照らしてみると、このようなクリエーター観、芸術家観はかなり新しいものに過ぎないことがわかります。

芸術観の移り変わり

先ほど、欧米中心の芸術文化という話がありましたが、これは近代に入る頃にできあがった芸術観です。欧米の芸術文化は古代ギリシャに遡ることができますが、今では芸術の中枢と言われている絵画、彫刻、建築は、古代ギリシャでは芸術とは全く見なされていませんでした。それらは基本的に奴隷がつくる工芸品で、自由市民が行なうものは詩や音楽とされていました。詩や音楽のように頭の中でつくる抽象的なものの方が高級な芸術であり、手を使ってつくる絵画彫刻は低級なものである、という価値観が中世にいたるまであったのです。

このような自由市民の学芸はリベラルアーツと呼ばれ、詩や音楽はその一部でした。変化が起こったのが、一五世紀のルネッサンスあたりです。ダ・ヴィンチが解剖学や遠近法などの理論を注入することによって、画家、彫刻家、建築家が初めて詩や音楽を作る人達、つまり高級な芸術を手がける人達の仲間入りを果たしていったのです。

それでもこの頃の絵画や彫刻といった作品をつくる人は、職人の工房の中で培われていました。それが大きく変わって現代に通じるフェーズに入ったのがだいたい一八世紀頃です。この時に、理論的なもの・抽象的なものが素晴らしくて具象的なものが低級だ、ということに加えて、オリジナリティのあるクリエイティブなものこそが芸術であるという概念が初めて出てくるのです。それ以前は過去の様式をいかに洗練させるかということが芸術の中心でした。独創性が大事になったのは、産業革命や市民革命が起こって、古いものは悪であり新しいものこそが素晴らしいものだという価値観が強く前傾化されたからです。過去の芸術とは全く違うものをつくることこそが天才であり、その天才というのは凡庸な人達よりも才能が溢れている、だから現世では評価されずむしろ死後その新しさが発見されて不滅の名声を得る、みたいな悲劇的な芸術家像というのはこの時に生まれます。

これが才能あるクリエーターが一般の人達に向かって作品を施す、というような芸術家観を生んでいるわけです。日本では、明治期に官僚が主導する形で西洋の概念が輸入され、そこで初めて美術や芸術という概念も生まれました。教科書に奈良美術とか奈良芸術とかいう言葉があるじゃないか、と思われるかもしれませんが、それは後から西洋近代の芸術観に照らして、奈良時代の作品は奈良美術と呼び得るのではないかと組み立てられ、過去の歴史が再構成されたに過ぎないのです。

西洋美術文化圏の壁

このように振り返ってみると、実は横浜市が依拠しているこのクリエーター観・芸術家観というのは、西洋美術を中心とする文化圏、いわば芸術のＴＴＰのようなものに参加する上で必要ではあるけれども、実は歴史的には普遍的でも不朽でもないものでもあるという認識を持つ必要があります。

ＴＴＰには毒も薬もあるということが周知されています

けれども、例えば世界のアート市場に打って出よう、日本も世界に芸術を売っていける土壌をもっているということを示す上では非常に有効に働きます。ただ、観光という側面から考えると大きな弱点もあります。例えば「横浜トリエンナーレ」と名付けることでヴェネチア・ビエンナーレの横浜版をつくるというような構図に組み入れられることになっていくわけですが、ヴェネチア・ビエンナーレが世界のアート市場で果たしている役割を横浜で取って代わることができるのかというと、これはなかなか難しいわけです。不可能とは言わないですが、国家予算を傾ける位のエネルギーを投じないとできない。ディズニーランドを超えるようなテーマパークをつくろうと思っても現実的にはほとんど不可能というのとちょっと似ています。更に日本の場合は、芸術作品を買う人がほとんどいません。アーティストインレジデンスのようにアーティストを優遇したり、産業や企業を優遇したりというよりは、むしろ優遇すべきは芸術作品を買う人です。外国、とりわけヨーロッパやアメリカの方がずっと地の利がある中、これを克服するにはものすごいコストや時間をかけないと難しい、という覚悟が必要だろうと考えています。

「初音ミク」に見る素人のレベルと欲望

逆に日本の地の利を生かし、これに代わるビジョンをどのように思い描くことが可能かを考えてみます。最近、ネットの台頭とともに、ごく少数のクリエーターが大多数の一般人に向けて作品をつくるというよりも、多数の作り手が多数の受け手兼作り手予備軍に向かって作品を発信する、あるいは作品の作り手同士で二次創作、n次創作を行うことが注目されています。作り手と受け手の垣根が非常に低く、西洋の芸術観とはちょっと異なるものです。ネットやパソコンの力によってクリエーターをクリエーター足らしめていた技術の壁が取り払われているという点において、このモデルというのは実は時代と非常に親和性が高い。さらにこのモデルは、日本の地域的特性あるいは歴史的特性とも親和性が高いのです。

このモデルを基に文化を地域の振興策として使うと、ヴェネチアが世界で占めているポジションを横浜が別の角度で持つということが可能になります。それは横浜トリエンナーレがヴェネチア・ビエンナーレに取って代わるよりもはるかに効率的にできてしまうのです。

非常にわかりやすい素材になるのが「初音ミク」です。初音ミクが何者なのかということを正確に理解されている方は意外と少ない。つくっているのは北海道のクリプトン・フューチャー・メディアという会社で、初音ミクは楽器でありシンセサイザーの一種です。初音ミクがなぜそんなに人気を博しているのか、三つポイントが指摘されています。ヤマハがつくった音声合成技術、アニメ調の女の子の絵をパッケージにあしらい、アニメ声優をサンプリング源として起用する新しいキャラクターの使い方、そして動画共有サイトの台頭、の三つです。そこで人気を博している動画の中には、同じ画像を鏡像反転させたりあっちこっち行ったりさせているだけで動画にできるという、だれでも作れる映像の見本のような作品もあります。

先ほど日本にはアニメーションフェスティバルがない、海外発信力も弱いというお話がありましたが、初音ミクのアニメーションと曲は動画サイトで共有され、しかも世界中で見られています。先ほど紹介した、簡単につくることのできる見本のような動画は、実はロサンゼルスでも人気の曲で、コンサートでこれがかかるとものすごく盛り上がるそうです。ロサンゼルスの聴衆が、プロでも専門教育を受けているわけでもない素人の日本人がつくった動画とその曲を見て、それでコンサートに聴きに行くという構図です。また、初音ミクには素人っぽいアニメーションがある一方で非常にプロっぽいものもあります。動画に「普通に金取れるレベルだよな」というコメントが流れていますが、これは何を示しているかというと、この映像をつくった人はプロで金をとってこれをつくっているわけでもなんでもなくて、無料でみんなと共有したくて一生懸命つくっている。つくってみれば分かるんですけれども、えらい手間と時間と技術が投じられて初めてできるようなものなのです。

こういうものを素人が無料でつくり出したときに、プロフェッションというのは一体どうなってしまうのかという危機感を芸大生の方なら抱くかもしれません。それはともかくとして、初音ミクのクリップは一五万件以上、3DのCGに限っても二万件以上が投稿されています。百、千のオーダーであれば、「そういうものが好きな人いるよね」

初音ミク

で片付けられますが、万とか十数万というオーダーになってくると、構造的な理由がないとそれだけの人がこんな手間暇かけて楽曲をつくってアップロードするという説明がつかないのです。

重要なのは、何が動機となって万単位の動画が日本で投稿されているのかということです。アメリカでもヨーロッパでも中国でも起こらなかったようなことが日本で起きていて、それをドライブしている欲望は何なのかということです。新しい現象のように見えて、そのような欲望を成立させているのは実は歴史なんです。西洋的な美術を成立させているのは西洋の歴史であって、日本に西洋美術を移植して、その歴史の違いを克服して競おうとするのはすごく効率が悪いことです。でも日本は、一握りの天才型ではなく、民衆に近いところで多数のクリエーターが活躍するような欲望を成立させている歴史という点においては、逆にヨーロッパやアメリカよりも地の利があります。

コミックマーケットの驚異的な集客力

その一端を示すと、お台場の東京ビッグサイトで年に二回繰り広げられているコミックマーケットというイベントが

東京ビッグサイトでのコミックマーケット

あります。漫画、アニメ、ゲームファンの素人の人達が、好きな漫画やアニメの同人誌を作って互いに頒布しあうことが主体のイベントで、三日間で五五万人を集めます。二〇一一年の横浜トリエンナーレが三ヶ月間で達成した入場者数三三万人以上の人数を、たった二日間で集客するということです。

漫画やアニメのファンというとムクッとした男性を思い浮かべがちですが、売っている人たちの七割が女性で、その女性の平均年齢は三〇歳位です。女性が独特のクリエイティブなスタイルを展開するイベントとしては世界最大級で、日本最大の屋内展示場であるビッグサイトで行われているイベントの中でも一日当たりの集客数が最大のものになっています。

実施主体はコミックマーケット準備会というNPOです。このNPOは五年に一回全然違うことをやるということを試みていて、コミックマーケットを町おこしに使いたいという自治体があったら誘致してほしいと働きかけ、二〇一〇年春にはビッグサイトから離れて水戸で行いました。二日間で水戸芸術館などに三万三千人が来場。横浜トリエンナーレと比較すると一日あたり約四倍以上の来場者ということになるかと思います。メインの会場というのは水戸芸ではなくてその向かいにある廃デパートでした。この廃デパートの電気系統をそのたった二日間のために全部改修して会場として使えるようにしました。

同人誌を売るというイベントを建物の中で完結させるというよりも、町おこしにつなげてもらおうというのが準備会の意向だったこともあり、地元商店街全体を巻き込んでいろいろなお土産物をつくってもらったり、参加者がきちんと商店街を練り歩くように考えられました。地域の商店街の人たちも最初はなんじゃこりゃと思っていたのが、開いてみると儲かったし、来た人も感じ良い若者達だったという評価を残した、こういうイベントが行われました。

水戸でのコミックマーケット

横浜にも誘致のチャンスあり

これを紹介した理由は、非常に具体的な提案があるからです。この準備会は、東京がオリンピック招致に成功すると非常に困ることがあります。オリンピックが開催されるとその影響でビッグサイトが使用できなくなり、二〇一九年から二〇二〇年にかけてコミックマーケットの会場をどこにするかという問題が発生するのです。でももし横浜が会場となれば、交通の便からいって東京とあまり大きく条件を変えることなく開催できます。

コミックマーケット準備会はビッグサイトを借りるために膨大なお金を払っていますから、横浜で同じような会場を提供できるとしたら、そのお金を受け取ることができます。しかもビッグサイトより横浜の方が快適だということになったら、オリンピック以降は交互に開催するといったことも、あるいは可能になるかもしれません。

ポップカルチャーとファインアートの関係

前衛芸術というのは、とにかく創造的でオリジナリティが高い、過去にないものをつくるということに先鋭化してしまった結果、アイデアが枯渇してきます。枯渇を防ぐために、全然芸術だとは思われていないところからインスピレーションを受けることが考え出されました。それを推進した人の一人がピカソでした。彼のスタジオにアフリカの木彫りの人形がありますが、それをモチーフにアビニヨンの娘たちがつくられたりしました。やがてポップアートが現れ、キャンベルのスープ缶みたいな通俗的なものを絵画に描くというようなことが行われます。その延長線上で、日本のオタク文化をモチーフに展開したのが村上隆さんです。

そうすると、今度はローアートだとみなされていたものから前衛芸術家が模倣し、それをデザインする側が真似をするようなことがおき、結果としてデザインする側も現代芸術のインスピレーションのもとになっている通俗的なものから直接引用するというようなことがおきています。最近、世界的なデザイン雑誌「アイデア」で「漫画・アニメ・ライトノベルのデザイン」という特集が組まれました。二号続けて特集し飛ぶように売り切れ、ヤフオクではかなり高値がついたりしました。

西洋流の芸術家像というのが古くて、ニコニコ動画的なものが新しいから全部そっちに移行すべき、というような単純な提案をしたいわけでは決してありません。横浜は横浜の地の利を生かして、これまでのように芸術を一般に供給する構図はキープしつつ、同時に日本に地の利のある沢山のクリエーターが相互に交流し合うというような観光政策も合わせ技で考えていき、両方の相乗効果を狙っていけるといいのではないかと思っています。

Discussion

リアルな場所こそが必要

司会　いろいろ具体的な提案までいただきました。今の話を伺って各担当者から質問はありますか。

神部　本当にすごく面白かったです。目からうろこのような話でした。

大﨑　岡本先生のお話にあった子供たちの鑑賞教育ですが、横浜市は公立学校だけでも五〇〇校ぐらいあって、取り組めば非常に広がりを持つと感じました。森川先生から、コミックマーケットの誘致のアイデアについてもう少し教えてもらえませんか。

森川　一番の問題は会場ですが、横浜港大さん橋に覆いをつけて即売会でも利用できるようにするとか、パシフィコ横浜を全館まるまる使えるようにするとか、いろいろなやり方があると思います。コミックマーケットを象徴的にピックアップしましたけれども、同人誌即売会も大中小規模、いろいろな形で開かれているので、試しにいくつか招致してみて、これはいけると思ったらどんどん拡大させていくというような方向も考えられるかもしれないですね。

大﨑　横浜は港を抱えていますので倉庫など結構ありますし、個人的には他の都市にはない資源を使って何かできたらいいなと思います。

森川　倉庫の一帯というのは刑事ドラマのクライマックスでよく使われたりしていますけど、そういう撮影に使われた場所で即売会が行われるというと魅力を感じる方はいっぱいいるんじゃないかと思います。

神部　映像系の企業誘致を担当していた時から、東京という巨大市場で人もお金も桁違いに動いている中で、そこから横浜に来ていただくためのアドバンテージというのはなんだろうということをずっと考えていました。初音ミクみたいにどんどん一般の人も参加して、場面がネットに移っていくと、場所を持つ必然性はなくなってきているのかなとも感じます。産業の集積を考えたとき、横浜には可能性があるのかないのか、ぜひご意見をお聞かせください。

岡本　映像には必ず投影するシアターが要ります。プロジェクションマッピングではそれがアウトドアなわけですが、冷静に考えると横浜にはいわゆる系列系ではなく自由に自分の映像をかけられる小屋、箱は、ほとんどないですよね。全部ネットに替わるということではなくて、拠点があるからこそネットがあると思います。残念ながら横浜にはバーチャルとリアルを行ったり来たりするための、リアルの拠点がないんじゃないかと思います。

森川　コミックマーケットで売られている同人誌の多くは、秋葉原やヤフオクである程度は買えてしまいますが、それでもコミケに行く。炎天下でもすごく寒い時期でも、ものすごい人が行列して過酷な状態で待っている。何のためにこの人たちはわざわざ高い電車賃と時間を使うのかというと、そこに行くと同じものを買おうと思っている人達がいる、趣味を共有している人達がいる、そういう風景を見ることができるからなのです。秋葉原もコミケもそういう意味でのスペクタクルが展開されています。聖地巡礼と称してオタクの人たちが地方都市に行っているわけですから、横浜ならちょっと足を延ばすぐらいでそれが見られるのならわけもないことだと思います。

ひとつ産業振興という観点で申し上げると、作り手にとってはどういう人が見てどういう反応しているのかという現場感がものすごく大切なので、横浜に秋葉原やコミックマーケットのような販売の中心をつくり、そこに消費者が集まるようになれば、関連産業の会社は本社や出張所を横浜に設けるということになっていくのではと思います。消費者や受け手、買い手、小売店、そういうものを誘致することができれば、自然と作り手の方もついてくるのではないでしょうか。消費者がいっぱい来たほうが、会社員がいっぱい来るよりもずっと地元にお金が落ちる、というようなことも考えられます。

コミックマーケットと町おこし

参加者A　水戸のコミックマーケットの事例が非常に気になります。コミックマーケットをやった後どうやって町おこしを根づかせていくのか、横浜でもしやるとしたらどういうことが考えられるのかをお伺いしたいです。

森川　コミックマーケット準備会が関わるのは、開催まで地域を巻き込んで開催当日にお金が回るように図るところまでです。逆に水戸の商店街の側から、コミックマーケットをやったという実績を次にどうやってつなげていくかということですね。一度コミックマーケットで訪れた人たちは楽しく商店街を練り歩いたという記憶を持って帰るわけですから、リピーターになる可能性を持つことになりますし、開発された特別な商品も売れ続けていると聞いています。本格的に継続的な町おこしに利用したいと考えるのであれば、同人誌即売会はいろんな規模のものが行なわれているので、毎週のように即売会が行われている街にしていくというやり方もあると思います。この即売会も多種多様で、コスプレのイベントもあれば、初音ミクの自作CDを売っている人たちもいる、文学フリマのように小説を書いて売るというのもあり、いろんな可能性が考えられると思います。

海外の日本文化ファンを応援する

参加者B　海外への発信に関連して、フランクフルト駐在時に体験したことを思い出しました。フランクフルトは非常に日本映画に力を入れていて、一〇年以上「ニッポンコネクション」という映画祭をやっています。発信という意味からもニッポンコネクションとのつながりも続けていければいいと思いました。

岡本　実は私も今年ニッポンコネクションに行って来ました。今や日本映画の世界最大の祭典かというぐらいに発展していますね。我々でも普段見られないインディペンデントから商業作品まで一同に見られるフェスティバルです。フランクフルトでなぜ根付いたかというと、オーガナイザーがプログラマー達も含めて、全部地元ドイツ人で、フランクフルト大学の日本映画好きの学生が始めたイベントです。フロンティアフェスとして毎年毎年やってきたのが、だんだん大きくなってきた。ドイツの日本企業含めて応援してきたという、ここにヒントがありそうな気がします。食べたくない相手に無理やり食べさせるのではなくて、日本に関心がある人を現地で応援する方が早い。海外の人を応援するようなPRの仕方があると思っています。横浜市はフランクフルトと姉妹都市でもあり、ニッポンコネクションを支えてこられた実績をもっと誇ってもいいのではと思っています。

司会　あえて「映画」ではなく、「映像文化」で都市政策を始めた創造都市ですが、次に進むための大きな考え方をいろいろと伺えました。西洋文化を昇華してきた横浜ならではのリスタートの時期が来ているようです。（了）

3-2 都市を拓くトリエンナーレ

第6回　2013年6月27日

［ゲスト］

吉見俊哉｜東京大学大学院教授・社会学者

逢坂恵理子｜横浜美術館館長

［プレゼンター］

田邊俊一｜横浜市文化観光局創造都市推進課

松村岳利｜横浜市文化観光局横浜魅力づくり室

［司会進行］**大蔭直子**｜横浜市文化観光局創造都市推進課

司会 「都市を拓くトリエンナーレ」では、これまでの開催展を振り返りながらトリエンナーレを横浜で開催する意味を再度問いかけます。都市を「拓く」という視点にそのヒントが隠されているのかもしれません。ではよろしくお願いします。

横浜トリエンナーレの系譜と変遷

田邊俊一
文化観光局創造都市推進課

創造都市のリーディングプロジェクトとして

創造都市推進課の田邊です。横浜トリエンナーレは、創造都市政策のリーディングプロジェクトという位置づけです。今日は、これを頭に置いて話を聞いていただければと思います。

まず、横浜トリエンナーレの歴史を振り返りたいと思います。一九九七年三月に外務省が国際美術展の定期開催方針を掲げます。横浜市は時を同じくして「横浜市芸術文化マスタープラン」の中で緊急的かつ優先的課題として、横浜市芸術文化フェスティバルの二〇〇一年開催を提言しています。そうした中、外務省の外郭機関である国際交流基金が開催地の検討に入ります。当時横浜では、ワールドカップの開催を受けスポーツと文化の国際的事業の誘致について市会で活発な議論が行われていました。そして歴史と文化を生かした新しい芸術文化の祭典を展開することが、都心臨海部活性化の新しいソフトとして位置づけられ、横浜市が先駆的に行ってきた都市デザインと連携してまちづくりの起爆剤となることも狙って開催が決定されました。横浜市、国際交流基金、メディアとしてＮＨＫ、朝日新聞社、この四者が横浜トリエンナーレ組織委員会を構成して実施することになります。

第一回から第三回開催まで

最初の開催は「横浜トリエンナーレ二〇〇一」です。開催会場に注目して話を進めていきたいと思います。パシフィコ横浜展示ホールC、Dと横浜赤レンガ倉庫一号館で開催しました。赤レンガ倉庫の開業は二〇〇二年なので、商業施設として開館する前にトリエンナーレの会場として使用したことになります。私は当時学生でしたが、椿昇さんと室井尚さんのバッタの作品（「インセクト・ワールド―飛蝗」）は非常に記憶に残っています。他に動く歩道にも作品が展示されるなど、街中を使いながら展開していきました。

二〇〇四年に創造都市政策が横浜でスタートしました。この政策は、ソフト面では文化芸術や経済の振興、ハード面では魅力的な都市形成を行うことにより都心部の活性化を図っていこうというものです。政策決定後の最初のトリエンナーレが「横浜トリエンナーレ二〇〇五」です。この時は山下ふ頭の三号・四号上屋という倉庫を会場として使っています。この回では「トリエンナーレ学校」という今でも続いているサポーター活動事業を実施し、市民サポーターの参加と交流の機会を広げ、新しい方向性を示しました。この時も会場外にいろいろな作品が設置されました。中華街にある會芳亭という施設を使った西野達郎のホテル「ヴィラ會芳亭」、二〇〇五年の代表作としてはこの作品を上げる方が多かったですね。山下ふ頭沿いを使ったボートピープル・アソシエーションの作品や、山下公園を会場としたルック・デルーの「スパイバンク」という作品が街中に展示展開されています。

赤レンガ倉庫一号館

山下ふ頭地区の上屋

この後、二〇〇六年に「ナショナルアートパーク構想」が打ちあげられます。この構想では、都心臨海部を今以上に市民に親しまれる場にしましょうということを掲げており、世界水準の文化芸術活動の創造発信をしていくことも明言されています。また構想の文言の中に「横浜トリエンナーレ二〇〇五は、山下ふ頭地区の上屋を活用して開催されましたが、ここにも新しい都市づくりの萌芽を見る事ができます」とあります。再生型都市づくりはこれからの基本となるものであり、既存資源を活用した空間の整備こそ横浜らしい都市づくりと言える、ということが記載されています。まさに今ある歴史的建造物等を活用していく再生型ということがこの構想の中で織り込まれているのです。

そして三回目「横浜トリエンナーレ二〇〇八」は、新港ピア、BankART Studio NYK である日本郵船海岸通倉庫、横浜赤レンガ倉庫一号館、三溪園を会場として開催されました。トリエンナーレ会場を中心に様々な場所で作品を展開しました。特徴的だったのはランドマークタワーのショッピングモールに作品を置いた「落っこちたら受け止めて」（マイケル・エルムグリーン&インガー・ドラッグセット）で、これも私は非常に驚いた作品です。

事業仕分けの影響下での第四回開催

二〇〇八年のトリエンナーレ後、民主党政権の下で事業仕分けが実施され、これが横浜トリエンナーレにも影響を及ぼします。組織委員会は横浜市、国際交流基金、ＮＨＫ、朝日新聞社の四者で構成されていましたが、事業仕分けの結果、国際交流基金は日本文化の海外発信に力を入れ、国内の文化芸術事業については文化庁が担うことになりました。これによって、横浜トリエンナーレ組織委員会から国際交流基金が脱退せざるを得なくなったという状況です。

その後、文化庁が横浜トリエンナーレに関わるようになりました。ただし文化庁の現場運営への関わりはなく、組織委員会にはオブザーバーとしての参加です。一方で文化庁は、国際芸術フェスティバル支援事業という補助金制度を新たに設定しました。通常文化庁の補助金は目的や文化事業の主旨に呼応する形が多いのですけれども、この補助金に関しては横浜トリエンナーレという国際展を指定した補助金であることが特徴です。運営に関する関与は国際交流基金が非常に強かったのですが、政策的な位置付けでは文化庁の方が強くなったように思います。

そして二〇一一年、事業仕分け、そして東日本大震災があり、開催そのものをどうしようかという瀬戸際でもあった中で開いたのが「ヨコハマトリエンナーレ二〇一一」です。主会場としては横浜美術館と BankART Studio NYK その他周辺を含んで、街全体、都心臨海部を会場としたトリエンナーレとなりました。美術館の前にはウーゴ・ロンディノーネの作品、馬車道駅近くの道路沿いには島袋道浩の作品などが置かれ、ホームページやブログで注目されていました。島袋道浩の作品は、何かメッセージ性の強い宗教の看板？ということで目を引いたが、そばまで行ってみると作品だということが分かった、というブログの記事がいくつか見つかりました。

都心臨海部を会場とする意味

横浜トリエンナーレはこのようにずっと海沿いを会場としてきたわけです。今日のテーマは「都市を拓くトリエンナーレ」ですが、まさに都心臨海部を会場として使うことで場を拓き、こういう横浜らしい場所があるということを訴えてきたのです。

横浜の街全体を会場として意識づけるため、二〇一〇年から三か年「オープンヨコハマキャンペーン」を実施しました。二〇〇九年の開港一五〇周年を契機に高まった市民力、地域力を生かした都心臨海部の魅力発信です。トリエンナーレの会場は海沿いで、いわゆる旧市街地であるＪＲ京浜東北線の陸側の伊勢佐木町、黄金町や野毛にはお客様が足を運ぶ機会が少なく、回遊性を高めようということで実施したキャンペーンです。更に特別連携プログラムとして、BankART1929が実施した新港ピアでの「新・港村」や黄金町エリアマネジメントセンターが実施した「黄金町バザール」とのチケット連携等を行いました。回遊性を高めるための手段として無料シャトルバスを出して、トリエンナー

横浜トリエンナーレ会場の変遷

レに来たお客様に横浜の街全体を楽しんでもらおうという取り組みも行いました。

都市の可能性を体感する場

あらためて「都市を拓くトリエンナーレ」の意味を考えたいと思います。

まず、トリエンナーレというのは創造都市政策、ひいては横浜のまちづくりを体感してもらう場であり、横浜市民や来場者にこれからの横浜の都市の可能性を見せる場です。開催までの三年間の成果の体感、これからの都市の可能性、そして創造都市政策推進のきっかけづくりという三つを意識して都市を拓いていくということだと思います。

ハード面として文字通り「場を拓く」ということ、ソフト面として住んでいる人、アーティストやキュレーター、そしてお客様、これらの方々にトリエンナーレにより深く接し楽しんでいただくということで、都市を拓いていくという使命を負っているということです。

「ヨコハマトリエンナーレ二〇一四」の会期は、八月一日から一一月三日までです。今回は横浜美術館と新港ピアが会場です。アーティスティックディレクターに森村泰昌さん、組織委員会委員長は本日のゲストの逢坂さんです。横浜美術館と新港ピアを主会場として活用していくことが決まっているのですが、それに加えて、普段はなかなか入れない場所を拓き、その場所が市民をはじめとする多くの方々に親しまれる場所となるように都市を拓いていく責務をまさに横浜トリエンナーレが負っているのだと思います。そして、とことん拓いていくまでトリエンナーレ会場として活用し続けていくことも必要だと感じています。

今後もハイクオリティでお客様がワクワクする現代アートの国際展として、そして実際に都市を拓いていく契機として、横浜トリエンナーレを開催していきたいと思っています。二〇一四年は再び横浜の街全体を会場にして実施していくという方針です。プレゼンは以上です。

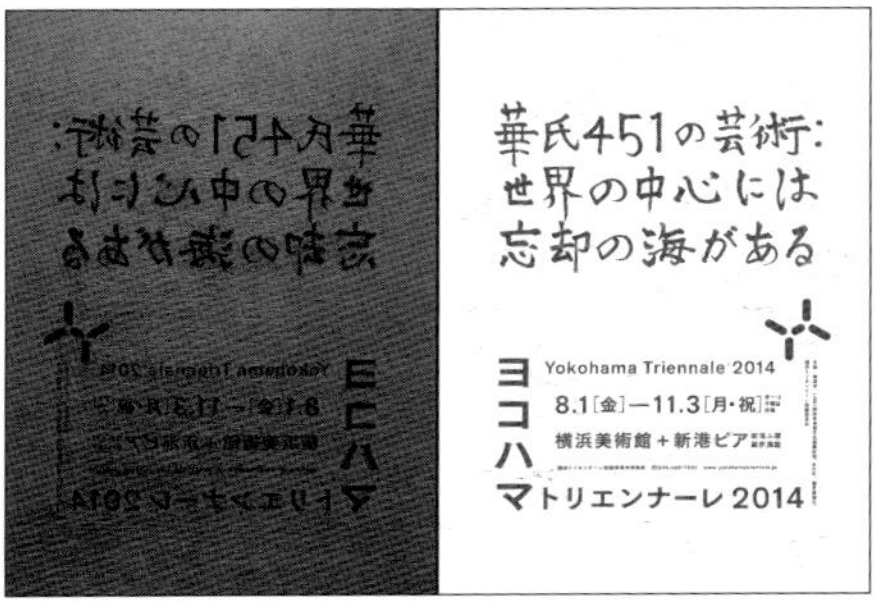

ヨコハマトリエンナーレ2014ポスター

トリエンナーレは成功したと言えるのか

文化観光局横浜魅力づくり室
松村岳利

横浜市文化観光局の松村です。私は川俣正さんがディレクターになった二〇〇五年に担当課長として赴任し、二〇〇八年のトリエンナーレも関わりました。現在は文化観光局全体の企画調整を担当していますので、そういう意味ではずっと関わっているつもりです。ところでトリエンナーレの開催を前提とした議論ができるのは今回が初めてです。感無量というか、やはり継続は大事だと思います。「都市を拓くトリエンナーレ」という言葉の論点をちょっと補足させていただきます。創造都市のリーディングプロジェクトとして捉えた時、トリエンナーレは成功したのかと問われるかと思いますが、トリエンナーレの成功とは何か、創造都市を推進する横浜市としての成功とはどういうことなのかという視点で考えたいと思います。

短期的な部分と長期的な部分があると思いますが、ひとつのイベントとしての成功の指標は、来場者数が何万人であったとか、経済効果がいくらだったとか、トリエンナーレの認知度がアップしたとか、数字で表わせて非常に分かりやすい部分です。一方でリーディングプロジェクトとして政策的にはどうだったのかという時にはいくつかの視点があります。

一点目は横浜の街の特徴を生かせた計画だったのか。今いろんな都市でトリエンナーレが開催されていますが、横浜でしかできないトリエンナーレになっているのかという点については、まさに会場がどこかということが重要だと考えています。それから市民との協力という側面もあるのかもしれません。二点目はトリエンナーレ開催で創造界隈拠点や地元を含めて、まちづくりとして都市が活性化するきっかけになったのかというところです。三点目はアーティスト、クリエーターへのインパクトや発信性がどれだけあったのか、カッティングエッジの意味があったのか。トータルとしては、市民や都市、世界に向けてどれだけ創造都市横浜の認知度が上がったのかという視点があると思います。

二〇〇五年の会場だった山下ふ頭三号・四号上屋を二〇〇八年には会場にできませんでした。山下ふ頭の将来に向けて議論が始まっていますが、議論していく時にはトリエンナーレ二〇〇五の経験がある。ひとつのきっかけになったとすれば結果は出ていない、まだトリエンナーレ二〇〇五は終わっておらず、新港ピアの議論も二〇〇八がきっかけだったとすると、トリエンナーレ二〇〇八も終わってないと思います。

私がトリエンナーレに関わったときに、当時の事業本部長が「トリエンナーレは格のある都市でしか開催できない」と言われた意味が、最近少しずつ自分なりに分かってきた気がします。改めて「都市を拓くトリエンナーレ」というのはどんな意味なのか議論できればと思います。

横浜トリエンナーレを取り巻く状況を世界の潮流から見ると

逢坂恵理子
横浜美術館館長

各国で開催される国際展の背景

今日は世界各地のトリエンナーレ、そして横浜トリエンナーレをめぐる話をします。まず、国際展のきっかけとなったヴェネチア・ビエンナーレからお話したいと思います。ヴェネチア・ビエンナーレは一八九三年にスタートし、もう一〇〇年以上続いている老舗国際展です。これが始まったきっかけというのは、カフェ・フローリアンという今でもサンマルコ広場にあるカフェに、文化人や議会政治に関わる人たちが集まって、ヴェネチアの街を人道的・国際的・文化的に貢献する街として発展させていこうと議論し、議会で決定してスタートしたことによります。最初の頃のヴェネチア・ビエンナーレには、今や美術史の中で大御所と言われている作家たちが若手アーティストとして出品していました。

二一世紀に入ってからは、中東、東南アジア、東アジア、日本を含めていろいろな所で国際展が開かれるようになりました。先ほど松村さんの話にありましたように、ビエンナーレやトリエンナーレを開くことのできる格のある都市が非常に増えたということなんですね。ただ、国際展は継続できるかどうかというのがポイントで、やはり世界各地で行われているこうした国際展が短命に終わることもあります。

トリエンナーレは、海外に発信するという大きな使命があ

ドクメンタ

光州ビエンナーレ

るケースが多いので、予算的にも人的にも大規模です。国が主導しているものもあり、例えばバングラディッシュビエンナーレは、独立から一〇年後の一九八一年にスタートさせています。バングラディッシュは国連の中では最も貧しい国のひとつに数えられているんですけれども、文化の力で国を牽引していくという思いがあり、今でもきちんと開催されています。ただ、対象はアジアの作家とバングラディッシュの作家が中心です。

文化の力を都市もしくは国を牽引するひとつのきっかけとして重要視していくという視点は議論になります。例えばドクメンタという五年に一度ドイツで開催する大きな国際展があります。ヒットラー政権がモダンアートを退廃芸術として否定してしまう時期があったことから、敗戦後、新しい表現を否定するのではなくモダンアートを復権させていく、文化の力というものをきちんと位置付けていくという考えを持ってスタートしたのです。また、韓国の光州ビエンナーレは、光州事件という国がかなりの数の民間人を殺してしまうという悲惨な事件があったことから、光州の負のイメージを文化の力で変えていき街や国を再生させるという、文化を精神的に捉えて人間性を回復するというソフト面が強調されることもあります。

アーカイブ化されていない横浜トリエンナーレ

横浜トリエンナーレを含めて今開催されている多くの国際展というのは、どちらかというと都市をつくり上げていき、それから人間のネットワークを構築するという部分にポイントが置かれるようになってきています。運営の形態も、NPOが中心になったり、美術館やアーティストが主導したりと多岐に渡るようになってきました。

そういう中で、ビエンナーレ・トリエンナーレを格のあるものにしていくには継続することが必要です。継続するというのはどういうことかというと、行われたことを歴史化していく、つまり資料等々を保存し次世代に継承していく、活動を次の未来に繋いでいくということだと思います。

横浜トリエンナーレはいろいろな紆余曲折があり、前回（ヨコハマトリエンナーレ二〇一一）から横浜美術館が会場になりました。横浜市の中でもいろいろな考え方があったでしょうが、毎回会場が変わるというのはバラエティーに富んでいるようで、アーカイブ化ができないんですね。拠点形成が非常に重要なのではないかということを横浜市も考えたのだと思います。

二〇〇九年四月に私は横浜美術館の館長に着任しました。五月頃、当時創造都市事業本部長だった川口良一さんが横浜美術館に訪ねて来て「逢坂さん、次回から横浜トリエンナーレは美術館を会場にしたいと思ってるんだけど、どう思うか？」と尋ねられたんですね。その時、今まで外から横浜トリエンナーレを見ていた私としても、なぜ横浜美術館が会場にならないのかなという非常に素朴な思いがあったので、「私も横浜美術館が会場になった方がいいと思います」とお答えしました。川口さんは「良かった、館長がそうおっしゃってくれるなら直ぐにでも事務所を開設しましょう」とおっしゃいました。ですがその後、横浜市長が突然辞任したり、民主党の事業仕分けがあったり、いろいろありまして実際に事務所を開設できたのが二〇一〇年の四月頃でした。過去四回のトリエンナーレの結果がどのように継承されてきたかというと、意外と継承されていません。それは拠点がなかったからかなという気もします。

シンボル的な作品の必要性

瀬戸内国際芸術祭は高松から船でいろいろな島を巡るわけですが、その出発点となるところにランドマーク的な作品を作って永久設置しました。「横浜トリエンナーレ二〇〇一」では、韓国のチェ・ジョンファに《Fruit Tree》という作品を作ってもらいました。トリエンナーレが終わった後にこの作品をどうするかということで、市もいろいろ悩んだと思いますが、今は臨港パークにあります。結構汚れています。二〇〇一年に設置したもので残っている例はこれぐらいではないでしょうか。横浜としてはこういうものをちゃんと修復して、一つのシンボルとしていく必要もあるのではないかと思います。

チェ・ジョンファは十和田市現代美術館の前に「フラワー・ホース」という作品を設置していますが、十和田市が馬の生産で有名な地域なので、街の経済・歴史に根差した作品として非常にシンボル的なものとなっています。横浜トリエンナーレもシンボルとなるようなものもつくっていかなければいけないんじゃないかと思います。

現代美術作家の生み出す空間を楽しむ

一九九三年からアラブ首長国連邦のシャルジャでビエンナーレがスタートしています。二〇一三年にはスーパーフレックスという現代美術作家グループが期間限定の公園をつくりました。シャルジャの街は非常に暑いので日中は誰もこの公園では遊んでいませんが、夕方五時くらいになると市民があちこちから出てきて子供たちがお父さんお母さんと一緒にすごく楽しんでいる。このように公園をつくるということも現代美術の範疇に入ってきているという一例です。同じくシャルジャ・ビエンナーレでは建築家の妹島和世さんと西沢立衛さんのチームＳＡＮＡＡのインスタレーションが建物の中庭に設置されています。シャルジャでは中庭の機能が大切にされていて、人々が憩う場所に作品を設置

瀬戸内国際芸術祭 高松港

ヨコハマトリエンナーレ2011
Ugo RONDINONE《moonrise.east.》2005 Courtesy the artist and Galerie Eva Presenhuber,Zürich ©the artist Photo by KIOKU Keizo Photo courtesy of Organizing Committee for Yokohama Triennale

シャルジャ・ビエンナーレ

ヴェネチア・ビエンナーレ

したわけです。

ヴェネチア・ビエンナーレでトビアス・レーベルガーがつくったカフェは、ちょっと平衡感覚が試されるような空間ですけれども、一度は行ってみようと思わせるカフェになっています。やはり年数を重ねるごとに、作品を設置するだけではなく周辺も整備することも皆さんの理解に繋がっていきます。

街の魅力を発信する

国際展というのは街の魅力を発信させる大きな力になります。現代美術の展覧会を行うだけではなく、街の魅力をどうやってつくっていくか。横浜が二一世紀を生き残れるか、そして横浜トリエンナーレが日本を代表する国際展に成長できるかどうかは、これからが本当に要です。その時に横浜の街というのは非常にポテンシャルが高いと私は思っています。福岡、瀬戸内、別府、愛知、そして来年は札幌、その先には京都でも国際展が開かれます。それぞれ魅力のある街ですが、街の魅力っていったいなんなんだろうと考えたときに、そこに住んでいる人たちが誇りに思えるようなまちづくりが必要です。スクラップアンドビルドで新しいものばかりを構築するのではなく、街の持っている古い部分や雑多な部分を一緒に魅力として打ち出していくことができるように持っていかなければいけないと思います。

金山町景観一〇〇年計画に学ぶもの

最後に、山形県の金山町という人口六千人の小さな町をご紹介します。この町は一〇〇年計画で魅力ある町並みをつくっていくというプランを立てています。町の人たちの意識がものすごく高い。例えば、カーブミラーを特産の杉板でに合わせた濃い焦げ茶色にしています。また古い医院のファサードを残して新しい医院として甦らせたり、台風で崩れてしまった歌舞伎門を再生するということも考えているそうです。横浜とは全く違う例ですが、街の魅力というのは国際展をより魅力的なものにする大きな力になるということを申し上げて終わりにしたいと思います。

金山町景観

都市と文化の再定義の時代へ

吉見俊哉
東京大学大学院教授・社会学者

ドラマツルギーが空間に仕掛けられた街

吉見俊哉です。私はアート或いはビエンナーレ・トリエンナーレについては全くの素人なんですが、面白いことに素人であるにもかかわらず今日話題に出た町々にかなり行っているんですね。ドクメンタのカッセル、光州、ヴェネチア、もちろん瀬戸内にも、越後妻有にも行っています。今、逢坂さんの話を聞いて、なるほどと思ったことがひとつありました。それが何かと言うと、カッセル、光州に行った時の印象と、ヴェネチア、瀬戸内、越後妻有に行った時の印象が少し違うのです。カッセルはナチスの問題、光州は虐殺の問題、つまり歴史的な事件が影響しているので、そこで感じられるのは都市とはちょっと違うんですね。カッセルや光州の街の印象は私の中に残っていません。歴史的なことがあった場所だなというのは分かるけども、街そのものが私の中に残っているという感じはないのです。ところが、ヴェネチア、越後妻有、瀬戸内の場合は空間を覚えているんです。つまり、街や地域、風景が鮮烈な印象として私の体の中に残っています。

それは何でだろうというところから今日の話をしていきたいと思います。ヴェネチアに行くと絶対に道に迷います。地図を持って歩いているのに、ここは何処だろうと。とにかくとんでもなく迷路が広がっていて人を迷わせる街なんですね。そしてそれがヴェネチアのとても大きな魅力です。つまり迷路としてのヴェネチアがあり、それをベースにしてヴェネチア・ビエンナーレの魅力というものがあるのです。越後妻有は何かというと、遠いんですよ、次の会場まで。山村で、田園が広がっていて、トンネルを通って坂道を通ってやっと次のところに着く。ヴェネチアの場合、会場は集中しているけど迷うからなかなか行けない。越後妻有の場合、物理的に遠くてなかなか行けない。そして瀬戸内の場合、直島、犬島、豊島など、島でいろいろな催しをやっていて船で渡るしかないのですが、次の船は一時間待たなきゃ来ないよ、みたいな世界です。なかなか行けないというある種の壁が集合体をなしてつくり出している空間の中で、何がそこから生まれているのかというと、私は演劇性だと思います。つまり、ある種のドラマツルギー、ある種の演劇性が空間の中に仕込まれている。これがヴェネチアの力であり越後妻有の力であり、瀬戸内の力です。

リサイクルによる創造がカギとなる時代へ

では、横浜の場合は何だろうかということが議論のポイントになってくるわけですが、今日、「創造」そして「拓く」という言葉が何度も出てきました。創造とは、あるいは拓くとは、このことをもっと深く考えてみる必要があると思います。トリエンナーレが横浜で開かれるようになる前の一九八〇年代から九〇年代にかけて、バブルエコノミーの中で東京湾岸、浦安、幕張、そして横浜でウォーターフロントの開発が進んでいきます。そしてその次のフェーズでは、こういう地域の中で芸術都市やアートが展開されていくようになります。これには二つの解釈の仕方があります。再開発して人にいっぱい来てもらわなくちゃ困るから付加価値を付けたい、人を呼び込んで商品的な価値を上げたいという解釈もありうる。半分は正しいと思いますが、それだけではありません。横浜の場合で考えてみますと、一九世紀の半ばから開発されて、古い倉庫や歴史的な建物が残っているわけですね。こういう港湾地区の建物を再利用していくということは、再定義していくということです。つまり遺産として存在しているけれどこのままだと壊されて消えてしまうものに、別の意味を与えて再生させることによって、新たな価値創造の道を拓く戦略であると解釈することもできる。僕はこの後者の解釈を取りたいと思います。

後者の解釈を取ることにどういう歴史的な意味があるのか。二〇世紀末から二一世紀にかけて、私たちの社会はおそらく数百年ぶりの大きな転換を迎えつつあります。社会全体が大量生産・大量消費から、リサイクルによる創造ということが決定的な意味を持ちうる社会に徐々に展開しつつあります。リサイクルするのはもちろん牛乳パックもレアメタルもですが、文化も僕は同じだと思います。牛乳パックとトリエンナーレを同列に論じると怒られるかもしれないけど、私は基本的には同じだと思っています。つまり、様々な資源を捨てるのではなく、リサイクルすることによって価値を生むことが技術的にも社会的にも可能になってきているのです。

文化について言えば、単にアートの問題だけではなく、アーカイブの問題があります。何万本もの記録映画のフィルムが日本全体にありますが、著作権の問題があって使うことができない。テレビ映像もアーカイブ化されたけど再利用しきれていない。膨大な文化的な資産が都市にもメディアにもいろんな形で眠っていて使える形にないのです。レアメタルは携帯電話の中にだけあるわけでなく、我々の文化全体の「レアメタル」を再利用していく可能性が広がっているのが現在です。

社会的な空間を再定義する

そんな現在の都市に「創造」という言葉を付けるとすれば、ゼロからの創造には私は興味ない。既にあるもの、港湾地区のいろんな建築物、街にある文化的な資産、古くからのお店、人々の記憶など、それらを再定義していくことによって価値を創造していくプロセスが街を「拓く」ということなのだと思います。そこには幾つもの壁があります。映画フィルムなどのメディアの場合、知的財産権という大きな壁が現れます。権利処理の問題をもっと公共的に開いていかないと、それこそ再創造はできません。同じように、都市においても土地利用規制という大きな壁があります。横浜の一番の価値は港にあると思いますが、港湾という地区をどのように定義するのか、その定義を変えていかないと拓かれない部分が沢山あります。社会的な空間の定義を変えていくことによって初めて文化創造は可能になります。港の文化的な資産や文化的な価値、潜在的な可能性を再定義することによって、物流や防災という観点からの様々な規制を変えていく、再定義して価値を組み替えていく。そういう役割をトリエンナーレはどのように果たしてきたのか、また今後果たしうるのか、ということが問われていると思います。

さっきのとても素敵な果物の木（「Fruit Tree」）、あれは公園に置いちゃダメなんですよ。公園に置いたら何の意味もない、すでに許されているところに置いても。そうでなくて、規制があって普通ここには置けません、というところに置いてこそ「創造」です。ここに置いてもいいですよ、というところに置いて、はい置きました、美術作品ですよ。これ、なんの創造でもないと私は思いますね。そういう規制を変えていくという作業をぜひ横浜市には期待したいと思います。

Discussion

規制を変える試み：実践を振り返る

司会　実際にトリエンナーレは規制を変えてきたのでしょうか。

田邊　規制を変える試みを行っていると言わせていただきます。（二〇〇一年に会場となった）赤レンガ倉庫に関しては規制を変えたと思います。赤レンガ倉庫の横に象の鼻パークがありますが、赤レンガ倉庫がひとつのきっかけとなり、港の使い方が変わってきたように感じています。

松村　私は山下ふ頭でのトリエンナーレ（二〇〇五年）の三号・四号上屋は規制を変えた実績であり、これからの布石にもなると思います。

司会　先ほど、規制を変えていくというお話で「再定義」という言葉をいただいたのですが、再定義をする際に何が一番大事でしょうか。

吉見　思うに、それは横浜でしかできないものは一体何なのかということと深く関わっているような気がします。直感的にいうと、今時代は横浜に向かっているという部分も確かにあります。東京の盛り場より横浜に向いている。これは海に開かれているからだと思うんですね。この横浜の条件は決定的に重要で、開港から始まり、横浜〜サンフランシスコ航路やハワイ航路もあったわけだから、太平洋に開かれているんですよね。それは日本の近代あるいはグローバルなものに開かれていった街として、横浜にとってかなり根本のことです。

つまり西洋やアメリカとの繋がり、近代との繋がりが、この街のある種のハイカラさということになり、それが東京の街とは相当違うんだと思います。逆に言えば、横浜が開かれたことによって、西洋の文物は横浜からすべて入ってきて、そして東京に入っていったわけです。その近代が半ば終わろうとしているときに、横浜はどのようにするかということを考えてみると、近代に向けて拓いてきた横浜をどう再定義するのかという問いになってくるので、私が答えるには大きすぎるという感じがします。

横浜の歴史性は生かされるのか

司会　先ほど逢坂さんから、歴史を大事にしているかどうかがポイントと示されましたが、トリエンナーレと横浜の歴史性との関わりというのはどのようなものでしょうか。

YOKOHAMA 2005
International Triennale of Contemporary Art
YOKOHAMA
2005

横浜トリエンナーレ 2008
YOKOHAMA TRIENNALE
TIME CREVASSE
9/13 - 11/30
①

逢坂　横浜トリエンナーレは何かと言いますと、結局現代美術の国際展なわけです。現代美術イコール難しいと常套句のように言われる中で、現代美術の国際展は何故こんなに開かれるようになったのか。それは、現代というのは非常に複雑で人間性が阻害されやすい状況が沢山あるため、時代や世界をどうやって読み解いていくかを、現代美術をきっかけとして考えるケースが増えてきたからなのではと思っています。お墨付きをもらっていない新しい見方や、今まで自分が触れたことのない表現に触れる機会としてトリエンナーレが位置づけられるとすると、まさにそれは開港以来の横浜の歴史そのものです。それまで全く接触しなかった異文化や人々との交流、技術的なものもすべてが横浜を通じて入ってきたということを考えると、横浜のこの一五〇年は日本の中で非常に短い歴史ではありますが、近代化が非常にスピーディーに展開してきたわけです。トリエンナーレを通して、異なるもの、出会ったことのないもの、知らないものを受け入れることが横浜の歴史に繋がるのではないかと思います。

吉見　今の逢坂さんの話を引き受けていうと、私が住んでいるあたりにはかつて東急が開発した多摩川園や二子玉川園がありました。多摩川園には飛行場、遊園地、温泉、そして少女歌劇団もあり、このモデルは宝塚だったんですよ、明らかに。宝塚モデルつまり郊外田園住宅地モデルというのが東京のいろんな所に分散していったんです。一方で港で世界とつながっている街の文化というのは、全く違うものです。異文化を街全体に内包するから、中華街もあればジャズ喫茶や戦後の米軍のカルチャーもある。そういうものが全部ある横浜という地域はなんなのか。グローバル化を先取りしているようなところもあるしハイブリッドでもある。近代の一九一〇年代、二〇年代ぐらいから発達した非常にホモジニアスなモデルである郊外型の都市とは違う可能性を持っていると思うのです。

劇的空間の創出を意識して

司会　第一回目の講座では、三七〇万都市でひとつのシビックプライドはなかなか持てないというやりとりがありましたが、都心部をある意味際立たせるというのもトリエンナーレで取り組んできたこととなるのでしょうか。

田邊　私自身は横浜の郊外部で育ち現在も住んでいるんですが、こういう大きい都市の郊外部と都心臨海部とは違う。

でもマインドはひとつ、と思っています。「横浜の人って横浜好きだよね」とよく言われるんですけど、港町を守っている空気や歴史は、自分のマインドの中にも入っている。トリエンナーレが郊外部と都心臨海部を分けてきたかというとちょっと違うかなと思います。トリエンナーレが行われているという人の意識とか認識、自分の街でこういう場所があるんだということを気づかせるという意味では、分けるというより私は繋げるという風に感じます。

松村　トリエンナーレや創造都市は郊外部でもできるのかと問われることがあります。私自身も育ったのは郊外部で、住んでいるのは漢字で書く「横浜」だったのですが、創造都市はローマ字の「YOKOHAMA」、片仮名の「ヨコハマ」のような感覚でした。ただ、トリエンナーレの認知度もまだ低いですから、都心部を際立たせているかどうかも心もとないです。そういった意味でも継続は大事です。歴史性との関わりについては、何となくしか考えていなかったのが正直なところでちょっと意表を突かれたような気がしました。

吉見　私と横浜との繋がりですが、七〇年代から八〇年代初頭に石川町の運河にだるま船が浮かんでいて、この中を劇場にしていた「横浜ボートシアター」という素晴らしい演劇集団、演出家遠藤啄郎さんのもとで仮面劇をやっていたグループがあり、そこで四、五年ほど一緒にやっていたことがありました。素晴らしい演劇空間でした。廃材の運搬かなにかに使っていた古い木造のだるま船の再利用なんですよ。劇場につくり替えた空間の中でインドネシアのガムランを使いながら「小栗判官照手姫」「マハーバーラタ」とか、仮面劇をずっとやっていたんです。ものすごく創造的な時間と空間がそこに出現します。一般の劇場で同じ台本で同じ役者で同じ仮面でやったら創造的かというと、どうもそうではなくて、やはりあの古いだるま船を組み替えた空間でしかできない演劇性があったと思います。ある種の都市の演劇性を考えていくと、出来合いのものではダメで、歴史的な記憶とか蓄積とかいろんなものを含んだ、それなりに癖がある場所が良い。組み替えていくプロ

横浜ボートシアター（内部）

セスというのがある中で、生まれてくるものがあるのではないか。ローマ字のYOKOHAMAももちろん素晴らしいですけど、同時に例えば運河や野毛など、もうちょっと違う横浜もありますよね。そういう横浜の価値というのも、ある世界性を持ち得る。ボートシアターは典型だと思いますけど、世界性を持ち得るものに転換し得る面があるんですね。そういうものが、再定義ということとすごく重なり合っているような気がします。

日本の近代は一九世紀後半に横浜が開港して始まります。近代が始まって一五〇年間経ちましたが、非ヨーロッパ世界の中で日本ぐらい西洋近代と格闘してきた国はないと思うんです。これが遺産なんだと思います。だから、格闘の中で残ったいろいろな遺物をもう一回リサイクルしていくような仕組みが今の日本社会でつくれるかどうかということは、社会自体にとっても大きな課題です。

司会　ありがとうございます。文化のリサイクルという非常に面白く重いテーマをいただきました。会場からご意見等お願いいします。

経済波及効果では単純に測れない意義と価値

参加者A　横浜に五〇年近く住んでいて横浜トリエンナーレにも参加したことがあります。二〇〇八年の報告書に八億円ぐらいの収支報告がされていますが、費用対効果をどういう切り口で見ているのか、またそのゴールはどの辺にあるのでしょうか。

松村　二〇〇五年と二〇〇八年は、もし赤字が出た場合は、横浜市と国際交流基金が折半でみるということが、協定書に入っていました。その後の開港一五〇周年のイベントで横浜市としては大きな赤字を出したということがひとつの転換点となり、今では収支を均衡させるというのは大前提です。経済効果を政策的に見たときに、成功という指標をどこに置くのか。数字にどう置き換えるのか、或いはまちづくりのどういうきっかけになったのか、全てを数字で評価するのは難しいところがありますけれど、そこの部分はこれからもきちんと見ていく必要があります。

逢坂　二〇〇八年と二〇一一年とは運営の体制が全く変わりました。総合ディレクターとして担当した二〇一一年からは横浜市の単独運営になっています。その時に市長から言われたことは、「赤字は出さないで下さいよ」ということです。横浜市側としては街に広げていろんなところに作品を設置してほしいという希望はあったかもしれないんですけれども、収支バランスを取りつつ質も担保するという非常に難しいハードルをある程度はクリアしたと思います。

参加者B　横浜トリエンナーレは、短期的なイベントとして世界的な評価を得ていくということと、創造都市のリーディングプロジェクトという意味付けが相当強いんじゃないかと思います。トリエンナーレをきっかけにして街の中にアーティストたちが日常的にもいるという状態をつくり、そういう人たちが横浜で新しいことができ、街を変えていくということがもうひとつの大きな目的ではないでしょうか。トリエンナーレを世界的に評価の高いものにしなければ、横浜にアーティスト・クリエーターたちは来ませんが、バンカートや黄金町のような空間が生まれ、そこで日々活動が行われるということも大事だと思います。それによって横浜の街が、吉見先生の言われるように、今まであった資産を再定義し、新しく変わっていくのではと思っています。トリエンナーレだけではなく、その展開としてのまちづくりをやり続けて、その評価を考えていかなければと私は思います。

田邊　トリエンナーレはただ継続しているだけじゃないと思うんですね。続けていく中にまさに再定義があったり創造があったりすると思っています。アーティストやクリエーターはそこの文化とか歴史によく気づく。また彼らは新しい視点を持ち込む、すなわちその街と自分の持っている新しい感覚を結び付けて再定義をしています。新しいものを創造することの「新しい」というのは単に新しいものを持ってくるのではなく、その街や都市に根付いたものと融合させて再定義をすることです。トリエンナーレも同じです。経済波及効果など短期的な数字で出てくるものとは違うところで作用すると思います。

商業仕様ではない横浜トリエンナーレが目指すものは

参加者C　具体的な質問になりますが、ホテル、レストラン、タクシーも含めて、空間だけではなくて都市の機能そのものをどの程度トリエンナーレに巻き込めるのかが、かなりポイントだという気がしています。

マイアミバーゼルでは、空港からホテルに向かうタクシーの運転手さんとの会話にはじまり、ホテルに着いたらロビーに中国の現代アートがインスタレーションされていて、部屋には資料が置いてある。コンシェルジュがどういったジャンルのアートが見たいのか、それだったらこのギャラリーのここのところに行くべきだとか、そこまで専門的に分かっている。イベントが終わるとバーやレストランでどこそこのセレブがあそこにいるから行こうということで盛り上がり、翌朝の新聞一面にアートマーケットの市場分析が載っている、というような一連の盛り上がりというか繋がりを感じて、すごいショックを受けたんです。リーマンショック後のアート自体が脆弱に考えられがちな空気の中で、健全なアートコレクターの存在と素晴らしい一瞬を見たんですね。ひるがえって二〇一一年のトリエンナーレでは連携企画を担当したので、海外のアーティストの宿泊のため、一応横浜の有名なホテルをあたりました。「横トリ」にいらっしゃるお客様をここにお泊めしたいと言って、分かったコンシェルジュが誰もいない。タクシードライバーもいろんな横浜のイベント情報をお持ちなんだけど、横トリについて詳しく分かっている方はいなかったような記憶があります。例えば「トリエンナーレ学校」にタクシードライバーを巻き込んで、一緒にワークショップをやったりできないでしょうか。そういう戦略的な巻き込みを二〇一四年で期待しています。

逢坂　まずご理解いただきたいのは、アートバーゼルマイアミは商業ベースのイベントだということです。動くお金が全く違います。世界各国の有名な画廊が集まって、マイアミ市とも政治的経済的に連携しています。ＶＩＰのためにフリーの交通チケットを出し、ラグジュアリーホテルからカジュアルなホテルまで全部押さえている。残念ながら横浜トリエンナーレはホテルを押さえることはできません。そこまでの経費が出ないのです。それから、アートバーゼルマイアミの本拠地はスイスのバーゼルですが、世界各国の現代美術を中心としたアートフェアの中では最大級で、ヴェネチア・ビエンナーレに匹敵するようなものなんですね。バーゼルの街は、市電は無料のパス、いろいろなお店も連携し、周辺の美術館もフェアに合わせて企画展開しています。横浜トリエンナーレがそういう風になるといいなというのは誰しも思うところですが、それにはやはり蓄積が必要です。そして私たちは商業ベースでやっているわけではないので、そのあたりはかなり違うという気がします。でも、とにかくホテルが近い、ショッピングモールがある、中華街も含めてレストラン街も近い、そういう横浜の特性を考えると連携できるポテンシャルは非常に高いと思っています。

田邊　確かにタクシーで「トリエンナーレの会場へ」と言っても、ほとんど伝わらなかったということもあり、二〇〇五年と二〇〇八年にはタクシードライバーを無料でお招きすることもやりました。しかし残念ながら関心は高くありませんでした。やはり逢坂さんが言われたように継続が大切なんだろうと思います。馴染みのない現代美術だったのが、やり続けていくことによって定着していき、だんだん関心を持ってもらう。定着していくためには時間も継続も必要です。もちろんいろんな意味で知ってもらう努力をし続けていくことも重要だと思っています。

参加者D　二〇一一年に開催されたとき、すごいなと思う反面、少し箱に納めすぎてしまったのかなという残念な気持ちもありました。二〇一四年には、商業施設や公共の場をもっと開いて街全体で見られるような計画を期待していていいのでしょうか。

逢坂　二〇一一年は東日本大震災もあり、開催が危ぶまれたこともありました。屋外で行うことも計画していましたが中止にしました。ランドマークタワーの中を使うことも検討していたんですが、それもダメになりました。次回は新港ピアを使うことになったので、前回と違うことになると思います。ですが、正直なことを言いますと、国際交流基金が関与していた一回目から三回目と比べますと、やはり収支バランスを取るという非常に大きな縛りがあります。だからと言って萎縮するのではなく、一人一人の琴線に触れるというか、自分の中に今までとは違う視点が見えてきたとか、少し自分の理解の幅を広げることができたというような、いわゆる新しい表現に対する許容度を広げるものになっていけるといいなと思っています。もちろん、華々しくて楽しいことも大切なんですけれども、創造性というのはそれだけではないだろうと思っています。二〇一四年のタイトルはレイ・ブラッドベリの小説「華氏451度」から取っています。『世界の中心には忘却の海がある』という非常にポエティックなタイトルですので、え?どういうものになるだろうと、皆さん想像力を膨らませていただければと思います。アーティスティックデレクターの森村泰昌さんと、今までとは違うタイプのトリエンナーレを目指しますので、ご期待ください。

田邊　トリエンナーレは都心臨海部を中心に実施してきた創造都市政策のリーディングプロジェクトです。トリエンナーレをきっかけに街を見せていくということも大切なことだと思っています。各回開催までの三年間、こういう街を横浜は創ってきたといういわゆるまちづくりの成果と、この後の三年間こうやっていくんですよということを体感できるということも、トリエンナーレの大きな役割だと思っています。

横浜美術館がトリエンナーレの会場となる意味を問う

参加者E　皆さんにずばり伺いたい、本当に横浜美術館でトリエンナーレをやることがいい方向に向かうのでしょうか。横浜美術館は近現代美術館ですよね。そこを会場にするということは、一年間大きな都市の近現代美術館が無くなってしまうようなものです。こういうことを三年に一回やっていていいのか、横浜という都市にはそれほど財産がない

のか。そろそろ横浜美術館がアネックスをつくるなり、次の段階に入った方がいいんじゃないかなとずっと思っています。

逢坂　ずばり横浜美術館は横浜トリエンナーレの会場に相応しいか、ということですね。確かに空間のことだけ考えると、近現代美術館と言っても近代の方に重きが置かれているので、現代美術を展示する空間としては難しい面もあります。今後も横浜美術館を使い続けるとすると、やはりもうひとつのオルタナティブなスペースが必要になってきます。そうでないと表現の多様性というのは担保されないかもしれません。前回展だけで結論を出すのは早いかもしれませんが、横浜美術館が会場になって良かったという声はかなりありました。来る側からすると、横浜トリエンナーレの会場がイメージしやすいということなんですね。新港ピアや山下の倉庫といっても、この地域に詳しい方は場所がイメージできますが、そうでない方はまずわからない。会場が横浜美術館になったということで来館者数が増えたということは実際あると思います。ですが、光州ビエンナーレのように専用の建物というのがあって、横浜美術館は関連共同展覧会ができればベストです。横浜トリエンナーレ専用の建物があり、三年に一度だとしても、専門のスタッフがいて回していくというのが理想です。

吉見　私なりに答えれば、トリエンナーレの会場は都市全体であるべきだと思います。美術館はワンオブゼムに過ぎない。逢坂さんが最後に言われた理想に近いかもしれないけども、それが本来の姿であって美術館の中でやればいいというのはやっぱりおかしいと思います。なぜおかしいかと言うと、美術館の制度をどう変えていくかという話になりますが、美術館は基本的に収蔵する展示する、そしてその先にあるのは教育するということです。インタラクティブにアートというものを使いながら、私たち自身が豊かにあるいはもうちょっと賢くなっていくにはどうするか。その先にあるのは美術館から出て、街全体、都市全体あるいは社会全体の壁を破っていくことをどうやって試みるかということで、そこに芸術祭やトリエンナーレが生まれてきます。美術館は拠点であって、そこからどうやって外に旅していくかという、旅の道や方法を考えることをしていかなければなりません。そうするとトリエンナーレが都市全体に広がっていったり、都市間のネットワークに広がっていったりするかもしれない、本来は。でも、経済事情とか政治的なものとかいろいろあるから、今できることをするしかないのではと思います。

田邊　普段は入れない場所、横浜の場合は港に面した内水面のような場所を使うことが必要だと思っています。市民の方々に親しまれるような場所になるように本当の意味で拓いていき、活用されることが必要です。美術館については、来るお客さまにとっては良いと思っているんですが、そこだけではダメで、トリエンナーレを街全体でどうやって見せていくかというところが非常にキーであり、あるべき姿だと思います。

松村　横浜美術館がトリエンナーレの会場に相応しいかという問いについては、イエスであり、ノーでもあると思います。会場が漂流するのはつらいです。トリエンナーレは美術館だけでやるものだけではなくて、まさに街全体でやるものですし、そういう意味では美術館を含めてどう展開できるか、トータルでどう見せるかが勝負かなと思います。

司会　トリエンナーレは横浜の街を再定義する機会であり、都市を拓き続けるためにも継続をしていかなければいけない。更に都市の品格を再定義していく時代にふさわしく、意識して進めるべきなど、真摯なご意見ありがとうございました。（了）

いった誰もが考える演劇鑑賞の形態を疑うところから、急な坂スタジオは自主事業を組み立てています。劇場という発表施設ではないけれども、常にアーティストが集まる場所であるからこそ、より自由な発想で発表場所を選ぶことができているのかもしれません。

商店街、動物園、美術館、公園、移動するトラック。これらは、これまで急な坂スタジオが【劇場】として使用した場所です。それぞれの空間にマッチするアーティストと作品が生まれました。観客が来るのを劇場で待つのではなく、作品を持って出向いていくことで、新しい観客と出逢うことを可能にします。観客は劇場まで出向かなくても、日常生活の中で芸術作品に触れることができるのです。

横浜という街には、魅力的な空間がたくさんあります。いたるところに、劇的な空間が存在しています。そして、東京の消費スピードから少し距離を置いた、特別な時間が流れている気がします。古い歴史と新しい取り組みがバランスよく共存しているのが、横浜の特徴ではないでしょうか。時間をかけて紡いでいく穏やかさと、先鋭的なものを受け入れる懐の深さを、横浜の街や、そこで暮らす人々から感じます。だからこそ、アーティストが【作品を生み・育む場所】として横浜を選んでくれているのだと思います。

何かを生み、育むためには時間が必要です。急な坂スタジオは、その時間を共有し、受け止めるための場所でありたいと思います。スタジオに至るまでの長く急な坂道は、横浜の街へと、そして次のステップへと飛び出すための滑走路です。最初はつらく感じるかもしれませんが、ここで過ごした時間が創作活動の糧になるはずです。急な坂スタジオは常に待っています。横浜でしか生まれ得ない作品を生み出すアーティストが、急な坂道を上ってきてくれることを。

加藤弓奈（急な坂スタジオ ディレクター）

©佐々瞬

つくるための場所

『名前から何となく予想はしていましたが、本当に急ですね…』
急な坂スタジオに初めて訪れる方はみなさん、受付で息を切らしながら、こういいます。桜木町駅から、賑やかで華やかな【みなとみらい】方面とは反対側に歩くこと約10分。野毛山動物園へと続く急な坂の途中に、急な坂スタジオはあります。かつてこの建物は、市営の結婚式場、老松会館でした。いまは姿を変えて、舞台芸術の稽古場として運営されています。多くの夫婦が生まれたこの場所で、日々新しい作品が生まれているのです。

さまざまな舞台芸術の作品を観客に届け続けるためには、何が必要でしょうか？それは【作品を生み・育む場所】です。2006年の開館当時、舞台芸術の制作現場では、慢性的な稽古場不足が大きな問題となっていました。首都圏には、たくさんの劇場があります。公共ホールや民間の大きなホール、そして数々の小劇場。しかしながら、そこで上演される作品をつくるための環境が整っているとは言い難い状況でした。特に、小劇場を中心に活動をする若いカンパニーは、小さな会議室を時間単位で借りて、小道具や衣装などの荷物を抱え会議室を転々とする、稽古場ジプシーがほとんどでした。そのような状況で、いい作品を生み出すことができるのでしょうか？恒常的な創造活動を続けるための環境、すなわち自由に使える稽古場を持っていることこそが、作品を生み出し続けるための最低条件であると、急な坂スタジオは信じています。

わたしたち観客が劇場で作品を鑑賞する時間は、作品によって異なるものの、たいていは90分から120分程度です。では、その作品ができるまでに『どのくらいの期間をかけて、創作されたのか？』を考えながら鑑賞している人は、ほとんどいないでしょう。多くの作品は、2カ月から3カ月の稽古期間を経て、観客のもとへ届けられます。その期間中、稽古場を（場合によっては1日のうちに何回も！）移動しながら創作することは、大きなストレスにはなっても、作品の質の向上につながることは決してありません。また、公演・発表という明確なゴールを設けずとも、定期的な稽古を続けるためには、自由に使える稽古場は必須です。

強度のある作品を観客に届けるためには、じっくりと作品に向き合い、落ち着いた環境・本番に近い環境で、クリエーションをできる創造環境を整えることこそが、一番重要だと考えます。スタジオの設備を整え、アーティストにとって創作活動に集中できる環境をつくることはもちろんのこと、急な坂スタジオでは、次代を担う若い世代にとって、創作活動を続けて行く上での、不安要素や問題点をともに考え、改善してゆく時間を大切にしています。
芸術作品は、わたしたちの心を豊かにすると同時に、『いま』が抱えている問題を映し出す鏡にもなります。それは決して特別なことではなく、日常生活の延長線上にあるはずです。【チケットを予約して、劇場に足を運び、客席で舞台上の作品を観る。】そう

Think About Creative City

創造都市における舞台芸術

創造都市において環境をつくりだす時に、芸術の理解、国際交流などの必要性が認識されるとともに、ここ数年世界中の国や地域との数多くの交流が必要となってきました。こうした交流をより実りあるものとするため、ワークショップやシンポジウムなど、短期間のプロジェクトをベースとした国際交流を実現してきたのが横浜ではないかと思っています。日本の芸術家が直接海外に出かけ現地の演出家や振付家、役者、ダンサーとともにクリエイションをする。あるいは海外から日本へと招待する。国籍を越え、顔と顔をあわせて語り合うそんな親密なコミュニケーションの機会、そのような機会を市民にまで広げていくことによって創造都市のなかにおける舞台芸術はいきてくると確信しております。

矢内原美邦（振付家）

Think About Creative City

横浜を拠点にした活動

僕が横浜で活動しているのは、まずはなんといっても、横浜生まれで横浜育ちだからです。1997年に立ち上げたチェルフィッチュの拠点を横浜にしたのは、僕にとって、ごく自然なことでした。1999年に、STスポットの主催するショーケース形式の公募型フェスティバル『スパーキングシアター』に応募し、運良く出場団体に選ばれました。それ以来、STとのつきあいが始まりました。自分なりの表現を模索する同世代のアーティストとも、ここで知り合いました。STで過ごした時期は僕の大きな糧になっています。2006年に急な坂スタジオがオープンしてからは、チェルフィッチュはここを主な稽古場として使わせてもらってます。昔は横浜の地区センター各地を転々としながら稽古していました。横浜を拠点にしていたおかげで、東京という場所に呑み込まれないで済んだ――たとえばそこで起こっている風潮に必要以上に感化されたりしないで済んだ――のは、ほんとうによかったと、今でもつくづく思っています。そのくせ横浜にいれば、東京にいくのは簡単ですので、とにかく横浜は、都合がいい。

岡田利規（演劇作家／小説家／チェルフィッチュ主宰）

Think About Creative City
舞踊活動と横浜

ヨーロッパから日本に活動拠点を移す際(2007年)、BankART Studio NYKにレジデンス・インさせて頂くことが叶い、出身地である横浜に拠点を設ける事ができました。また2012年からは、ハンマーヘッドスタジオ新・港区に入居し引き続き横浜を拠点に活動を展開しています。横浜の文化的な空気の中で創造的な活動、及び教育的な活動を継続的に行っています。BankART Studio NYK、KAAT、神奈川県民ホール等多くの場にて新作上演の機会に恵まれ、拠点に根付いた活動を展開することが可能となっています。横浜は交通の便にも恵まれた開かれた場所なので、各地に在住のアーティストとのコラボレーションも可能です。また東京をはじめ全国の地方都市にての公演活動も容易く展開できます。
横浜で舞踊活動を展開するなかで様々な立場からアートに関わる人々と出会い、社会における芸術の位置づけについて考えを深めるきっかけとなりました。現代の社会に対して、そしてまたこの現代社会に生きる人間の個人個人の精神に対して、芸術が担うべき“役割”や“可能性”について思索し、実践に繋げて行くことを主軸としてこれからも活動を展開して行きたいと願います。

中村恩恵(舞踊家)

3-3 創造都市をまちづくりから考える

第3回　2013年5月30日

［ゲスト］

北川フラム｜アートディレクター

［プレゼンター］

吉田聡子｜横浜市文化観光局創造都市推進課

秋元康幸｜横浜市建築局企画部

［司会進行］

大蔭直子｜横浜市文化観光局創造都市推進課

※3-3の内容は5月30日にゼミで行なったものだが、事務局の手違いで記録されていなかったため、登壇者に同内容を新たに執筆またはインタヴュー＋加筆という方法を採用した。

創造界隈の「空間」と「人」

吉田聡子
文化観光局創造都市推進課

創造界隈とはどこにあるのか

私はバンカートや急な坂スタジオなど、「創造界隈拠点」と呼んでいる施設の運営を昨年から担当しています。今日は創造都市の取り組みを面的・集中的に行っている「創造界隈」と呼んでいるエリアでのまちづくりを、「空間」「人」という二つの要素にわけて、最近の事例を中心にお話しします。

まずは創造界隈の「空間」についてです。

そもそも「創造界隈」とはどこのエリアのことでしょうか。「界隈」と言うくらいなので漠然としていて、明確な線引きがあるわけでもありませんが、関内・関外地区を中心とするエリアを創造界隈と呼んでいます。そしてその範囲も広がっていっています。二〇〇四年と二〇一〇年の「クリエイティブシティ・ヨコハマ」のマップを比べると、特に関外のエリアで面積が増えています。二〇〇九年から黄金町での取り組みが本格的にスタートしたこと、関外地区でも中心市街地活性化をはかっていく方向性が示されたことが理由です。

ところで創造界隈という発想はどこから来たのでしょうか。創造界隈の形成は、二〇〇四年に市が文化芸術創造都市を打ち出した最初の提言（「文化芸術創造都市―クリエイティブシティ・ヨコハマの形成に向けた提言」二〇〇四年一月）で、三つの重点プロジェクトのひとつとなっています。提言では、歴史的建造物や倉庫、空きオフィス等を再生活用して、アーティスト・クリエーターが制作・発表・滞在できる創造界隈を形成することが示されています。三つのプロジェクトの中で最も早く取り組み、成果をあげています。なおこの提言では、「ソフトとハードの融合によるまちづくり」「都心部活性化」という、創造都市のベースとなる考え方も打ち出されています。

インパクトのある点を打つ

市が創造界隈で行っていることは主に二つです。

ひとつ目が創造界隈という面の中で「インパクトのある点」を打つことです。歴史的建造物を活用した実験事業として

二〇〇四年にBankART1929がスタートしました。現在は公設民営の創造界隈拠点を六箇所設け、運営しています。創造界隈拠点とは、創造界隈において歴史的建造物や倉庫などを活用して創造的な活動を発信する施設とされています。アーティスト、クリエーターの制作、発表の場所となっています。

一番新しい施設は、二〇一二年五月にオープンした「ハンマーヘッドスタジオ新・港区」で、約五〇組一五〇名のアーティスト、クリエーターが活動中です。面積は四四〇〇平方メートルあり、これだけの規模でアーティストに活動場所を提供している施設は日本にはほぼないといってよいでしょう。もともと二〇〇八年の横浜トリエンナーレの会場として建設したもので、二〇一四年にはまたトリエンナーレの会場となるため、二年間の期間限定で活用しています。

この施設が他の創造界隈拠点と比べて特別な点が一つあります。普段は「関係者以外立ち入り禁止」の場所にあることです。新港ふ頭という現役の港湾施設・国有地の上に建っていて、入口が門で閉ざされています。

この施設はアーティスト・クリエーターの活動場所提供というのが一番の目的ですが、「まちづくり」という点から見ればここを活用している意味は、それだけではありません。二〇〇四年の提言が打ち出した三つの重点プロジェクトのひとつである「ナショナルアートパーク」に関係してきます。

ナショナルアートパーク構想

ナショナルアートパーク構想は、都心臨海部を今以上に市民に親しまれる場所にしていこうという構想であり、いわばグランドデザインです。三つの地区での具体的な取り組みが示されました。その成果の一つが「象の鼻パーク」「象の鼻テラス」(二〇〇九年オープン)です。

この構想の最大のポイントは「ナショナル」という言葉にあります。これは国営という意味ではなく、都心臨海部、横浜港などの国有地の有効活用を想定しています。国有地の上に建っているハンマーヘッドスタジオ新・港区では、市民にとって閉じられた場所を開いていくというこの構想を言わば体現するかたちで、オープンスタジオ(一般公開)を定期的に実施しています。

周辺への波及につなげる

創造界隈で取り組んでいることのふたつ目が、周辺への波及につなげることとです。

アーティスト・クリエーターの民設民営のスタジオや事務所は、「北仲BRICK&北仲WHITE」など、バンカート周辺の民間ビルでの取り組みから始まりました。現在はアーツコミッション・ヨコハマの助成制度ができ、アーティスト・クリエーターが創造界隈エリアの民間物件に入居する際の初期費用の助成を行っています。前身となる制度を市で運営していた二〇〇五年度から八年間で九〇件の助成を行っています。

また「関内外オープン!」という、アーティスト・クリエーターの仕事場を期間限定で公開するイベントも行い、二〇一三年には二〇〇組が参加しました。

新たな創造界隈拠点

新たに開設を検討している創造界隈拠点の紹介です。旧関東財務局では、クリエーターや創造的な企業が入居するオフィスなどを、東横線跡地は、自転車も通れる遊歩道や高架下空間等の活用による賑わい創出をそれぞれ検討しています。

すでにピンときている方も多いと思いますが、旧関東財務局は「ZAIM」として、東横線跡地の桜木町駅舎は「創造空間九〇〇一」として二〇〇九年度まで活用されていました。このように創造界隈には、オープンしたものの数年で閉館となった建物も多いです。各プロジェクトが実験的にスタートしていることもありますが、創造都市のまちづくりはそもそもトライアンドエラーで、計画性より「即興性」重視、と捉えている研究者もいます。

BankART PUB

行政としては、ずっと残る前提の建物や開発が本筋という考え方をしがちですが、創造都市としてはむしろ実験プロジェクトこそ本筋、という姿勢があってはじめて、停滞しないで前に進めるのかもしれません。

アーティストが表現する都市の記憶・可能性

次に創造界隈について、「人」という視点でお話しします。創造界隈の「人」としてまず思い浮かぶのがアーティスト・クリエーターです。

二〇〇四年の提言には「これからの都市の盛衰は、その都市にどれだけ多くの創造的職業の人々が住んでいるかによって決定される」というフロリダの引用があります。この提言では誘致の数値的目標も示され、結果的に創造界隈拠点を中心に、二〇〇四年から「六年間で約一〇〇〇人（推定）のアーティストが集積・活動」（提言書「クリエイティブシティ・ヨコハマの新たな展開に向けて」平成二〇一〇年一月）という成果をあげています。

一方「まちづくり」という面から見ると、アーティストが作品を通して都市の記憶や可能性を表現していることが非常に興味深いです。

BankART Studio NYKでの事例を紹介します。「Expand BankART 川俣正展」（二〇一二年一一月〜二〇一三年一月）では、港湾の輸送用パレットや近隣の公団住宅で使われていた木製建具を現地で調達し、大量に使用しています。そもそもBankART Studio NYKの建物は日本郵船株式会社の倉庫として使われていたものです。港としての都市の記憶が、ある種のリアリティを持って観客一人ひとりの中に呼び起こされるような作品でした。この展覧会は日本郵船の社内報でも紹介されました。

川俣 正展「Expand BankART」

バンカートでは、台北市と横浜市のパートナーシップに基づく文化交流の一環として、「台北市・横浜市アーティスト交流プログラム」を二〇〇五年度から毎年実施しています。今年来日し滞在制作した台北市の作家の作品は、赤レンガ倉庫のレストランで本物のバナナの皮を大量に調達し、乾燥させて作品に使用にするというものでした。一九五〇年代に台湾のバナナが港を通してたくさん輸入されていた時代を意識した作品ということです。

現在舞台芸術の稽古場として活用している急な坂スタジオの例です。急な坂スタジオはかつて老松会館という市営の結婚式場でした。そのことは知っていても、今は全く別の活用をしていて、当時そこでどんな結婚式が行われていたのかということに思いを馳せることはありません。そんな中、急な坂スタジオでは、今年レジデンスをする韓国のアーティストが『元結婚式場』だったことをテーマに作品をつくることになり、過去に結婚式を挙げた人にヒアリングをしたりしています。

私たちにとって見慣れた光景や、なくなってしまって忘れかけているものにアーティストが注目してくれます。今だけでなく過去・将来の都市の記憶や都市の可能性をアートが表現することで、都市にストーリーが生まれるのかもしれません。

創造界隈のコミュニティ

まちづくりでコミュニティといえば、まず住民・地元組織が思い浮かびますが、創造界隈の特徴は、住民・地元組織とはまた別のゆるいコミュニティがあることです。住民やアーティスト・クリエーターに限らず、「興味のある人たち」が集まってきている印象です。

創造都市で関わっているスクール、セミナーだけでも、この「バンカートスクール」の他に「トリエンナーレ学校」「黄金町芸術学校」「YCCスクール」「ハンマーヘッドカレッジ」などいくつもあります。またバンカートスクールの累積受講者は約三六〇〇人、トリエンナーレのサポーターは約一〇〇〇人など、結構な人数がストックとなっています。

創造都市に限定せず、横浜が好きで横浜をもっとよくしたい、クリエイティブな雰囲気に惹かれるという人たちが職業を問わず集まってきています。集まってどういう成果があるのか、という話もあるかもしれませんが、何か面白そうと思って人が日常的に集まることで、「界隈」が形成され、まちの活性化につながっていくのだと思います。

その集まる場所として創造界隈拠点があり、出入り自由のゆるいコミュニティができていることに意味があります。アーティスト・クリエーターを支援することはこれまでどおり必要だと考えていますが、クリエイティブなことやそういう雰囲気が好きという市民や起業家なども創造界隈でもっと活動できるようなサポートができれば、創造界隈がさらに活性化するのではと思います。

今日は創造界隈を空間、人という二つの側面からお話ししました。以上になります。

まちづくり論としての創造都市

秋元康幸
建築局企画部

世界の専門家が語る新たな都市像とは

創造都市は単なる文化政策ではなく、産業論を含んだ「まちづくり論」と言えます。その都市独自の新しい文化や産業が興り、文化的な展開と経済の活性化が同時に進むよう、ソフトとハードをあわせ持った政策を展開していくことが必要です。最初に、世界の専門家がどういう発言をしているかを見てみます。アメリカの経済学者であるジェーン・ジェイコブズは、「経済の本質」（二〇〇一年）の中で「都市の多様性がイノベーションを生み出す。異なる業種に属するさまざまな企業、とりわけ中小企業の存在が、都市の多様性の源泉となる。」と言っています。また「アメリカ大都市の死と生」（一九六一年）では、都市が発展するための四条件として、その街が①異なるいくつかの目的で、異なる時間帯に、さまざまな人間が利用すること②短いブロックで区切られ、横道がたくさんあって、目的地にいろいろな行き方ができ、通りに多様性があること③異なる古さ、タイプ、サイズ、管理状況のビルが混在していること。④人口密度が高いこと」が必要と言っています。チャールズ・ランドリーは「創造都市」（二〇〇〇年）で、創造都市を「産業のイノベーションとインプロビゼーションを得意とする都市」としています。また、リチャード・フロリダは「クリエイティブ資本論」（二〇〇二年）で、「地域再生の鍵は工場誘致でなく、いかにして『創造階級』を誘引できるかにかかっている」と言っています。

創造都市の展開に必要な四つのこと

これらのことから、創造都市として展開するには、第一に多様な人材が存在すること、特に都市内で活動する人間に加え、外部からの新しい知恵を持つ人の存在が大事だと考えられます。横浜では、それがアーティスト・クリエーター達です。第二に、多様な人間が接触し、意見をぶつけ合うことが必要です。横浜では、バンカートや、アーティスト・クリエーターが集まるシェアオフィスのような創造界隈拠点がプラットフォームとして存在し、町方を含めた交流の場になっています。第三に、多様な人々が集まってきたくなるような魅力が都市にあることです。横浜では、都市のハードの魅力として、都市デザイン室が頑張ってきた歴史的建造物の保全や魅力的な港町横浜独自の都市景観があります。また、ソフトな事業としては、トリエンナーレなどの質の高い国際現代美術展などがあります。そして、もうひとつ大事なのは体制です。アーティスト・クリエーター達が横浜の町方と合わさり、自由で活発な活動をしながら、全体としては、横浜の都市として大きく同じ方向性に進んでいく必要があります。その際、行政だけでなく、大学等の専門家、NPO等との連携が大事で、現場を見ながら柔軟に軌道修正を図り、新しい政策を展開する必要があるのです。以上のことを創造都市を進める上で基本に置きながら、まちづくりを進めることが重要だと考えています。

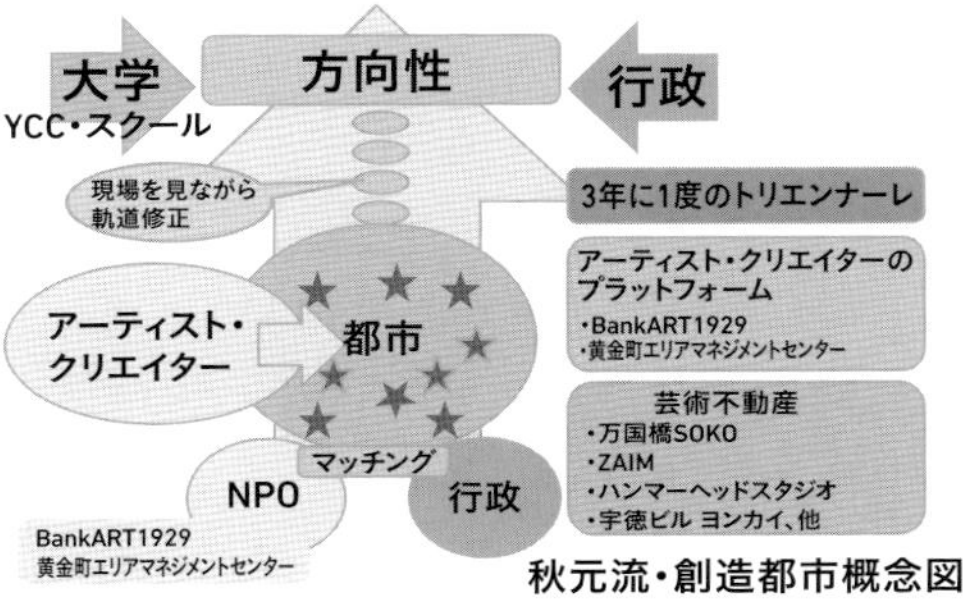

秋元流・創造都市概念図

美術は地域を開く

北川フラム
アートディレクター

なぜ三年に一度なのか

僕が地域にかかわっているのは代官山と越後妻有と瀬戸内ですね。代官山については非常にはっきりしていて、都市のなかの村をつくろうと。だから、居住者と事務所とお店が、ほどよく共存するようなかたちで、一挙に消費されないように長続きするようなものをやるための活動をしている。

妻有と瀬戸内に関して言いますと、三年に一度トリエンナーレというかたちで芸術祭をやっている。三年に一度のイベントをやりたいつもりではなくて、芸術祭ということを三年に一回、目標にしていきながら、あとの二年間をとにかく色んな活動をしていきながらそこから地域で何かやっていけるような種というか、そういうきっかけをもっていきたいということでやっている。それは目標があってそれに対して動いていくといいと思っているわけですね。ですからまず越後妻有で三年に一度やらせてもらうだけでたいへんだったのが、五回もやってくるなかで、それぞれの地域ともかかわってきたし、いくつかやってることが行政の政策の中にも反映されるようになってきたというふうなことがあります。昨今、地域づくりと言うと地域の人が集まって仲良くやればいいという風潮になっている。それはあくまで最初の一歩のひとつでしかない。それでは今までと同じことで課題の中心に入ってはいけない。具体的な着地点の設定があって初めて、具体的な検討があり、熾烈な議論のなかで障害を乗り越えていったり、地域の壁を開いていったりすることができる。そのために三年に一度という短期目標が重要になるのです。

島の未来

瀬戸内国際芸術祭は二回終わっただけですが、非常にはっきりしていることがふたつあって、男木島の小学校は、人がいなくなったのですが、元、島にいた人たちが、芸術祭が元気だというので子どもを連れて帰ってきて移住するようになった。そういうことで学校が再建できる。男木島って人口二〇〇人弱の島ですが、学校ができると核ができるのでそれなりに動き出すということがあります。

もうひとつは、大島はハンセン氏病の隔離の島だったわけですが、そこも芸術祭で人が来られるようになって、大島の将来展望を患者さんたちも自分たちの記録記憶を残す以外に将来、島がどうなってゆくのか非常に気になっていて、それは大きな心のこりというか希望なのですが、それについて高松市がいろいろ考える会をつくって前倒しにして国の方針とちがうように動き出しています。国を巻き込みながら。あとは福武ハウスというのが国と国の交流というよりは、実際にやっているのはたとえば横浜の場合バンカートというところを通してやっていることがいい関係性になっているわけだけど、ひとつの八〇〇人しかいない集落を通してアジアのいろんな島がかかわっていくことのなかでヒューマンスケールの人間のつながりがあるわけですね。これに対して、国と国ということになると、例えば今の日中、日韓みたいなかたちになっちゃうけれど、人間同士っていうか集落とかを通してやっていることは国の政策が変わってもつながっていくわけで、これは一番重要なつながりだと思う。特に福武ハウスと福田集落の場合はアートだけでなくて「食」っていうのを媒介としている、それ

大地の芸術祭越後妻有アートトリエンナーレ

瀬戸内国際芸術祭

が地元の人々もリアリティをもてるのでよい効果があるのです。食は文化の基底なのです。

あともうひとつはバングラディシュの人々が来たということですが、ファインアートの人たちも来られましたけど、ものづくりのいわば職人たちがいっぱい来られた。そういう中のいろいろなつながりが、香川とかあのへんにものづくりの何か展望をもたらしたかもしれない。私たちは文化を、展示とかショールームのなかのものとして扱い、出来上がったものが文化だと思いがちです。モノづくりの現場が大切です。そんな中で地域あるいは行政の動き方の中でかかわってかないと地域はなかなか動いてゆかないのです。

文化のターニングポイント

文化のジャンプ、ターニングポイントはいつだったのか？もともと日本でもいちばん大きいのは律令制が唐からばっと入ってきた時に、日本の色々な文化とどういうふうに合わせるか、というふうなことをやって、日本の言葉とかあるいはひらがなとか出てくるわけだけどその時に紀貫之とかがやっていることって結構参考になるなと。つまり、自分が末端の貴族で今の体制からは外されてゆく、だけどそれなりに専門性がある中でそれを自分がやれる範囲でやってゆくことが後からみると非常に大きな形をとってきたということがある。二度目の大きな時期は明治維新だと思うんですが、その明治維新に外国のいろいろなものを入れようとして、これは国が頑張ったと僕は思っているんだけど、ただそれはその時のヨーロッパの新潮流を入れようと意識してやってるんですけど、いったん国がやっちゃうとそれはそのまま続けざるをえなくって、現実的な課題に対応できなくなっている。明治以来の日本の美術にかかわるあたりでの構造でいうと、要するに国がやっている、いわゆるオーソドックスな美術があってもうひとつ、毎年というかいろんなかたちではいってくる現代美術とかファッショナブルないろいろな流れがふたつめにある。もうひとつはそれに影響を受けながら特に建築とかデザインとかそういう応用美術的なところで健闘しているグループもある。

四つ目としては、もともとある明治維新のときにひっかからなかった、食べ物とかお祭りとかお庭とか、色々なものがあって、一種、生活美術みたいなこと。この四つがあるわけですが、今大多数の人たちは現代美術がわーっと情報としては来るけれども、多くの人たちはアカデミズムや美術の枠組みと昔からあるものに意識がいっている。これは現実の生活とか社会の動きと関係ないところだから社会的なインパクトはない。そのような美術というものが地域づくりという中でかかわっていければ面白い動きができるんじゃないかなというふうなことを考えているわけです。越後妻有だと多（他）ジャンルのアートが入る。それにかかわる人たちがいっぱいあって、いわゆる現代美術だとほんとにわずかな人しか関係ないんだけど、見せ方が美術だけではなくて、日本ではそれぞれの場所で住んだ人が作ってきた非常に豊かな個性ある生活があってそことつなげるなかでやってきたいと思っています。それが多くの人を魅きつけている。

現在、いわゆる第三次のグローバリゼーションが日本で行われているけれども情報とかお金とかそういうことで国際化しているわけだけれども実際に今それぞれの地域で生活していることとほんとにあまり関係がない。

そういうなかで、でもいやがおうでも足もとはグローバリゼーションのなかで影響を受け流されてゆくわけだから、そこと現実に生きていることっていうのをどういうふうにつなげて考えていったらいいかっていうような活動をしたいなと思ってやっているわけですね。

大きな流れとしてはそういうなかでやっていて、僕自身が意識しているのは相当国全体がとんでもないふうに流れてゆくっていうことがあって、ほんとにどう生きていくかっていうのがわかってないですね。つまりどういう国際的な枠組みのなかでいけるかも捨てちゃって、アメリカの成り行きそのもの、ただ、アメリカは日本を守ったり、なにかするって気はまったく本質的にないのに、頼りにしてると。あるいはその一者勝ちの世界での資本主義の倫理性が問われているなかで翻弄されている。それに私たちは何かかかわることはできないし、そんな力もないし、そのときにどういうふうできるかっていうことをちょっとやらなきゃいけない。そうすると、そういう時代の変化のなかでやってきた紀貫之とか鴨長明でもいいですし、藤原定家でもいいし、それはやっぱり古代においてはものすごい参考になりますね。

現代において参考になるっていうことでいうと、今度新しくでる美術手帖で松本清張について書いているんですけど、実は松本清張って二～三〇年間版下屋さんやってるんだよね。でも彼からのぞむ美術っていうのは上野であったりね、たいへんなクラシックのコンサートであったり、全然関係ない。松本清張の持っている美術に対する意識っていうのは非常に日本的で面白いんだけど、彼は美術の根底は見えてこないわけですよ。面白いんですが、すごい参考になるんだけど。だから今、日本の美術っていうのはそういうふうになっちゃっている。本当はこういう、文明の曲がり角みたいな中で、美術がはたらく要素っていうのはものすごく僕はあると思うから、美術がはたらく要素を活かして三年に一回のトリエンナーレをやる、そのための準備をするなかで色々なかたちでやっていければいいかなと思っている。瀬戸内の場合はさっき言ったような話だけど、新潟の場合も十日町も少し変わってきてるけど、道は遠い。人によってはなんかうまく使ってくれたりしているけど、大きな流れとしてはとんでもない中で翻弄されていて厳しいなあというのが現実ですね。

横浜のこと

横浜にとっての課題がある。たとえばあそこの海の倉庫街とか黄金町もそうだけど、色々な課題があるのを、そこをわりとアートが先兵として入っていきながらそれを都市計画的にやっているというふうなことは僕はものすごく評価しているわけですね。これはただ芸術上の何か新しいやり方、AをBに変えるとかじゃなくてやっぱり社会、あるいはまちづくりや都市計画を非常に深く考えている。日本のなかでそれが大切だと思います。それは面白いなと思っていて、ただその時に、最初、こういうこと言ったかどうか知らないけど、横浜トリエンナーレやる時に、そういう意識がもちろんあってやっているんだけど、それにしては美術館とかそういうことを含めた文化的ななにかとあまり連動していないと思っていて、これがちょっと残念だなというふうに思ったっていうことが横浜についての思いだけど。ただ色々なもともとある町の課題の中にアートが先兵として入りながら都市計画とつながってやっているっていうのは僕は思っていますけどね。（了）

参考論文　北川フラム（初出：二〇一四年二月　現代企画室発行『美術は地域をひらく 大地の芸術祭10の思想』）

グローバリゼーション時代の美術

大地の芸術祭はもともと美術展（美術フェスティバル）として構想されたものではない。雪深い山間地で刻苦《こっく》の末に土地を拓いて農業をやってきた人びとが、都市発展による若者の流失のあと、貿易の犠牲になり「農業を止めろ」と言われ、「減反をすればお金をあげる」と言われ、次に、「効率が悪いから街に出てこい」と言われる。結果、過疎高齢化により、その地は衰退する。都市と田舎のアンバランスが、（国）土を弱くするという致命的な問題だけではない。その地で生きている人びとの生きる尊厳を奪っている。敗戦、戦後の混乱を生きぬいてきた七〇歳を超えるお年寄りにとって、今の社会はあまりにも冷たい。「他者を差別する社会の人間は自由ではありえない。」

寄る年波の不安は自然の摂理だ。しかし長年暮らしてきた集落がなくなる、墓を守る人もいない、息子が今度帰ってくるのは自分の葬儀の時ではないかという、社会の要因から来る諦めは深い。これにまして（都合に長年住んできた私から見て）驚くべきことは、生業をやっていけないことに対する自らの誇りの喪失感であった。長年かけて身につけていった仕事上の技術は、自然との歳時記と折り合っていく生活とのしきたりと同じように人間一人ひとりの尊厳であり、誇りなのではないか。その誇りをもてなくなることの喪失感がこれほどのものかと私は越後妻有で初めて実感した。歳をとっても爺さまは山を跳び歩いて山菜をとるし、婆さまは雪を掘り起こして大根や牛蒡《ごぼう》を抜いてくるのだ。

一軒一軒消えていく集落のなかで、それら爺さま婆さまに一時でもよいから楽しい思い出ができたら、というのが大地の芸術祭の初心だった。

彼らの生きてきた成果だった棚田や、トンネルを掘って水を引き入れたマブ、蛇行する川を堰《せき》止めて水田に変えた瀬替えをフォーカスする。根曲がりの杉をがっしり使った梁や、曲がった杉板を旨く合わせた壁を見てもらいたい、あるいは、人口減少の結果、年々増え続ける空家や廃校かつてそこに人が集い、喜怒哀楽を含んだ家族の生活があった場の空虚さと記憶を明らかにしたい、とアーティストは作品化していった。そこでの生活を讃える彼らの仕事は、地元の人びとに誇りを呼び戻し、来圏者に感動を与えていったのだった。この時、作品はまさに美術として、自然や文明と人間の関係を明らかにするものとして眼前したのである。それは美術史の延長としてよりも、個々の表現としてよりも、生活の記憶と実際のなかから立ち浮かんでくる時空間をもつ場の力を伝えてくれるものとして、さらにまた自然の現われとしての人間一人ひとりの生理として感じられていたように思う。

角質化し、平均化する人間の生理、情報に追いまくられ、その操作器官だけが偏重される世の習いに対して、美術は、一人ひとりの生理が発生期の酸素のように浮かびつつ消え、ゆらめきながら残していった精神の軌跡のように見える。すべてが効率と平均的なものをよしとして語られる社会にあって、美術だけが人と違うことがよしとされる栄光をもつことに留意しよう。爺さま婆さまの一瞬の光芒《こうぼう》は、それ故にこそ七〇億人がこの一瞬、同時にそれぞれのドラマをもってこの地球に生きていることと感応するのだ。美術はそういうものとして、古来人間のもっとも親しい友だちだったのだ。美術は共通の世界風景として現われてきた。私たちはここで、この列島のことを考え始める。この列島にやって来たイヴの子孫、ホモサピエンスのことを考える。それは生命誕生の三七億年前に遡ることでもあるし、宇宙誕生一三七億年に思いをいたすことだ。そこを起点にしなければならない。地球を飛びでることはまだまだ夢想でしかないのだから。

第二次世界大戦の敗戦国で東西冷戦のなかでの強力な防波堤の役割を与えられて、高度資本主義国になり、アジアにおける要衝としてアメリカの大切な同伴国になった日本がその過程で失ったものが、この国の中山間地の、豪雪地で、過疎の農業地帯に典型的に現れてきている。国内外のアーティストが舞台としたのはそういう場所だった。最初はそれほど意識的ではなかったにしろ、彼らが見たものは、日本だけの問題ではなく、どの先進国でも、どの後進国でも見られ、かつ将来を予感させるものだった。彼らは、市民革命以来の巨大な資本と、強力な科学が主導する現代社会で鍛えられ、社会認識の方法として有効だった「美術」の本来の力をこの土地で問われたようだった。それはクリスチャン・ボルタンスキーやマリーナ・アブラモヴィッチらのアーティストだけではない。二〇世紀に決定的な成果を出した建築において、より顕著だった。ＭＶＲＤＶ、原広司、カサグランデ＆リンターラらの建築家も美術家と同じ問題を抱えている。

この土地で、アーティストは日本列島の人びとと国が辿った道をかすかに知り、それをイヴの子孫たちの地球上での移動とつなげて考えざるを得ないことに、少しずつ気づいていったように思う。

約六万年程前、南アフリカで生活していたホモサピエンスは食糧危機を機に地球全体に散り始めた。それが単なる受身としての飢餓からだけではなく、好奇心と、集団移動できるコミュニケーションと道具を扱う知恵の蓄積があったからだとは知られている通りである。これが第一次のグローバリゼーションだった。日本列島の場合、南から三万年程前にやってきたホモサピエンスは、魚や貝を探り、掘っ立て小屋をつくり、種を播き、苗を植える人たちであったため、この列島がホモサピエンスにとって豊穣の土地であることを認識することができたのである。現在の一億三〇〇〇万人という人口はそれを物語っている。

第二期のグローバリゼーションは大航海時代、地理上の発見だった。数万年前は兄弟だった人間たちが奴裁となり殺戮《さつりく》された。これ以来、土地の確保が人類の目的となり、宣教師、貿易商、軍隊が主役になる。日本列島もこの洗礼を浴びるが、地政上の理由で一五〇年前まで後送りされ、それまでの生活文化が残ったことになるが、混乱は今にまで続いている。この植民地主義は、「近代化」に形を変え今もまだ残っているが、さらに通信の国際化、金融資本主義の自由化、社会システムの共通化という美名のもと世界を強力に覆いだした。それはまさに資本のもつ統御不能な力として現れた。そして自然の一部であり、現われである人間を壊し始めた。逆に、人間が、決定的に土地、気象によって影響されているということが認識されだした。私たちは社会構造によって規定されているが、それ以上に、土地、気象によって根底的に規定されているのだ。それこそが、イヴ誕生以来の人間というものなのであり、生理が私たち人間を動かしていることが分かってくるのだ。

グローバリゼーションは、美術の世界においても進行してきた。美術作品は世界規模で売買され、ギャラリー、美術館だけでなく、金融・貴金属商品と同じ倉庫など、無制限な場で展示されるようになった。作品の価値はメディアに左右され、作品そのものではなく、大衆化されたイメージによって評価され、人間の個が統御できるものではなくなってしまった。

しかし、ここにきて美術は、あらためて、きわめて単純に、何を描くか、何が人間が外化したものかを問わざるをえなくなったのだ。その時、人はおのれの生理の動き、現われてくる領域を探る、あるいはそれらの生理がどのように引きつがれてきたかを辿ることになる。こうしてアーティストは社会構造に立ち入り、精神のメカニズムを知り、科学の目的を問い、宇宙一三七億年の旅を遡行し始めるのだった。

ここでもうひとつ留意すべきことがある。それは美術というジャンルがこの社会のなかで占めてきた位置に関することだ。美術は学校において大切な教科になりつつある。文化諸ジャンルの中心にある。人間が外化され、つくったものである美術が社会中心のイメージを形成するに至っていることである。

美術史上、キュビズムは西欧絵画の伝統の根元から離陸しようとした運動だった。それが扱ったものはヴァイオリンやギターやビンや花や人物など、誰もが共通の意味として知っているものだった。今私たちは共有の意味をもてないでいる。だが、資本、インターネット、市場という目で見て触れられないものを共通に知っている。そしてもうひとつ知っているのは、料理とか、皿、鉢、お祭り、踊り、庭など身近な生活のなかにあるものである。越後妻有に入ったアーティストはそれら日常の生活にあるもの、それが存在する家や集落、コミュニティのなかから、資本、インターネット、市場を貫く道筋を表そうとしてきたかに見える。人類が世界を移動しはじめてから6万年。今現前したグローバリゼーションは、田舎、地域を直撃している。そこから人類生存の希望を見つけられるか。アーティストはその方法を探しているように思える。

革新的なプラットフォームの構築

「クリエイティブシティ・ヨコハマ」は、行政がNPOと連携しながら、創造的インフラを整備し、都市を創造的に活性化した優れた成功例だ。たとえば、文化芸術による都心部のソフト、ハード両面の再生である。横浜の優れた点は、大学や芸術機関といった中間支援を担える組織に、あえて推進の核となる役割を与えたことだ。それらは真に未来の文化的シンクタンクたりうるというわけだ。

横浜市民と行政は、グローバルな文化交流と共同事業の革新が、クリエイティブシティの鍵だと認識したのに違いない。ある都市が創造的であるか否かは、都市が創造的エネルギーをその都市自身とその他の地域の市民からどれだけ引き出せるかに依っている。そこでは、異文化交流の実践者たちが重要な役割を担うことになる。彼らこそが一般社会コミュニティにおける多種多様のセクターをつなぐ、革新的なプラットフォームをいかにして構築できるかを知っているからだ。私は、横浜が文化的シンクタンクを活用するというコンセプトをますます発展させてほしいと思う。それは、横浜自身のためであり、その他の地域のためであり、そして、広くアジアのためであるから。

ダニー・ユン（演出家・中国・演劇）

きた創造性は、いともたやすく駆逐されてしまう。もちろん、創造産業のように、最終的には市場経済の中での成立が前提となるものもある。芸術作品もマーケットの中で取引され、時には莫大な富を生む。

しかし、真の創造性の原点、とりわけ芸術やアートと呼ばれるものにとってのクリエイティビティとは、市場経済とは無縁のところから誕生する。横浜市が税金を投じて創造都市に取り組む大きな意義のひとつがそこに存在していることは間違いない。

創造性とは従来の固定概念を乗り越えていくこと、新しい価値観を生み出していくことだろう。だとすれば、多数の市民に受け入れられるということは、創造都市の本質と矛盾してしまう。一定の年月が経過し、広く普及したとすれば、市民にわかりにくいというリスクを恐れることなく、次の未知の領域に新たな一歩を踏み出さなければならない。創造都市政策の、特に行政組織にとっての困難さはそこに存在している。

そう考えると、10年を経過した横浜市の創造都市政策の最大の課題は、行政組織の中にこそ存在しているのではないか。つまり、市が、市民に理解しにくいものの価値を信じて、創造都市政策を継続できるかどうか。同時に、創造都市事業本部、文化観光局と変遷してきた担当部局が、創造都市の理念やポテンシャルを、いかに他の部局と共有し、文化芸術やまちづくり以外の政策領域に創造都市政策を浸透させていくことができるかどうか——。

創造都市ヨコハマの第2ステージは、そのことを抜きに語れない。その先に生まれる行政サービスのイノベーション、つまり自己改革こそが、横浜市が立ち上げた創造都市政策の、横浜市という行政組織にとってのゴールだと思えるからである。

そのためにも、これまでに積み上げてきたNPOや市民、民間とのパートナーシップは重要な鍵を握っている。彼らは行政とは異なる価値観や基準によって行動するからである。実際、横浜市は彼らの力を信頼し、市の重要施策の展開を託してきた。それらは必ずしも市民に容易に理解されるものではなかったはずだ。しかし、その延長線上に横浜市の創造都市の今がある。

イノベーションの種は、理解しがたいものの中にこそ存在している。リチャード・フロリダは、創造的な都市の要件の3つのTのひとつにTolerance（寛容性）をあげている。それは、創造都市を推進する行政組織にも当てはまる。慣例から外れたもの、市民にわかりにくいものを行政組織が推進するのはたやすいことではない。10年前のように、真新しい政策を実験事業と称して立ち上げるならまだしも、これまでの成果に安住することなく、政策を継続しながら自己改革していくとなればなおさらだ。しかし、ハードルが高ければ高いほど、成果も大きい。

横浜市の創造都市政策はこれからが正念場だ。

吉本光宏

（ニッセイ基礎研究所主席研究員
横浜市創造界隈形成推進委員会委員長）

理解しがたいものの中にこそ宿るイノベーションの種

——創造都市ヨコハマの第2ステージに向けて

「政策に行き詰まった世界中の都市が、まるで呪文を唱えるように創造都市を標榜している」

2005年、国際会議で来日したチャールズ・ランドリーの言葉である。ランドリーらが欧州の重工業都市の衰退と再生の事例を検証する中から生まれた創造都市の概念は、1995年の発表以降、瞬く間に世界を席巻することとなった。

それは創造都市の考え方が優れていたからだけではないだろう。20世紀に産業や経済、金融の拠点を目指してきた都市が、明確な目標を見失ってしまったことの証左だとも言える。その背景には、産業革命以降続いてきた製造業を中心とした経済モデルが衰退し、知識集約型の産業へとシフトしてきたことも見逃せない。その結果、20世紀型の都市モデルが通用しなくなったのである。

しかし今では、創造都市の概念ははるかに広いものとなってきた。脱工業化に苦しむ工業都市だけでなく、まさしくランドリーの言うようにあらゆる都市が個々の課題を解決するために創造都市を目指すようになった。創造都市はそれだけ多様な考え方を受け入れられる懐の深い概念であり、幅広い政策展開のポテンシャルを秘めたものなのである。

横浜の創造都市政策も、衰退した重工業都市の再生という欧州の文脈とは異なるルーツを持っている。都心部を文化芸術と観光振興で活性化させる、という課題意識の中から誕生したものだ。10年が経ち、創造界隈の形成など様々な成果が生み出されたが、課題も存在している。そのひとつが、市民の理解不足、だと言われる。残念ながら市の創造都市政策はあまり市民に知られていない。BankARTや急な坂スタジオ、黄金町バザールなどの創造界隈拠点の認知度が、他の文化施設に比べて低い、のも事実である。

しかし、反論を恐れずに言うと、創造都市政策や創造界隈拠点は、そもそも広く市民に知られるべきものなのだろうか。もちろん、市費を投入する以上、そこで行われる事業は一人でも多くの市民に知ってもらい、また参加してもらう努力を怠ってはならない。しかし、それがあまねく市民の知るもの、大半の市民が共感するものになってしまった途端に、創造都市でも創造界隈でもなくなってしまう、と思えるのである。

例えばBankARTが多数の市民の理解を得るために印象派の展覧会を開催したとすれば、それはもはやBankARTではなくなってしまう。あるいは、黄金町一帯で、マンションやショッピングモールといった開発が進展するようになれば、これまでの取り組みで築き上げた黄金町の価値は損なわれ、20世紀型の都市開発と何ら変わらないものになってしまう。かつて創造拠点だったニューヨークのソーホーや最近のチェルシーの状況を見れば、その行く末は想像がつくだろう。

市場主義や効率性が優先されれば、経済活動とは無縁だった廃れた場所に、アーティストやNPOがエネルギーを注いで培ってら、市民の力を結集できる方法を取りたい、と考え、文化創造をNPOで行う場としての活用提案をしたのである。しかし、この手始めの提案は思いのほか難産だった。この提案が「BankART」として結実するのに2年もかかった。けれども、池田修チームによる活動が軌道に乗ると、創造都市の拠点モデルとして機能したので、あとの展開は早く、芸術文化創造都市横浜は展開の勢いを示した。

これには、推進チームワークが大きく寄与した。外部からは、吉本光宏氏や熊倉純子氏などが委員として加わり、ぼくには横浜市芸術文化振興財団にポストを用意していただき、行政側にも川口本部長と仲原課長という理想的なスタッフで取り組んでいただいた。そこで、創造都市は、20を超える拠点開発、関内関外の「創造界隈」の展開と黄金町の創造的展開、さらには各区すべてでアートプロジェクト展開を目指す目標に向かって、多様な展開を開始した。これが、2002年から2009年に至る展開だった。

こうした動きの中で、ぼくが最も注目したのは元町商店街の存在だった。元町商店街は、いわば商店街自治の典型で、行政に頼ることなく、商店街のことは商店街が決める、という当たり前といえば当たり前の、しかし、全国的に見てほとんど実現できていないことを実現している。これは、文化創造にとっても同様で、文化の創造は市民自らが自ら立ち上げなければならない。しかし近現代は創造者と鑑賞者という形で、創造体験の分業を形成してしまった。これを打破し、万人が創造者にもなる関係をつくらなければならない。これが創造都市の最大の目的であり、その実現のために、つくり手と受け手の流動化を図り、過渡期の姿として、市民とアーティストの協働が不可欠なのだ。

だから、市民代表である商店街の人々と、「BankART」に代表される表現者、アーティストが高い志を持って協働に取り組んだ芸術文化創造都市横浜は、大きな可能性を秘めていたし、横浜は世界で最もすぐれた創造都市になっていたはずである。いやまだ遅くはない。もう一度その理念に目覚め、地道な取り組みを進めれば、夢は実現するはずである。

加藤種男（企業メセナ協議会）

Think About Creative City

世界の創造都市横浜を目指して

創造都市横浜、という概念を打ち出した時、ぼくたちには躊躇があった。ぼくたちが現にはじめた横浜の国際的な文化都市としての再構築は独創的な活動であると、ささやかな自負もあったので、独自の用語を発明したかった。創造都市という概念は、チャールズ・ランドリーなどの先駆的な使用と実績があり、この用語を使うと、横浜の独創性が輸入概念でなされたように捉えられるかもしれない、そのことを懸念した。

しかし結局、「芸術文化創造都市横浜」を採用するのだが、それは新たな言葉を発明できなかったためでもあるが、半ばは積極的な意味合いもあった。創造都市のもっとも重要な柱は、市民の主体的な参画にある、という点に共感したからで、ぼくたちが横浜において取り組んでいた芸術文化によるまちづくりのプロジェクトは、まさに市民自治の壮大な実験場の観を呈しつつあり、それであれば、「創造都市横浜」にほかならないと考えたからであった。

市民自治、これが横浜の都市創造において譲れない柱だった。

2002年秋に、当時横浜市参与でもあった北沢猛さんから、歴史的建造物の活用方法を提案してもらいたい、という依頼を受けたのが、ぼくが横浜に関わるきっかけだった。東京駅が改修される前で、ステーションホテルのバーで北沢さんと初めて会った。ぼくは、その時まで全国各地で行われているアートプロジェクトを応援し、これをつなぐ試みをしてはいたが、都市創造の旗振り役などしたことはなかった。

そもそもぼくの仕事は、評価の定まっていない先駆的なアート活動を発掘し世に送り出すお手伝いをすることだった。毎日毎日現場を見て歩いて、無名の若手の芸術家や、可能性だけがある実験的なアートプロジェクトを探し出して、そっと背中を押すのが役目だった。その中から、アートNPOフォーラム、アサヒ・アートフェスティバル(AAF)、すみだ川アートプロジェクト(SRAP)、アサヒ・アートスクエア(AAS)などが生まれてきた。また、若くて無名だったアーティストが次々と世界に羽ばたくのを見ることができた。そうした数々の僥倖に恵まれて、けれどもなお、都市創造の経験はなかった。

北沢さんはぼくを説得するのに、自分は都市デザインというソフト重視の観点から都市のハード設計をしてきた。だから君のソフト開発力とぼくのハード設計能力を合わせれば倍以上の力が出せるではないか。横浜の地元にも何人もセンスのいい市民がいる。そうした人々を集めて、都市デザインをさらに豊かなものにしたい。だから協力してはどうかというのである。

協力しようと決めたからには、迅速な提案が肝要である。最初の課題であった、旧第一銀行をどう活用するか。創造と市民、この2つがぼくの提案の骨子だった。文化で活用するとしても、評価の定まった既存の文化を支援する必要はない。それは別のメディアが適している。また、市のプロジェクトだからと言って、市が直営したり、外郭団体で運営しようとしても、創造性と市民参画に画期的な期待は持てない。だか

創造都市戦略は表面的には釜山が成功事例であるように見える。釜山国際映画祭（BIFF）と映画の殿堂、映画映像関連政府機関の誘致等がこれらを後押しする。しかし、このような成果がはたして釜山を創造都市にしているかについての疑いもまた、消すことができないのが事実だ。一回性のイベントのための映画映像消費都市、このための公共財源調達都市、少数のエリートとスターのためのマーケティング対象都市に転落したのではないか、といった問題提起がもし正しいなら、釜山の映像文化都市政策もまた失敗事例になる可能性が大きい。

反面、釜山と横浜の創造都市政策戦略において注目すべき共通点がある。それは、元都心または後発地域についてのアプローチ方式だが、両都市が、取り壊してはまたつくるといったような伝統的な再開発の方式ではない、現状を踏まえて環境を改善したり、共有経済または社会的経済等の地域共同体を基盤とした、第三セクター方式の優しい経済モデルを導入しながら、文化芸術を接合した、市民の人生の質を向上させる方向へ向かっている点だ。結局、これは2つの都市が両国の都市近代化の先駆者、それも代表的な国際開港都市としての痕跡を共通的に持っているためだ。

創造都市とは、ある特定時期の一時的過程ではなく、都市の連続的過程上の常時的進化の過程として認識されなければいけない、という点を示唆する視点だ。元都心創造クラスター（TOTATOGA）、カムチョン文化村、ソドン市場創作空間等を始めとして、サンボク道路ルネッサンス、カムマン創意文化村、プック活力センター、ササンインディーステーションに続いていく釜山の後発地域都市再生事業は、横浜の寿町、黄金町、みなとみらい、BankART等と非常に似ている。しかし、釜山の場合、TOTATOGAを除外しては大部分が地方政府主導型である反面、横浜の場合は民間、NPOの力量が有効に作用している点で若干違いがある。自ずと事業成果においても釜山は公共主導の速さ、横浜はフレキシブルな段階的アプローチの特徴が際だっている。

横浜と釜山。創造都市戦略の核心戦略として、普段では小さく些細で見えないが、文明と人間、都市と市民の共生、結局全てのものは、市民の幸せに帰結される生活の質を高める創意的過程としての創造都市を目指すべきだ。筆者はこのような課題を、市民再生（共同体回復）、つまり市民の変化した創意性が、自身の生活の質を高くし、共同体と地域社会にプラスに作用しながら、都市の文化力に寄与するようにさせる重大な先行課題と認識してきた。あわせて、両都市が共通的に警戒するべき部分がある。意図しようがしまいが、創造都市を通じて得られている経済的付加価値の帰属が少数の文化産業資本、あるいは創造産業資本の占有物にならないように、都市共同体的な観点で循環サイクルを検討しなければならないだろう。全ての文化政策または創造都市戦略の志向点は、共同体回復でなければならない。

車 載根（釜山文化財団 文芸振興室長）

車輪の中の創造都市

世界の人口の52%は都市で生活している。文明の別名とも言える都市で生活することは、結局、文化的進化の結果物や特定の文化的水準を享受する市民を前提としている。市民はそれが共同体もしくは集団として表現されていたにせよ、都市という場所と空間の中にあって、都市あるいは文明と市民、または人間の相互作用はとても有機的であり多様だ。また生き物のように動きながら進化する。

創造都市、創意都市、文化都市、幸福都市、生態都市、歴史都市、まち共同体都市。戦略と課題の違いはあるが、ほとんどの都市によって経伝のように引用され、広く知られている何人かの先覚者達がいる。文化遺産が過去の創意的産物であると同時に、未来へ伝承すべき現在進行形の革新の途中過程であることを直視して、これを創造都市の根幹だと考えたチャールズランドリー。3T即ちTechnology（技術）、Talent（才能）、Tolerance（寛容性）の三要素の形成上に、科学者や研究者のような創造階級の流入を通じた創造都市を主張したリチャード・フロリダ。都市内部の自発的動きに注目して、規模と大きさに束縛されない多様な努力と資産を創造動力と考えた、内発的創造都市論の佐々木雅幸等がその先覚者達だ。もちろん、ジェイン・ジェイゴブスや、ルイス・マンフォードのような人達も含まれる。誰であったとしても、大切なことは、彼等の学説や理論が実際に、完全に適用されるのは難しいということだ。何故ならば、都市または文明というものは、常に進化と革新の過程を反復しながら変化している反面、先覚者達の理論的成果や予見、主張は単面的であったり、時代的限界性を持っている為に、永続的価値として作用し難いし、更には多様な現場に根ざして有効に検証されるというのは、やはり望み難い。ともあれ、先覚者達の理論もまた補完されたり持続的に変化したりしているのだが、別の角度から見れば、このような現象は実物に対する深い省察に起因するというよりは、彼等もまだ生存し、活動中である為だと考える。都市発展を実現させる輪廻的過程の一断面、すなわち、現在の私達が目撃することのできる都市進化と革新の様子を創造都市と考えるだけであり、文明という名前で都市が形成され始めた過去から現在、どういうものが創意と定義されるのか誰も分からない。未来へ至る人類学的観点の範囲で、困難を乗り越えて反復される過程のひとつとして考えるほかはない。

筆者は、人から人へ、市民から市民へ、地域共同体から地域共同体へ伝承される、見えない創意的痕跡と遺伝子に注目しながら、このような観点で釜山と横浜の創造都市の姿を観察してみる。みなとみらいに代表される港再開発の可視的成果を成功事例と見るなら、映像文化都市政策は横浜の代表的な失敗事例だ。

横浜港再開発事業の一番重要な戦略は、フレキシビティー、経済論理からの脱皮、文化との融合、段階的進行等を挙げることができるが、釜山北港再開発の場合、横浜が持っている長所の反対方向へ向かっているという気がする程、心配と不安が尽きない。反面、映像文化都市政策を中心にした水辺の歩道から、アーティストと建築家の集団によるブラウンフィールドの再生までを網羅している。

都市の固有のアピールと「光の都市」におけるイベントのプロモーションとの間にあるバランスは、慎重で漸進的な都市開発の進行とも相俟って、私には幸運なものにうつる。黄金町のような内陸部のエリアはひとつの例である。アーティストはその拠点の周辺に住み着いている。彼らの存在と活動によって、地元住民が排除されることなく、地域は劇的な変化を遂げた。それはしばしば地域のジェントリフィケーションにもつながる。

もうひとつの際だった特徴は、都市の建築遺産の保存が、横浜中華街の活力と歴史的意義を高めるのに、目に見える形で貢献していることである。

この創造都市プロジェクトに参画した横浜の政治家、アーティスト、市民全てに敬意を表したい。市民とその生活の質の問題が、都市生活の中心にすえられ、地域の魅力を高めているのはほんとうにすばらしい。

最後に、私たちを暖かく迎え入れ、この都市の奇蹟に導いてくれたすべての人たちに感謝を捧げたい。そして、2つの偉大な都市の絆を強めることに献身した故川口良一氏に、心底からの敬意と感謝を捧げて本稿の結びとしたい。

ジャン・ルイ・ボナン（ナント市）

横浜という創造都市の奇蹟

まずなによりこの機会に、クリエイティブシティヨコハマに対する私の深い敬意を表したい。それが、ナントの未来、その発展とイル・ドゥ・ナントとカルチエ・ドゥ・ラ・クレアシオンの都市計画についての考え方にどれほど寄与するものであったかを述べたいと思う。

このグローバルプロジェクトは、市民の利益を最優先に考える都市計画への渇望とよりよい共同体環境をつくり出す目的でうまれた。それは、真に時宜を得たものと言うべきである。それは、アーティストとクリエイティブセクターが互いに創造性を高め合い、切磋琢磨する関係を構築するマスタープランの役割をはたすものだ。

当時ナント市長で、現在フランス共和国首相の座にあるジャン・マルク・エローに伴われ、ナントと横浜のクリエイティブシティープログラムを互いに紹介したことを思い起こす。私たちの意見交換は非常に広範囲にわたった。都市計画の相互の浸透から、文化芸術プロジェクト（ナショナルアートパーク構想）による港湾部開発、リスクの負担、横浜のアーティストと市内の文化機関が横浜市民に示す国際水準の先端芸術、そのための政治的レベルの慈善的支援等々。何年にもわたってこういったミーティングを開くたびに、あらゆるレベルでナントと横浜との交流は深められてきた。

横浜は日本を訪れるフランス人ツーリストを惹きつける港になっている。ナントは日本の姉妹都市新潟と、また金沢、別府、松江などと協働プロジェクトを行っているが、私にとって、横浜は日本の諸都市のネットワークを牽引する模範であり、革新的なコンセプトの源泉である。

20年以上に及び横浜を訪問する度に、プロジェクトの継続的な進化と市の文化政策の一貫した活力に眼を見張ってきた。そこにはいつもバンカートの創造的で芸術的な大胆さが、都心部活性化に対する重層的なアプローチの中にあった。バンカートのアーティストレジデンス（ナントのLieu Uniqueプロジェクトに非常によく似ている）、ヨコハマトリエンナーレへの参加（ナントが今後目標としたいような想像力に満ちた芸術的突破）、横浜アートプラットフォームとの協働、東京藝大大学院映像研究科（ナントのアートスクールと提携している）、様々なフェスティバル等々、さらに忘れてならないのは、都市の日常にアートを偏在させていることだ。

彼らの鋭敏で、主流におもねらぬ、時に一般的な都市モデルに対しては批判的ですらある様子にも関わらず、これらのアーティスト、クリエーター、建築家たちは、パブリックアートとアーバニズムを結ぶ微妙で柔らかな接点に立ちながら、都市の真の潜在性を掘り起こし、その過程で横浜の真のアイデンティティーとポエトリーを浮き彫りにしている。

高水準の文化施設、美術館、能楽堂などのうえに、横浜の都市計画は、都市の公共空間や公園といった場所で幸せを実感するライフスタイルを可能にしている。それは、あらゆる大型イベントからジョギング、デートスポットにもなる環境をつくり出す

3-4 参考論文
なぜBankART1929が生まれたか？

池田 修（BankART1929代表）

［初出：財団法人 民間都市開発機構発行『新都市』二〇一一年三月号 特集 創造都市］

BankART1929は、歴史的建造物等を文化芸術に活用し、都心部再生の起点にしていこうとする横浜市の推進するクリエイティブシティ事業のリーディングプロジェクト。創造界隈の形成に寄与すべく、様々なチームと協働しながら、新しい街のネットワークを構築してきている。ジャンルは美術、建築、パフォーマンス、音楽等多岐に渡り、スタジオ、スクール、カフェパブ、ショップ、コンテンツ制作等をベースにしながら、主催、コーディネート事業等、年間数百本の事業を活発に行なっている。この論文では、事業内容にも触れながら、なぜバンカートが生まれかについて考察する。

横浜の誕生

横浜（横浜市）は、諸外国からの圧力の中、時の明治政府がこの地を選び、開いた港街だ。政府は国の安保を確保しながら、東京から二五キロメートル離れたここ横浜を欧米との窓口として機能させていく。居留地、新橋から横浜（桜木町）間の鉄道の敷設、外国人墓地……。どこかで読んだ記憶があるが、横浜の都市形成にとって外せない出来事は、開港、関東大震災、横浜大空襲だという。一つめが、諸外国及び日本政府からの要請、二つめが、自然災害、三つめが人的被害。種類は異なるが、こうした巨大なエネルギーが横浜を翻弄し、破壊、変化させたことは事実だ。後ろ二つは、他の都市でも経験しているだろうが、横浜の場合は都市化へのスタートが開港という全く人為的なものだっただけに、その後の変遷にも特徴のある様相をみせてくる。一〇〇戸の寒村から西洋の窓口の都市としての急激な変化。建物、街路、食べ物、衣装、風俗、文化等々の全てが、進取の気性で、俄つくりの西洋風の都市（デザイン）が形成されていく。ハイカラという言葉に代表されるように、たった五〇年あまりで、金融都市、近代都市へと変貌を遂げる。ところが、関東大震災後の写真が示すように、一夜にしてその脆弱さを一級の自然の力の前にさらけ出す。横浜は壊滅的な廃墟都市へと化す。大震災の一九二三年以降、横浜は防災都市（耐火、構造）を自覚しながら、復興を行なう。近代都市、都市デザインへの力強い意志が芽生えてくる。横浜は数多くの西洋建築（RC建築）を有した都市へと生まれ変わる。ところがそのような復興にもかかわらず、たった二〇年程度で米軍による横浜大空襲。でもその当時の写真をみると震災のときとは少し様子が異なる。確かに木造の建物は焼失しているが、RC造の建物は残っている。これは米軍が、意識的に爆撃弾ではない焼夷弾を用いたからだ。日本を統治していく基地として横浜に進駐することを考えていたから西洋建築及び港湾施設を残したのである。現在横浜に震災後に建てられた一九二八年、二九年竣工の建物が多いのは、決して偶然ではなくこういった事情によるものだ。

関東大震災直後の横浜港周辺／横浜開港資料館所蔵

シティズンプライドの芽生え

こうして、開港、震災、戦争という三つの圧力を「都市の経験」として生きてきた横浜は、大きく飛躍する予感（DNA）が授けられることになる。それは、それらの出来事を真正面から受け止め、その圧力を生かしながら歩んできたことに対する自負だ。こうして都市にとって極めて重要である「シティズンプライド」が芽生えはじめる。我々の創造都市のプロジェクトは、確実にこうした歴史的な都市の生成（構造）の上にたっている。

国からの自立

開港から一五〇年を経た現在、横浜は三六八万を有する大都市に成長する。金沢区のように鎌倉時代から人が住んでいた街もあれば、丘陵地に大規模開発を仕掛けて数多くの横浜都民を育んだ都筑区や青葉区のような街もある。年間一〇万人の人口増加を幾度も続けたというのだから、想像を超える力で、都市計画の強い磁場が働いていたことがわかる。この極めて力強い都市デザインへの意志は、もちろん先に述べた「ＤＮＡ＝シティズンプライド」を受け継いだからこそ成せる技だ。一九六三年から社会党飛鳥田政権がスタートし、田村明等のアーバンデザイナーによる、いわゆる六大事業という名の都市計画が立ち上がる。そのプロセスにおいて、横浜には「国からの自立」という自覚が生まれてくる。その中でも、都市デザインにおける典型的なエピソードが「吉田橋付近の高速道路地下化」だろう。東京では、東京オリンピックを機に川を埋めながら、高速道路網を設置したことに代表されるように、性急な都市計画が施されるが、ここ横浜でもこうした計画がたてられる。この強引な（首都）高速道路計画に対して、横浜市は強く抵抗する。そして最終的に高速道路そのものは受け入れるのだが、地下に埋設させるという極めて困難な解法（そして恐らくそれは正しい解）を採用する。国との協調関係を保ちながらも、自己の立ち位置を築き上げる横浜スタイルの確立だ。横浜は「国との協調と自立」というダブルバインドの道を明確に打ち出していくのである。そしてこうした背景のもと、この四〇年間、長期に渡る六大事業は着々と実施実現され、港北ニュータウンやベイブリッジ、みなとみらいなど、その計画の大半はひとつまずの完成をみる。

これからの五〇年

四〇年に及ぶ大きな事業を成し遂げ、次に向かうべき方向をある意味で見失いがちな、脱力感にも似た状況の中、二〇〇二年、中田市長が登場する。そして、その伴走役として、田村明の志を受け継ぐ、かつて都市デザイン室室長を務めた東京大学教授の北沢猛が、横浜市参与として、再び横浜の都市デザインに深く関わることになる。

一体自分たちは次にどこにいくのか？　これは恐らく北沢氏の頭を占有し続けていたテーマだったであろう。四〇年間、確かに問題は解いてきたが、次の世代にとって大切な問題は何か？　何をモチベーションに街をつくっていけばいいのか？　こういった脅迫にも似た課題が充満していたに違いない。

創造都市構想

みなとみらいや横浜駅周辺のにぎわいに比して、旧市街地である馬車道地区は、空き物件率も増え、その再活性を望む声も大きくなっていた。歴史的建造物を活かしながら、文化を起点にし、街を元気にしていこうという（狭義の）「創造都市構想」の準備が始まる。北沢氏は、デザイン室時代、景観も含む都市デザイン（実際にかたちあるもの）を最も進めたメンバーの中心的な存在であったが、（もちろんソフトのプログラムをきちんと打ち出しながらだが）中田政権下では、意外にも「創造都市構想」という見かけとしてはソフト的なプログラムを推進していく。しかし、実際には、氏が提案した横浜市のクリエイティブシティ構想の四つの指標には、そのプログラムの先の未来都市への構想（インナーハーバー構想）を緻密に準備させていたことがわかる。

(1) ナショナルアートパーク構想
(2) 創造界隈形成
(3) 映像文化都市
(4) 横浜トリエンナーレ

この指標の意味と現在の状況を私見もまじえて記してみよう。

一つめのナショナルアートパーク構想（ＮＡＰ）とは、日本語に直訳すると国立芸術公園。これだけだとなんだかわからないが、案外きちんとした意味が込められている。それは国の整備した多くの港湾の土地を、商業や産業ではなく、公園やアートに活用することで国の参加を促し、国との共同事業化を図る仕組みだ。横浜トリエンナーレ二〇〇八の開催を機に建築した「新港ピア」や一五〇周年の記念事業として計画された「象の鼻テラス」はその典型的な例だ。国と協働することで、支出の削減をはかり、港としての機能と「文化や公園」を両立させながら、市民に豊かな空間を提供していくというのがＮＡＰ構想の骨子だ。

二番目の創造界隈形成は、BankART1929の中心課題である。簡単にいうと都市における新しいコミュニティを形成せよ、ということで、いまどき味噌や醤油を貸し借りするわけではないが、都心部における新しい町屋を形成していこうというプログラムだ。横浜市の推進力と仕掛け、あるいは民間、国などの連鎖反応もあり、バンカートの周りには、現在一〇〇〇名を超えるクリエイターの活動拠点となる建物が数多く集積し、大分にぎやかになってきた。

三番目の映像文化都市。横浜市も明確には説明できていないように定義が難しい。当初は、映像産業コンテンツとの関わりを強く意識してのテーマ設定だったようだが、実際は誘致しかけていた某社が頓挫し、土地購入までいっていたゲーム会社の進出も、この不況下のもとリタイア。唯一、東京藝大大学院映像研究科が、「映画」「メディア芸術」「アニメーション」の三部門を開設することできた。また二〇〇七年度から三年間継続した映像イベント「EIZONE」や二〇一〇年度に開催された国際映像祭「CREAM」も、「映像文化都市」を定位させるまでには至らなかった。さてこのような展開をみせてきた「映像文化都市」の定義はさておき、このテーマを創造都市構想に入れたこと自体は、僕は正しいと思っている。「映像はメタファーである」と語ったタルコフスキーの映画には水が幾度となく登場するが、豊かな水の恵を授けられた横浜が、現象としての都市「＝映像文化都市」をテーマに掲げ、街を牽引していくことは結構いいことではないかと思っている。リジットな都市の構造を、他者と多様性を包容できる柔らかな構造へと導いてくれるからだ。

四番目の「横浜トリエンナーレ」は、創造都市構想全体の中での位置づけとしてはカンフル剤あるいは外科手術的な存在だ。三年に一度の都市のプレゼンテーション（祭り）だ。そのリズムに乗って、ハードもソフトも含めて、日常の街づくりを推進していこうという仕掛けでもある。またそれは同時に、未知なる都市（開発）空間への誘いでもある。横浜市の企図がどこまであったかは定かではないが、過去三回のトリエンナーレの会場は、常に海岸沿いの新しく開発するゾーンに位置している。二〇〇一年のパシフィコ（国際会議場：新築）＋赤レンガ（改修）、二〇〇五年は山下埠頭の倉庫（改修）、二〇〇八年は新港ピア（新築）。拡張するフロンティアの意識が働いていたことは確かだろう。

これら四つの指標は複雑に絡み合い、部分が全体を補強し、構想の大きさの中で抜け落ちそうな部分をフォローする柔らかい仕掛けがあちこちに散りばめられており、また小さくまとまりがちな部分を突破させる開口部もあり、という様に見事なコスモロジーを携えた生きたプログラムだといえよう。また北沢氏が、「インナーハーバー構想」にむから前に、「創造都市構想」に着手したことは、極めて優れた決断、戦略だったといえる。それは、「横浜のこれから五〇年先をどうする？」という大きな課題にすぐに取りかかるのではなく、不可思議で、しかし何か可能性を秘めている「アート」というフレームを持ってくるのが、現在の横浜にとって必要だと考えたに違いない。わからないものをわからないまま包容し、考え、立ち止まることとの豊かさ。「創造都市構想」の挿入にはこういった意識が流れているように思う。

バンカートのことはじめ

バンカート事業はこういった都市づくりの大きな文脈の中、二〇〇四年にスタートする。場所は、東横線横浜駅~桜木町駅廃線の痛みを伴いながら、新しく敷設されたみなとみらい線の馬車道駅上。一九二九年生まれの歴史的建造物の元銀行二棟がその舞台だ。この運営コンペの面接時、何故離れた建物二棟を同時に活用するのかを、北沢氏に確認するかたちで僕が質問した「街とやってくださいということですね」という言葉に象徴されるように、最初から最後までアートのためのアートではなく、街づくりの起点としてのプロジェクトだった。実際に活動をはじめてみて、幾度となく二館を往来する中、私たちは、あらゆる都市のエレメント、すなわち、人、建物、店、壁、空き地等を身体化していったように思う。バンカートが行なう事業は、自ずから街と関わるプログラムが大半をしめるようになった。まず心がけたのはいつでも館が開いていることとだ。二四時間というわけにはいかないが、二三時までのパブタイムも含めて、イベントに参加する人だけを受け入れるのではなく、駅のようにここが市民の共有の場所であるということを強く意識しながら、館の運営を行なった。その考えは、当時記した次の文書にあらわれている。

『BankART1929は駅でありたいと考えている。ヨーロッパの駅のように様々な人々が往きかい、コーヒーやビールを飲み、ベンチで眠っている人、たまにはケンカをする人、自由に音楽を奏でる人がいる、そんな包容力のある心地よく過ごせる空間を目指していきたい。また横浜は貿易の街。人が集まり、アーティストが育ち、物が動き、情報が行きかい、経済が動く、交易の場所。何かを表現する人もそれをサポートする人も、それで食べていけるような経済構造へと共に変換していきたい。バンカートはそのための実験の場所でありたいと考えている。』

バンカート事業についての詳しい内容は「BankART LifeII」やHPにあるので、ここでは省略するが、いくつかのエピソードをあげながら、バンカートの特徴を述べたい。

リレーする構造〜リスポンス

運営開始からわずか四ヶ月、信じられない話がとびこんできた。藝大の映像学科がくるのでBankART1929馬車道（旧富士銀行）を明け渡してくれと。縦割り構造の弊害で庁内でも険悪なムードが漂っているし、運営している側としても簡単に首を縦にふれるような事柄でもない。とはいえ東京藝大が誘致されてくるというのは創造都市横浜にとっては嬉しいことだし、私達の活動が誘致のきっかけの一部になったというのも聞いていたので、明け渡しそのものには反対する理由はなかった。そこでバンカートは三つの条件を市に提案した。⑴歩いていける場所⑵同等以上のスペース⑶タイムラグなく移転。市はこれらの条件を全てクリアしてくれた。新しい移転先のオーナーである日本郵船への強い働きかけ、補正予算のスピーディな確保、移転先の十二月末までの改修工事。二〇〇五年一月、BankART Studio NYKのオープン。旧富士銀行事を経て同四月、東京藝大オープン。これら一連の仕事を見事にやりぬいてくれた。

リレーする構造〜連鎖反応

バンカートの活動がほぼ一年経過したころ、森ビルがバンカートの真向かいの北仲地区の帝蚕倉庫群を再開発することになった。着工までの約二年間、仮囲いで閉ざすよりも、道路に面した事務所棟等を活用して何かできないかという相談を受けた。固定資産税と軽微な管理費は捻出して欲しいという与条件。定期賃借しかないと判断した。一階が小部屋に分かれており、若いアーティストでも十分家賃を払える間取りだし、三階と四階は比較的大きな部屋割りなので力量のある建築家チームなどに向いている。約六〇チームに声をかけ、二度の下見会で約五〇チームの入居が決定。廉価な家賃設定と森ビルのスピーディな対応も相まって、三ヶ月足らずで「北仲 BRICK & WHITE」オープンという奇跡がおこった。「みかんぐみ」が早々に移転を決めてくれたことによる誘因力も大きかった。このプロジェクトで改めて認識したことをふたつだけ言及すると、よいクリエイターが集まると自然発酵するということだ。北仲は入居者自身による意志とプロデュース力でオープンスタジオなどを通して、街に開き、発信していくチームに成長していった。もうひとつは、こうしたアーティストの動きに反応して、市が北仲の暫定使用終了時期を見据えて「ZAIM」を準備・開設してくれたことだ。公募だったが、北仲の入居者の約三分の一が移り住んだ。またクリエイターの事務所開設の際の初期費用補助制度を新たに設けるなど、市はアーティスト誘致に関しても積極的で効果的な施策を打ち出しはじめた。連鎖反応が始まった。

リレーする構造~都市の経験

民間へのリレーもある。本町ビル45(シゴカイ)がそれだ。ZAIMの入居条件が契約期間が短い等不安定だったため、北仲の建築系のチームが移転をためらった。北仲に誘致した責任もあったので、入居場所探しに奔走したが、なかなか見つからない。最後に出会ったのがバンカートの目の前の本町ビル。オーナーが私達の活動に理解を示してくれた。「バンカートさんの活動はみていましたから」と、再開発計画のあるビルの四・五階を北仲と同条件で提供してくれたときは、嬉しさと同時に身の引き締まる思いだった。正に都市の経験という言葉があてはまる象徴的な出来事だった。これまで幾度となく「公設民営の新しい可能性」と題したレクチャーをおこなってきたように、バンカートは、公と民を往来することで、それらの可能性を最大限に引き出すプログラムを試み続けてきた。

バンカートのミッション

二〇〇四年にスタートし、二年の実験的な暫定プログラムが、二度延長され、現在七年目を終えようとしている。まだまだ前途多難だが、先に記した創造都市構想の指標にもとづき、以下のミッションを自らに課しながら、現在は安定した運営(経営)を継続している。

①さらなる経済的な基盤の確立
②他都市及び国際的なネットワークの構築
③創造界隈プロジェクトのパイオニア的存在としての自覚

以下に①~③を簡単に説明しよう。

カフェパブ、ショップ、スクール、スタジオ、コンテンツ等のベース事業の安定化とともに卒展に代表される年間二〇〇を超えるコーディネート事業の多数多様化、主催事業の動員力……。自己収益は年々増加し、現在では八〇〇〇万程度。市の補助金と合算して攻撃的なプログラムが組むことができる安定した経営状態を築き上げることができた。

国内外のからの視察は年間一〇〇以上あり、我々のようなアートイニシアティブ組織のネットワーク事業（会議の開催や文化庁との出版事業）も多い。また新しい日韓の交流プロジェクト「続・朝鮮通信使」の継続的な取り組みも始まり、その深まりと広がりは加速している。

北仲ＢＲＩＣＫ＆ＷＨＩＴＥにおける五三チーム二五三名のクリエイターを誘致、本町ビルシゴカイの一七チームに続き、宇徳ビルヨンカイ（全て集積アトリエ）のコーディネート。「食と現代美術」のシリーズにおける地域（野毛／馬車道／初黄日之出町）とのコラボレーション。「ランドマークプロジェクト」における街への滲み出しのプログラム。（使っていない空き地や屋上、河川上、馬車道駅や市庁舎のようなパブリックスペースの活用）等々……。この地域全体の温度が上がっていくような様々な仕掛けを、自覚しながら継続してきている。

バンカートはどこにいく？

二〇一一年度で八年目をむかえるバンカートであるが、これからどこにいこうとしているのだろうか？　これまでもいくつかの紙面で発表しているが次の文章を引用しよう。

『いつもバンカート恵まれているなと思う。予算や施設面、給与などは決して他の公設の施設に比して好条件とはいえないが、何よりも常に行政の人々が一生懸命だし、実験事業であることの自由度があり、スリリングで本当に楽しい。でもこれからはどうなのか？はたしてこのままトップダウンの用意された作文の上にあぐらをかいていてよいのか？ニューヨークでもベルリンでもアートがイニシアティブをとって街を形成してきた。不合法に略奪した場所でも、民間、行政、国がリレーし、その文化度を上げることで街を展開してきた。でもこの方法は現在の日本にはあてはまらない。横浜市がおこなっているように行政からスタートし、民間と組んで、民間に移管し…という方法をとらざるをえない。問題はここから先だ。誤解を恐れずにいうと、バンカートはだからこそ、今の段階で野に下ることが重要だと考えている。今後も行政との協働作業は続くし、大きな支援を受けて運営されていくことは確かだが、だからこそバンカートは自ら関わりたい場所を見つけ、耕し、経済的に自立していくことが大切なのだ。ある指定管理者制度に関連するシンポジウムの席で「モチベーションもなくできた美術館は、モチベーションもなく消えていく」と発言した。この言葉はむしろバンカートそのものに突きつけられている言葉だ。BankART1929は第二段階に入ったと思う。自身がより深く都市に入り込み、思考し、自分の体を少しばかり変形し、敵意を歓待に変え、都市の経験を蓄積し、そして徹底的に開いていくこと。こうした作業を淡々と続けていきたいと考えている。』一昨年十二月に北沢氏が亡くなった。氏を送る会に際し、彼の業績や送る言葉で構成された本の中の拙文を援用して、最後のまとめとしたい。

構想（夢）と実践（仕事）

北沢さんは何をみていたのだろうか？ なぜ創造都市だったのか？ 誤解を恐れずにいうと横浜は一五〇年前、国が開港を決めたゲームのような街だ。戦後、横浜は志をもった都市へと脱皮を図る。国とどう係わるか、どのように自立するか？ 北沢さんは、横浜と国との関係を最後までこだわっていたように思う。創造都市構想の四つのベクトルは、北沢さんの複雑で明晰な頭脳を表象している。アーバンデザイナーとしての都市に対する意志、まちづくりにおける子細なリアリティのある感覚、アートあるいはレイヤーやクラウドのような実体の伴わない構造への深い理解、そしてそれらを開くこと。これら全てが絡み合い、複雑だけれどわかりやすい、強いけれどしなやかな都市空間の構築を目指していたように思う。常に鳥の眼と虫の眼をもちながら、構想（夢）と実践（仕事）を往来していた北沢さんは、今でも僕たちの背中を遠くから押してくれている。（了）

続・朝鮮通信使

Think About Creative City

まちづくりのリアリティ

「Part1」のスクール実施と書籍発行に関わらせていただいた。8回のスクールはライブ感重視で基本自由。文字起こし、校正、印刷製本まで怒濤の作業。途中、オフィスに場を借りてBankARTスタッフさながらに作業した時があった。過酷な労働環境(!)とともに、率直な感想として…「BankARTってどうしてこんなに横浜のことに熱いの？市役所負けてない？」横浜市が創造都市を政策として持続できたのはBankARTの存在あってのことだ。創造都市の委員会を発足させてから約10年、市長をはじめ、行政の機構や担当者が様変わりした中、創造都市を着想した頃の熱を帯びた感覚を受け継ぎ、最前線で説得力をもって発信している。クリエイティブシティ・ヨコハマの顔として世界にフィールドを拡げる一方、今回のようなスクールを企画し書籍として記録し続ける地道な作業を疎かにしない。人とのつながりが基盤である創造都市において、日常的にPUBを中心に人を受け入れ出会いを生み出し、ともすれば途切れそうになる人や時間をつなぎ続けている。まちづくりも行政主導のトップダウンではできない時代。これからのクリエイティブシティのために市役所が生み出すべきは、まちづくりの担い手と互角に、当事者として創造力あるまちづくりを模索し、理屈を超えて熱く動ける「人」に尽きると思う。

倉持知子（横浜市青葉区役所税務課）

Think About Creative City

創造都市施策における魅力的なまちづくりの展開

創造都市横浜の基本理念は、当初から現在まで①文化芸術の振興、②経済の振興、③横浜らしい魅力的な都市空間の形成といった３本柱で形成されており、そういった意味において創造都市横浜の方向性はスタート時からなんら変わっていないようにも思えますが、当時の考え方が唯一薄れていると思われるのは、創造都市施策における魅力的な街づくりの展開の視点ではないかと考えます。具体的には、トリエンナーレが良い事例で、赤レンガ倉庫、山下埠頭、新港地区等は、地域を活性化若しくは都市的活用を行うきっかけとしてトリエンナーレを活用したという見方もあると思います。また担当者として、私がアメリカで開催された創造都市の国際会議において横浜をPRした際にも、横浜の魅力は街づくりを単なる箱ものとしての点ではなく、線や面の展開に繋げているところが高く評価された気がしました。これら街づくりの展開を行うためには、ハード部署との連携が必須であり、当時私の仕事の大半がそうした部局との調整に費やされていました。当時は事業本部制であったため、そうした動きがしやすかったかもしれませんが、今後、創造都市横浜を世界にアピールしていく上で、横浜の魅了的な街づくりは「横浜らしさ」若しくは「アピールポイント」として欠かせないものであるため、他部署との連携による積極的な街づくりの展開を期待します。

梶山祐実（横浜市建築局都市計画課）

Think About Creative City

人と都市づくり

私が創造都市の担当になったのは2009年4月。直後に、ラ・マシンの日本大通りまでのパレード、そしてBankART Studio NYKでの原口典之展がありました。動と静の対照的なアート体験でした。その時の驚きと、ラ・マシンが去り、オイルプールが片づけられた後も、そこに記憶が埋め込まれたような、空間が以前とは違って見えてくるような感覚。創造都市初心者にとって貴重な経験でした。

新たなこと、創造的なこと、前例のないことにチャレンジする時、しばしば「なぜ今これをやる必要があるのか？」と問われ、いくつもの障害にぶつかります。そこを、「どうしたら実現できるのか」と考え、既存のルールや規制と折り合いをつけ、新たな仕組みを整えたりしながら、一つひとつ壁を乗り越えていくことに、行政担当者としてのやりがいを感じていました。横浜には、新たな活動を受け入れ、変化し続けていくエネルギーを持ち続けて欲しい、それだけの懐の深さと志の高さを示し続けて欲しい、少しでもその力になることができればという思いがありました。

創造都市のベースは、新たな行動を起こしてくれる「人」であり、また、そうした「人」を惹きつけ、交流を促す舞台としての「都市づくり」です。これからも横浜に関わる者として、どういう都市にしていきたいのか、そのために何ができるのか考えていきたいと思います。

権藤由紀子（横浜市政策局秘書課）

BankARTschool
権藤由紀子
BankART 1929
〒231-0002 横浜市中区海岸通3-9 BankART Studio NYK
TEL 045-663-2812 FAX 045-663-2813
info@bankart1929.com school@bankart1929.com
BankARTschool
新川裕之
BankART 1929
〒231-0002 横浜市中区海岸通3-9 BankART Studio NYK
TEL 045-663-2812 FAX 045-663-2813
info@bankart1929.com school@bankart1929.com
■このカードはご本人以外使用できません。
BankARTschool
藤田健一
BankART 1929
〒231-0002 横浜市中区海岸通3-9 BankART Studio NYK
TEL 045-663-2812 FAX 045-663-2813
info@bankart1929.com school@bankart1929.com
■このカードはご本人以外使用できません。

横浜市の文化政策のパワー

横浜市の文化に関する政策を知りたいが、本を読むより、講座に参加した方が早いかも、という安易な理由で参加した。講座実施当時、私は平塚市職員（平塚市美術館）であったが、このようなテーマの講座が成立するほどの参加者数は集まるのだろうか、と懐疑的であった。講座では横浜市職員が企画、運営、司会をするだけでなく、毎回のように講師をつとめる。人材の豊富さ、レベルの高さに圧倒されつつ、毎回新しい活動、芸術不動産、関内外、創造界隈、東横跡地などを知った。
参加者にはデザイナー、建築家、そして横浜市の職員や、私と同じく他市の自治体の職員もいた。さまざまなバックグラウンドの人々が部屋いっぱいに集まり、「参加者が集まるのか」という心配は無用であった。時折BankARTの池田さんが厳しいコメントを発し、それに反論する職員とのやりとり。そこには、議論が可能である自由な気風、オープンマインドがあった。だからこそ、アートでまちづくりが可能なのかな、と感じ入った。大学の先生方や専門家の講義の中ではとりわけ、北川フラムさんが興味深かったが、私にとって何よりインパクトがあったのは横浜市の文化政策に携わってきた個性的な多数の職員、そしてこの本の編集までもそうした横浜市の職員が手がけるということである。

端山聡子（横浜美術館／受講生）

「創造性」や「文化芸術」が都市の力を強くする―

数値化することがこの難しいテーマを、都市の成長戦略の重要な要素として様々な施策に繋げてきた横浜市は、非常に挑戦的な行政であると、一市民として改めて感じました。創造都市戦略の優先順位をどう考えていくか、市民の税金を使って公共事業を提供する行政としては、困難な局面を迎えたことも決して少なくなかったと想像しますが、そうした中でも強い信念の元に創造都市戦略を推進される市の担当者の方々の想いに触れられたことが、このレクチャーを通じて得られた最も貴重なもののひとつでした。
だからこそ、創造都市の取り組みを継続的に発展させていく上では、市民一人ひとりが自分事として＜創造都市・横浜＞を感じる機会のさらなる創出と、民間企業が市と共に、あるいは市に変わって継続的な事業を行うチャンスを増やしていくことが重要だと思います。そうして行政・市民・民間の新たな関係性が構築できたとき、創造都市・横浜は、他の都市に負けることのない、よりに魅力的な都市になると信じています。新たなフェーズを迎えていくであろう今後も、ひとりの横浜市民として自分に何ができるのかを問い続けつつ、大の横浜ファンとして、創造都市の取り組みを応援しております。

財徳薫子（受講生）

その現状と課題について国内外からのゲストを交えた交流を行う
［受賞］ 池田修氏（BankART1929）が芸術選奨文部科学大臣新人賞
横浜市が文化庁長官表彰（文化芸術創造都市部門）
岡部友彦氏が横浜文化賞文化・芸術奨励賞

2009

4月 ・黄金町エリアマネジメントセンタースタート
・「開国博Y150」開催、ラ・マシンの「巨大グモ」が街を闊歩
・BankART 1929 Yokohama終了
5月 ・ヨコハマ創造都市センタースタート（旧第一銀行/BankART1929 Yokohamaだった場所）
6月 ・象の鼻テラスオープン
8月 ・中田宏横浜市長辞任、林文子が市長に
9月 ・北仲スクール開始（横浜国大中心の7大学連携）
・横浜クリエイティブシティ国際会議2009
・関内外OPEN！ 開催（以降毎年開催）
10月 ・ヨコハマ国際映像祭 2009 CREAM
［受賞］ 小林光政氏（黄金町エリアマネジメントセンター理事長）が横浜文化賞
加藤種男氏（財団法人横浜市芸術文化振興財団専務理事当時）が芸術選奨文部科学大臣賞
ZAIMが横浜・人・まち・デザイン賞「まちなみ景観部門」

2010

3月 ・ZAIM、創造空間9001終了
4月 ・BankART桜荘終了
9月 ・宇徳ビルヨンカイ オープン
・INVITATION to OPEN YOKOHAMA2010開催
11月 ・APEC横浜開催（首脳会議）
［受賞］ 柴幸男氏（急な坂スタジオレジデントアーティスト）が岸田國士戯曲賞

2011

2月 ・TPAM in Yokohama 2011開催
3月 ・「創造都市横浜推進協議会」解散
5月 ・文化観光局に組織改編
8月 ・OPEN YOKOHAMA 2011開催
・ヨコハマトリエンナーレ2011開催
・特別連携「BankART Life3-新・港村」
・黄金町バザール2011開催
9月 ・「創造界隈形成推進委員会」発足
10月 ・スマートイルミネーション横浜開催
［受賞］ BankART1929が横浜文化賞文化・芸術奨励賞
日本大通り・象の鼻地区が都市景観大賞
日ノ出スタジオ・黄金町スタジオが横浜・人・まち・デザイン賞「まちなみ景観部門」受賞
中村恩恵氏が芸術選奨文部科学大臣賞
酒井幸菜氏（急な坂スタジオサポートアーティスト）が神奈川文化賞未来賞

2012

2月 ・TPAM in Yokohama 2012開催
5月 ・ハンマーヘッドスタジオ新・港区オープン
7月 ・Dance Dance Dance @ YOKOHAMA 2012開催
9月 ・OPEN YOKOHAMA 2012開催
10月 ・黄金町バザール2012 開催
・スマートイルミネーション横浜2012開催
［受賞］ 矢内原美邦氏（急な坂スタジオレジデントアーティスト）が岸田國士戯曲賞、横浜文化賞文化・芸術奨励賞
藤田貴大氏（急な坂スタジオサポートアーティスト）が岸田國士戯曲賞
淺井裕介氏（横浜のレジデントアーティスト）が神奈川文化賞未来賞

2013

1月 ・地方自治体を中心としたネットワーク組織「創造都市ネットワーク日本（CCNJ）」が設立、横浜市が初代幹事団体代表に選出される
2月 ・TPAM in Yokohama 2013開催
6月 ・第五回アフリカ開発会議TICAD（横浜）開催
9月 ・横浜市が泉州市（中国）、光州広域市（韓国）と共に2014年「東アジア文化都市」に決定
・黄金町バザール2013 開催
・横浜音祭り2013 開催
10月 ・スマートイルミネーション横浜2013開催
［受賞］ 川俣正氏が「Expand BankART 川俣正展」他の成果により芸術選奨文部科学大臣賞
初黄・日ノ出町地区のアートによるまちづくりが横浜・人・まち・デザイン賞「地域まちづくり部門」、BankART Studio NYKが同賞「まちなみ景観部門」
京浜急行電鉄黄金町高架下新スタジオ+かいだん広場が神奈川建築コンクール優秀賞一般建築部門
澄川喜一氏（財団法人横浜市芸術文化振興財団理事長、元東京芸術大学学長）、中村恩恵氏（横浜のレジデントアーティスト）が横浜文化賞
曽谷朝絵氏（横浜のレジデントアーティスト）が横浜文化賞文化・芸術奨励賞、神奈川文化賞未来賞

2014

2月 ・パシフィコ横浜にて「東アジア文化都市2014横浜」のオープニングイベント
［受賞］ BankART1929が国際交流基金地球市民賞

創造都市横浜の歩み

2003

- 2002年11月～ 2003年12月「文化芸術・観光振興による都心部活性化検討委員会」開催。委員長:北沢 猛

10月 ・(仮称)クリエイティブ・シティセンター事業公募(旧第一銀行及び旧富士銀行の活用)

2004

1月 ・「文化芸術創造都市-クリエイティブシティ・ヨコハマの形成に向けた提言」が出される、4つの目標、3つのプロジェクト(①クリエイティブ・コア-創造界隈形成 ②映像文化都市 ③(仮称)ナショナルアートパーク)の発表

3月 ・BankART1929 Yokohama (旧第一銀行) BankART1929 馬車道(旧富士銀行)オープン

4月 ・横浜市文化芸術都市創造事業本部発足、創造都市推進課と文化事業課の2課体制

9月 ・(仮称)ナショナルアートパーク構想推進委員会発足、委員長:北沢猛 クリエイティブシティ形成に向けてのマスタープランづくり

2005

1月 ・BankART Studio NYK スタート (BankART1929馬車道が閉館)

4月 ・東京藝術大学大学院映像研究科映画専攻開設(旧富士銀行)

6月 ・北仲BRICK&北仲WHITE オープン、旧帝蚕倉庫本社ビル及び旧帝蚕ビルを1年半暫定活用、クリエイター 53組が入居(森ビルが管理運営)

・「創造都市横浜推進委員会」発足、歴史的建造物等活用事業の方針検討・評価及び創造都市横浜の推進に関する助言を行う

9月 ・横浜トリエンナーレ2005開催 映像コンテンツ制作企業等・クリエイター等立地促進助成制度始まる

[受賞] 岡田利規氏(急な坂スタジオレジデントアーティスト)が岸田國士戯曲賞、横浜文化賞文化・芸術奨励賞

2006

3月 ・万国橋SOKOオープン(バンタンスクール・山本理顕事務所、他)

4月 ・開港150周年・創造都市事業本部に組織改編 東京藝大大学院メディア映像専攻開設、新港ふ頭・新港客船ターミナルを改装して開設

5月 ・創造界隈拠点「ZAIM」オープン、旧関東財務局・旧労働基準局を暫定活用 横浜市芸術文化振興財団が運営

6月 ・防犯とアートをテーマにBankART桜荘(黄金町)がオープン

7月 ・映像文化都市フェスティバル「ヨコハマEIZONE」開催、横浜赤レンガ倉庫・BankART・ZAIM等回遊型のイベントとして年1回の開催がスタート

10月 ・急な坂スタジオオープン、元結婚式場の旧老松会館を舞台芸術の創造拠点として活用

11月 ・本町ビル45 (シゴカイ)オープン

[受賞] BankART1929がアサヒビール芸術賞

2007

3月 ・「クリエイティブシティ・ヨコハマ研究会」から提言が出される、代表委員:福原義春(資生堂名誉会長)クリエイティブシティ形成を推進する組織として、官民協働による「創造都市横浜推進協議会」の設立が求められる

・横浜国立大学大学院/建築都市スクール "Y-GSA"開設

6月 ・Kogane-X Lab. オープン、初黄・日ノ出町環境浄化推進協議会と横浜市立大学の共同運営による拠点

7月 ・「創造都市横浜推進協議会」発足　会長:福原義春 行政・民間・商工会議所・関係団体等17団体により構成

・「アーツコミッション・ヨコハマ」設立、アーティストやクリエーター等創造の担い手の活動のための中間支援組織/横浜市芸術文化振興財団

・ヨコハマEIZONE2007開催

8月 ・「創造都市横浜推進委員会」発足(委員会の拡充改組)

9月 ・創造空間9001 オープン。旧東横線桜木町駅舎を創造空間の場として暫定活用。横浜市芸術文化振興財団が運営

[受賞] 伊藤有壱氏(東京藝術大学大学院映像研究科アニメーション専攻教授)が横浜文化賞文化・芸術奨励賞

2008

4月 ・東京藝大大学院アニメーション専攻が万国橋会議センターの一部を改築して開設

5月 ・第四回アフリカ開発会議TICAD (横浜)開催

8月 ・新港ふ頭展示施設竣工。横浜トリエンナーレ及び開港150周年事業の会場として活用

9月 ・黄金スタジオ・日ノ出スタジオ オープン。初黄・日ノ出町地区の京浜急行電鉄高架下に創造拠点の新施設

・横浜トリエンナーレ2008開催。連動して、BankART LifeII・黄金町バザール等が開催。ZAIMや急な坂スタジオなど、その他の創造界隈施設、郊外地区でも街と協働するアートイベントが多数開催される

・横浜クリエイティブシティ・シンポジウム2008開催。横浜開港150周年を迎える2009年に向け、

田中謙太郎｜たなか けんたろう
東京生まれ。武蔵野美術大学造形学部空間演出デザイン科卒業。1995年入社。数多くのプロジェクトを担当する傍ら、製品開発や建築ディテールの開発、照明素材の開発などにもリーダーシップを発揮している。北米照明学会賞、日本照明学会照明普及賞など受賞。国際照明デザイナー協会（IALD）会員。

新谷雄一｜しんたに ゆういち
横浜市文化観光局創造都市推進課創造まちづくり担当係長。1994年横浜市役所入庁。衛生局市民病院、保土ケ谷区、中区、市民局、港北区地域力推進担当等を経て2012年より現職。現在は、創造まちづくり担当として「象の鼻テラス」、「スマートイルミネーション事業」などに携わっている。

岡崎三奈｜おかざき みな
公益財団法人横浜観光コンベンション・ビューロー経営部長。1989年から財団法人横浜コンベンション・ビューロー勤務。総務、コンベンション誘致・開催支援、企画・広報等に従事。FIFAワールドカップ国際メディアセンター誘致や横浜フィルムコミッション立ち上げ、横浜市交通局出向などを経て、2011年より現職。

岡田 勉｜おかだ つとむ
1963年横浜市生まれ。複合文化施設「スパイラル」のチーフキュレーター。2009年から「象の鼻テラス」のアートディレクター。

塚本由晴｜つかもと よしはる
東京工業大学大学院准教授，博士（工学）／アトリエ・ワン
1965年神奈川県生まれ。1987年　東京工業大学工学部建築学科卒業。1987〜88年　パリ建築大学ベルビル校（U.P.8）。1992年、貝島桃代（現筑波大学准教授）とアトリエ・ワン設立。その活動は建築設計から、都市リサーチ、アート作品の出展まで多岐にわたる。人間の生がもつリズムと、建築がもつ長い時間尺度の関係から生まれる作品を世に問うている。Behaviorology（Rizzoli 2010）など著作多数。

桂 有生｜かつら ゆうき
横浜市都市整備局都市デザイン室都市デザイン担当。2010年横浜市役所入庁。安藤忠雄建築研究所、山本理顕設計工場を経て、2007年、公募により横浜市都市デザイン専門職。象の鼻パーク、マリンタワー再整備などを担当。2010年に社会人採用で再入庁し、現職。現在は東横線跡地の他、金沢八景駅周辺の都市デザインなどに参画。

飯島悦郎｜いいじま えつろう
一般社団法人横浜みなとみらい21企画調整部担当部長。1979年横浜市役所入庁。都市計画局、建築局等を経て2012年より現職。都市整備局より一般社団法人横浜みなとみらい21に出向し、みなとみらい21地区のまちづくり・エリアマネジメントに携わっている。

山野真悟｜やまの しんご
黄金町バザールディレクター。1950年福岡県生まれ。1971年美学校銅版画教場卒。1970年代より福岡を拠点に美術作家として活動。また、IAF芸術研究室を主宰、展覧会企画等をおこなう。1990年より街を使った美術展「ミュージアム・シティ・天神」をプロデュース。その後も「まちとアート」をテーマに、アート企画、ワークショップ等を多数てがける。2005年「横浜トリエンナーレ2005」ではキュレーターを務めた。

小串文俊｜おぐし ふみとし
結婚を機に日ノ出町に住み始める。黄金町エリアマネジメントセンター理事、まち歩きガイドサポーター。初黄・日ノ出町環境浄化推進協議会会計。日ノ出町町内会副会長。
小串幸枝｜おぐし ゆきえ
燃料商の一人娘として日ノ出町に生まれる。黄金町エリアマネジメントセンターまち歩きガイドサポーター。

大堀剛｜おおほり つよし
1979年横浜国立大学建築学科卒業、1981年同大学院修了。1981年建築職として横浜市役所入庁、まちづくり・都市計画にたずさわる。2005~2006年中区役所区政推進課長として黄金町地区を担当。以降、2007~2010年都市整備局地域再生まちづくり担当課長、2011~2012年文化観光局創造まちづくり課長として、8年間黄金町の地域再生事業を推進する。

略歴一覧

伊藤香織｜いとう かおり
東京生まれ。東京大学大学院修了、博士（工学）。東京大学空間情報科学研究センター助手を経て、東京理科大学准教授（都市計画学）。2002年より東京ピクニッククラブを共同主宰し、国内外で公共空間プロジェクトを行う。2006年よりシビックプライド研究会を主宰。主著に『シビックプライド』（宣伝会議刊）など。

古川 誠｜ふるかわ まこと
1998年スターツ出版株式会社入社。2008年より現職。2009年よりオズマガジントラベル編集長を兼任。オズマガジンは昨年創刊500号となり、2014年で27年目を迎える。

守屋喜代司｜もりや きよし
横浜市文化観光局創造都市推進課課長補佐。1984年横浜市役所入庁。道路局勤務から、経済局で企業誘致、㈱横浜インポートマート（横浜ワールドポーターズ）出向、市民局でスポーツ振興など、2区5局を経て2012年より現職。現在は「アーツコミッション・ヨコハマ事業」担当として創造都市プロモーションなどに携わっている。

鬼木和浩｜おにき かずひろ
横浜市文化観光局文化振興課主任調査員。1988年横浜市役所入庁。港北区、民生局（当時）などを経て2004年から現職。2009年横浜市役所初の文化芸術の専門職員として主任調査員に就任。芸術文化教育プラットフォームやクラシック・ヨコハマ、文化施設整備等を担当。2013年3月から日本文化政策学会理事。

中山こずゑ｜なかやま こずえ
横浜市文化観光局長。1982年日産自動車株式会社入社。企画統括部長、ブランドマネージメントオフィス室長、ブランドコーディネーションディビジョン副本部長を歴任。2011年横浜市文化観光局横浜魅力づくり室長を経て、2012年より現職。次世代育成事業及び東アジア文化都市に代表される国際的な発信力の強化とインバウンド増加に力を注ぐ。

青木理恵｜あおき りえ
1963年東京都杉並区生まれ。1986年上智大学文学部フランス文学科卒業。1998年国際基督教大学大学院比較文化研究科博士後期課程満期退学。2003年～代官山インスタレーション実行委員会事務局として展覧会を企画運営。
結婚後、夫の転勤により宝塚市に居住し阪神淡路大震災を経験。その後佐賀市にも居住し、住民の視点で様々な都市の魅力を発見。二男一女の母。

天野和俊｜あまの かずとし
多摩美術大学グラフィックデザイン科卒業。外資系広告代理店、佐藤卓デザイン事務所を経て独立。商品デザインをはじめとしてグラフィックデザイン全般の仕事に携わる。2005年には休業期間を設けてアイルランドに滞在。帰国ののち活動再開し、2009年末からは拠点を横浜に移して活動。天野和俊デザイン事務所代表。

梅川智也｜うめかわ ともや
公益財団法人日本交通公社理事・観光政策研究部長。新潟県生まれ。1981年筑波大学社会工学類都市計画専攻卒業。同年財団法人日本交通公社入社。2013年6月理事に就任し、現在に至る。観光リゾートを主体とする都市・地域振興計画の策定が専門。技術士（建設部門／都市及び地方計画）。立教大学観光学部非常勤講師。

藤田健一｜ふじた けんいち
横浜市文化観光局創造都市推進課担当係長。1991年横浜市役所入庁。旭区、企画局、市会事務局、福祉局、都市整備局と、様々な分野の職場を異動。2008年からの青葉区区政推進課企画調整係長を経て2011年より現職。現在は、創造界隈形成推進委員会の運営や、CCNJ（創造都市ネットワーク日本）の事務局事務などに携わっている。

青木恵子｜あおき けいこ
横浜市文化観光局観光振興課集客推進担当課長。1982年横浜市役所入庁。環境事業局、都筑区、教育委員会事務局、市立大学付属市民総合医療センター、緑区等を経て2012年4月より現職。現在は集客推進担当として海外からの観光客の誘客、修学旅行などの国内誘客、観光案内所をはじめとした受入環境整備などに取り組んでいる。

難波喬司｜なんば たかし
1956年生まれ、1981年運輸省入省。2005-08年関東地方整備局港湾空港部長。2012年6月国土交通省大臣官房技術参事官。2013年1月から技術総括審議官。

上田文雄｜うえだ ふみお
札幌市長。1948年6月幕別町生まれ。中央大学法学部卒業。1978年4月より札幌で弁護士業務を開始する。札幌弁護士会「消費者保護委員会」委員長、「子どもの権利委員会」委員長、「公害対策環境保全委員会」委員長、日本弁護士連合会「人権擁護委員会」副委員長など務め、少年事件や消費者金融等で困っている人など、弱い立場の人たちの弁護活動に取り組む。2003年6月札幌市長に当選。現在3期目。

篠田 昭｜しのだ あきら
新潟市長。1948年新潟市生まれ。上智大学外国語学部卒業。新潟日報社編集局学芸部長兼編集委員、論説委員兼編集委員などを経て、2002年新潟市長選に初当選。近隣13市町村との合併をまとめあげ、2007年4月、本州日本海側で初の政令指定都市移行を実現。現在3期目。主な著書に『水と土の文化王国にいがた』、『新潟力』など。

岡本美津子｜おかもと みつこ
東京藝術大学大学院映像研究科教授。NHK　Eテレ「2355」「0655」プロデューサー。NHK　Eテレ「テクネ」プロデューサー。

森川嘉一郎｜もりかわ かいちろう
明治大学国際日本学部准教授。1971年生まれ。早稲田大学大学院修了（建築学）。2004年ベネチア・ビエンナーレ第9回国際建築展日本館コミッショナーとして「おたく：人格＝空間＝都市」展を製作。2008年より現職。明治大学において「東京国際マンガミュージアム」（仮称）の開設準備、および米沢嘉博記念図書館の運営に関わる。著書に『趣都の誕生 萌える都市アキハバラ』（幻冬舎、2003年）など。

大﨑敬一｜おおさき ひろかず
横浜市文化観光局横浜魅力づくり室企画課担当係長。1996年横浜市役所入庁。係長としては、磯子区役所、行政運営調整局（現総務局）、都市経営局（現政策局）、文化観光局創造都市推進課の勤務を経て、2013年度から現職に至る。行政運営調整局では、横浜市研修センターにおいて責任職向研修の企画・運営を担当し、年間80本以上の研修に携わる。現職では、「中期四カ年計画」等の策定のほか、主に総括的な業務を行っている。

佐野和博｜さの かずひろ
横浜市文化観光局創造都市推進課担当係長。1983年横浜市役所入庁。建築局で宅地指導業務に従事。その後、主に人事組織関係業務に従事。木原生物学研究所担当係長、旭区高齢者支援担当係長等を経て2013年より現職。現在は部の庶務担当業務および映像文化都市づくり事業に携わっている。

神部 浩｜じんぶ ひろし
横浜市文化観光局横浜魅力づくり室企画課長。1987年横浜市役所入庁。旭区役所で納税事務に従事。経済局、文化庁派遣、（財）横浜開港150周年協会、文化観光局創造都市推進課長等を経て2012年より現職。現在は局の企画担当として、局事業全体の調整、中期計画の策定などに携わっている。

吉見俊哉｜よしみ しゅんや
東京大学大学院情報学環教授、財団法人東京大学新聞社理事長、東京大学副学長。専門は都市論、文化社会学（カルチュラル・スタディーズ）。

逢坂恵理子｜おおさか えりこ
1997年より2006年まで水戸芸術館現代美術センター芸術監督、2007年より2009年1月まで森美術館　アーティスティック・ディレクター。2009年4月より横浜美術館館長に就任。また、2001年第49回ヴェニス・ビエンナーレで日本館コミッショナー、横浜トリエンナーレ組織委員会委員長をつとめるなど、多くの現代美術国際展をてがける。

曽我部昌史｜そかべ まさし
福岡で生まれ愛知と東京で育つ。ふとしたきっかけから幼少期より建築系を目指す。小学校の卒業文集に書いた「大人になったら設計技師になって超高層を設計する」という夢は実現できそうにない。工学部卒だが、どういうわけか美大の教員をやっていたこともあり、関係あるかどうかは判らないが、活動のレンジが広がりつつある。

岡部友彦｜おかべ ともひこ
東京大学大学院建築学修了。2004年から横浜にて建築設計事務所経営＋Funnybee（株）取締役を経て、2007年コトラボ合同会社を設立。大学院では、都市や地域の息づかいを可視化、分析するなどを行っていたことから、俯瞰した視点で地域活動に関わることに。人の流れを創るとか、イメージを改善していくなど、コトづくりを重視した活動を行っている。

河本一満｜かわもと かずみち
横浜市職員として横浜のまちづくりを担う。プロボノ活動として「寿オルタナティブ・ネットワーク」を設立、総合プロデューサーを務める。寿オルタナティブ・ネットワークは横浜寿町を舞台としてアーティスト、クリエイター、プロデューサーをはじめとする多様な立場の担い手による文化的な活動により、まちを活性化させることを目的として、活動拠点や各種催しなどの場づくり、ネットワーキング活動などを行っている。

西田 司｜にしだ おさむ
建築家／オンデザイン代表，東京大学非常勤講師。1976年神奈川生まれ。横浜国立大学卒業後、首都大学東京大学院助手、横浜国立大学大学院（Y-GSA）助手、東北大学非常勤講師を兼務しつつ中心市街地の活性化の手法を研究、実践。震災後、復興まちづくり「石巻2.0」を地元若手と設立。2012年グッドデザイン復興デザイン賞受賞。近作に「ヨコハマアパートメント」（JIA新人賞）など。

中村真広｜なかむら まさひろ
1984年生まれ。2009年東京工業大学大学院建築学専攻修了。不動産ディベロッパー、展示デザイン業界を経て、2011年8月（株）ツクルバを共同創業。シェアードワークプレイス「co-ba」をはじめ、様々な場づくりの企画・設計・運営を横断した総合的なプロデュースを手がける。

肥山達也｜ひやま たつや
横浜市文化観光局創造まちづくり担当係長。1995年横浜市役所入庁。建築局で市営住宅整備事業などに従事。都市整備局での地域まちづくり業務等を経て2011年より現職。現在は、旧関東財務局の活用や黄金町の地域再生まちづくり、アーツコミッション事業などに携わっている。

鈴木智之｜すずき ともゆき
横浜市都市整備局企画課長。1981年横浜市役所入庁。高速道路・街路整備事業や市街地開発事業を担当。都市計画課長、都市再生推進課長等を経て2013年より現職。現在は、「都市づくりの総合調整」担当として、全市的な都市づくり方針や都心臨海部再生マスタープランの策定などに携わっている。

馬場正尊｜ばば まさたか
1968年佐賀県生まれ。1994年早稲田大学大学院建築学科修了。博報堂で博覧会やショールームの企画などに従事。その後、早稲田大学博士課程に復学、雑誌『A』の編集長を経て2003年Open A を設立。建築設計、都市計画、執筆などを行う。同じ時期に「東京R不動産」を始める。2008 年より東北芸術工科大学准教授。建築の近作として「TABLOID」、「観月橋団地」など。近著は『RePUBLIC公共空間のリノベーション』（学芸出版社）。

杉崎栄介｜すぎさき えいすけ
公益財団法人横浜市芸術文化振興財団ヨコハマ創造都市センター担当リーダー。1999年より横浜市芸術文化振興財団所属。現在ヨコハマ創造都市センターにて、主に芸術不動産、創造産業など、創造都市政策のまちづくり領域の現場を担当。芸術不動産リノベーション助成、アーティスト・クリエーターのための事務所等開設支援助成、関内外OPEN!、ドックヤードガーデン活用事業等に取り組んでいる。

土井一成｜どい かずなり
横浜市水道局長。1980年横浜市役所入庁。企画調整局・都市計画局等で新横浜地区・山手地区・京浜臨海部などのまちづくりを担当。瀬谷区、共創推進事業本部等を経て、2011年より現職で防災対策や組織経営改革に力を入れている。
都市経営局部長の時、文化芸術・観光振興による都心部活性化調査、東京芸大大学院の誘致を担当した。

加藤種男｜かとう たねお
企業メセナ協議会「東日本大震災　文化・芸術による復興支援ファンド（GBFund）」寄付募集中沖縄県文化振興会、東京都歴史文化財団、八戸市「はっち」、埼玉県文化振興財団、おおさか創造千島財団などに関わっている。

車載根｜ちゃ・じぇぐん
釜山文化財団文芸振興室長。釜山文化芸術教育連合会会長、釜山市元都心創作空間トタトガ運営支援センター長、全国地域文化ネットワーク共同代表、全国文化財団地域文化フォーラム顧問を経て、現職。その他、韓国や釜山で、文化芸術と社会をつなぐ様々な委員を兼任している。

ジャン・ルイ・ボナン
1970年以降、ラ・ロシェル市文化センター音楽演劇担当、ブロワ市文化企画局長等歴任後、ジャック・ラング元文化相のもとでブロワ城修復や国立文化センターの創設に尽力。フランス各地で文化専門家としての業績を残す。1995年から2011年まで ジャン＝マルク・エロー市長（現フランス共和国首相）の元でナント市文化開発局長。ナント市の文化政策を核とする都市再生の中心的人物。

倉持知子｜くらもち ともこ
青葉区役所税務課担当係長。2000年横浜市役所入庁。区の地域文化事業担当等を経て2008年から創造都市推進課担当係長。創造界隈拠点の支援、創造都市横浜推進協議会の事務局を務める。2012年より現職。現在は滞納市税の徴収業務に携わっている。

梶山祐実｜かじやま ゆみ
横浜市建築局都市計画課指導係長。1994年横浜市役所入庁。都市計画局で都市デザイン業務等を従事し、2004年から創造都市推進課にて創造界隈形成や東京芸大誘致、NAP構想、映像文化都市等を担当。2013年より現職。現在は都市計画制限の情報提供や都市計画決定線内の許可業務、決定線の位置確認業務などに携わっている。

権藤由紀子｜ごんどう ゆきこ
横浜市政策局秘書課政策調査担当課長。1988年横浜市役所入庁。人事委員会・総務局で職員採用や人材育成業務に、区役所で地域文化振興、区民活動支援、地域まちづくり事業に従事。2009年4月～2012年3月に創造都市推進課で創造界隈形成担当として、BankART、急な坂スタジオなど歴史的建造物等活用事業などに携わる。2012年より現職。

端山聡子｜はやま さとこ
1963年神奈川県生まれ。多摩美術大学芸術学科卒業後、平塚市美術館準備室から平塚市美術館に勤務。教育普及、資料整理、保存などを担当し、教育プログラムや展覧会として展開する。2009年から3年間平塚市教育委員会社会教育課に在籍後、再び平塚市美術館学芸員。2013年9月より横浜美術館教育普及グループ教育プロジェクトチーム。現在の主な関心は社会の中における美術館の役割や、生涯学習機関としての美術館と美術と人との関わりについて。

財徳薫子｜ざいとく かおるこ
神奈川県出身。横浜生まれ横浜育ちの“ハマっ子”。慶應義塾大学文学部卒業。学生時代は人間科学と社会学を専攻。卒業後、商業施設を運営・開発する民間企業に入社。店舗営業での販促担当、人事部での人材育成・採用担当を経て、現在は新規事業開発に携わる。都市と建築と香港と地元ヨコハマを心から愛するカルチャーミーハー。

大蔭直子｜おおかげ なおこ
1981年横浜市役所入庁。企画局企画課、都市整備局地域まちづくり課などを歴任。2013年より文化観光局創造都市推進課担当課長。職歴2／3超がまちづくり・市民活動関連部署に在職した経験から「次世代へつながるまちづくり」とシティズンプライドの重要性を感じている。現在、創造都市をその切り札とするべく模索中。

田邊俊一｜たなべ しゅんいち
横浜市文化観光局創造都市推進課トリエンナーレ担当係長。2005年横浜市役所入庁。泉区・財団法人横浜開港150周年協会・文化庁を経て2012年より現職。現在は「ヨコハマトリエンナーレ2014事業」担当として従事。

松村岳利｜まつむら たけとし
横浜市文化観光局横浜魅力づくり室長。1983年に横浜市入庁。都市計画局、教育委員会事務局、企画局等を経て2005年に創造都市推進課トリエンナーレ担当課長。以降、創造界隈形成事業、総括等も担当。2011年、文化観光局発足と同時に横浜魅力づくり室企画課長。2012年より現職。局内の総合調整、プロモーションに携わっている。

加藤弓奈｜かとう ゆみな
急な坂スタジオディレクター、NPO法人アートプラットフォーム代表理事。1980年横浜生まれ。早稲田大学第一文学部卒業。2003年より横浜の小劇場STスポットにて、劇場管理、企画制作を担当。STスポット館長就任時に、急な坂スタジオの立ち上げに参加。2010年4月より現職。

矢内原美邦｜やないはら みくに
ダンス・カンパニー「ニブロール」主宰。大学で舞踊学を専攻、在学中にNHK賞、特別賞など数々の賞を受賞。演劇『前向き!タイモン』で岸田戯曲賞受賞。

岡田利規｜おかだ としき
1973年 横浜生まれ。演劇作家／小説家／チェルフィッチュ主宰。従来の演劇概念を覆すとみなされ国内外で注目される。『三月の5日間』で岸田國士戯曲賞受賞。デビュー小説集『わたしたちに許された特別な時間の終わり』（新潮社）で大江健三郎賞受賞。13年『遡行　変形していくための演劇論』（河出書房新社）を刊行。

中村恩恵｜なかむら めぐみ
舞踊家、横浜出身。'88年ローザンヌ国際バレエコンクールにて受賞後、渡欧。リ・キリアン率いるNDTで活躍の後、オランダを拠点に振付活動を開始。'07年に横浜に拠点を移す。新国立劇場やNoism、K-Balletなどの委嘱作品も多く手がける。オランダ・Golden Theater Prize、芸術選奨文部科学大臣賞、横浜文化賞などの受賞歴を持つ。

北川フラム｜きたがわ ふらむ
アートディレクター。1946年新潟県生まれ。「アントニオ・ガウディ展」、「アパルトヘイト否!国際美術展」、「ファーレ立川アートプロジェクト」等をプロデュース。地域づくりの実践として「大地の芸術祭 越後妻有アートトリエンナーレ」「水都大阪」「瀬戸内国際芸術祭2010」など。

吉田聡子｜よしだ さとこ
横浜市文化観光局創造都市推進課担当係長。2009年横浜市役所入庁。政策局基地対策課で市内米軍施設返還後のまちづくりを検討。2012年より現職。創造界隈活動支援事業（BankART Studio NYK、ハンマーヘッドスタジオ新・港区、急な坂スタジオ）を担当している。

秋元康幸｜あきもと やすゆき
横浜市建築局企画部長。1980年横浜市役所入庁。みなとみらい21担当や、都市デザイン室などで、横浜都心部のまちづくりに従事。また、都市計画局企画調査課や、地域整備支援課などで、市民参加や郊外部のまちづくりに関わり、2012年より現職。前職が文化観光局創造都市推進部長で、横浜のクリエイティブシティを推進。

ダニー・ユン
実験演劇のパイオニアとして、香港を代表する現代アート集団ズニ・イコサヘドロンの設立メンバー、現在共同芸術監督を務める。香港現代文化研究所代表、西九龍文化地区理事。2008年「荒山泪」で、ユネスコの国際演劇協会よりミュージックシアターNOW賞を受賞。2009年ドイツ連邦共和国より、ドイツと香港の芸術文化交流への功績を認められメリット勲章を叙勲。

吉本光宏｜よしもと みつひろ
1958年徳島県生まれ。早稲田大学大学院修了（都市計画）後、社会工学研究所などを経て1989年からニッセイ基礎研に所属。文化施設開発やアートワーク計画のコンサルタントとして活躍する他、文化政策や創造都市などの調査研究に取り組む。文化庁文化審議会文化政策部会委員、（公社）企業メセナ協議会理事などを歴任。主著に「アート戦略都市（監修）」など。

BankARTschool 2013年5月-7月期

創造都市横浜のこれまでとこれから Part2

毎週木曜 19:30-21:30

第1回　5/16「創造都市はブランド力UPに貢献できるのか」

第2回　5/23「創造都市と賑わい・観光」

第3回　5/30「創造都市をまちづくりから考える」

第4回　6/13「横浜夜景とスマートイルミネーション横浜」

第5回　6/20「芸術不動産リノベーションのこれまでとこれから」

第6回　6/27「都市を拓くトリエンナーレ」

第7回　7/4「東横跡地に見る基盤整備×創造都市×都市デザイン」

第8回　7/11「映像文化都市・横浜」が映し出す未来

編集後記

バンカートスクール「創造都市横浜のこれまでとこれからpart2」の講座の組み立てにあたっては、事前にいくつかのルールを設けました。一つは、創造都市の各事業を担当している横浜市の職員が自分で話す内容を決め、その回のゲスト候補者についても考えるということです。担当者は夜何度も集まり、テーマや内容について皆で話し合いました。もう一つのルールが、予定調和的な進行を避けるため、ゲストと綿密な打ち合わせはしない、ということです。基本的には当日直前の打ち合わせだけで本番に臨みました。そのため、各回では筋書きのないドラマが繰り広げられ、会場からも活発にご意見をいただくことができましたが、一方、議論が噛み合わず、ちぐはぐになってしまった場合もありました。いずれにせよ、全八回の講座の熱気や活気を、この本で少しでもお伝えできればと思います。

『創造都市横浜のこれまでとこれから』の編集に当たっては、講座のみの内容で「横浜の創造都市」を語るには無理があると判断し、編集委員会で足りない項目や、視点を可能な限り補強する方針で構成しました。郊外とのネットワーク、経済との関係、市民との協働や港湾地区を中心にした国との連携等、大きく欠落している部分も多々ありますが、それらは次のステップを待つことにしました。

最後になりましたが、出版にあたっては、ゲストの皆さま、寄稿いただいた皆さま、横浜市の事業担当者をはじめ多くの方のご協力をいただきました。この場を借りて深くお礼申し上げます。ありがとうございました。

「創造都市横浜のこれまでとこれから」編集委員会

創造都市横浜の
これまでとこれから Part 2

From the past Creative City Yokohama Into the future Part 2

編集	「創造都市横浜のこれまでとこれからPart2」編集委員会 委員会メンバー：大蔭直子、吉田聡子、竹原正浩（以上横浜市文化観光局創造都市推進課） 池田 修、細淵太麻紀（以上BankART1929）
発行	BankART1929 231-0002 横浜市中区海岸通3-9 info@bankart1929.com
発行日	2014年3月28日
デザイン	北風総貴
写真	中川達彦 6-7、19、23、30、33、38、44、86-87、91、142-143、 153、201、205、220、246-247、236ページ
印 刷	株式会社フクイン

ISBN 978-4-902736-33-5 C3036 Y1200E

Creative City Yokohama
横浜トリエンナーレ
YOKOHAMA TRIENNALE
BankART Studio NYK
黄金町エリアマネジメントセンター
KOGANECHO AREA MANAGEMENT CENTER
ヨコハマ
創造都市センター
YCC
ZOU-NO-HANA
TERRACE 象の鼻テラス
ハンマーヘッドスタジオ
新・港区

山下ふ頭3･4号上屋 10
トリエンナーレ2005
山下埠頭
山下公園
神奈川県民ホール
KAAT
元町中華街駅
中華街
八〇〇中心
元町
石川町駅
創造界隈拠点
横浜トリエンナーレ会場(2001-2014)
東京藝術大学大学院校舎
芸術不動産(広義)

3
2
1
6
5
4
9
8
7
12
11
10
15
14
13
18
17
16
21
20
19
24
23
22

東京藝術大学大学院
新港校舎
11
1 ハンマーヘッドスタジオ
新・港区
新港ピア
トリエンナーレ2008、2014
8 パシフィコ横浜
（展示ホールC,D）
トリエンナーレ2001
大さん橋
みなとみらい線
みなとみらい21
新港
みなとみらい駅
9 横浜赤レンガ倉
1号館
トリエンナーレ2001、2008
7 横浜美術館
トリエンナーレ2011、2014
東京藝術大学大学院
万国橋校舎
2 象の鼻テラス
12
3 BankART Studio NY
トリエンナーレ2008、2011
芸 万国橋SOKO 14
20 芸 北仲BRICK&北仲WHITE
2005.6-2006.11
神奈川県庁
横浜開港資
13 東京藝術大学大学院
馬車道校舎
馬車道駅
日本大通り駅
ヨコハマ創造都市
センター 4
横浜開港記念開館
21 芸 本町ビル45
2006.11-2010.10
東横線廃線跡地
JR桜木町駅
15 芸 宇徳ビルヨンカイ
芸 旧関東財務局
（元ZAIM）22
2006.5-2010.3
23 芸 創造空間9001
2007.9-2010.3
地下鉄桜木町駅
馬車道
関内
関内ホール
16 芸 さくらWORKS<関内>
横浜にぎわい座
地下鉄関内駅
野毛
芸 十六夜吉田町スタジオ&彼誰堂
横浜市役所
吉田町
JR関内駅
芸 Archiship Library & Cafe
横浜市民ギャラリー
寿町
5 急な坂スタジオ
野毛山動物園
18 芸 CHAP
伊勢佐木
日ノ出町
伊勢佐木長者町駅
日ノ出町
寿オルタナティブ
ネットワーク
黄金町
6 エリアマネジメントセンター
19 芸 似て非works
黄金町
N
24 芸 BankART 桜荘
2006.6-2010.3
黄金町
市営地下鉄ブルーライン

Creative City Yokohama MAP

ヨコハマトリエンナーレ2011

写真上　Ugo RONDINONE　《moonrise. east.》2005　Courtesy the artist and Galerie Eva Presenhuber, Zürich　©the artist
Photo by KIOKU Keizo　Photo courtesy of Organizing Committee for Yokohama Triennale

写真下　YIN Xiuzhen　《One Sentence》2011　Courtesy ALEXANDER OCHS GALLERIES BERLIN | BEIJING
Photo by KIOKU Keizo　Photo courtesy of Organizing Committee for Yokohama Triennale

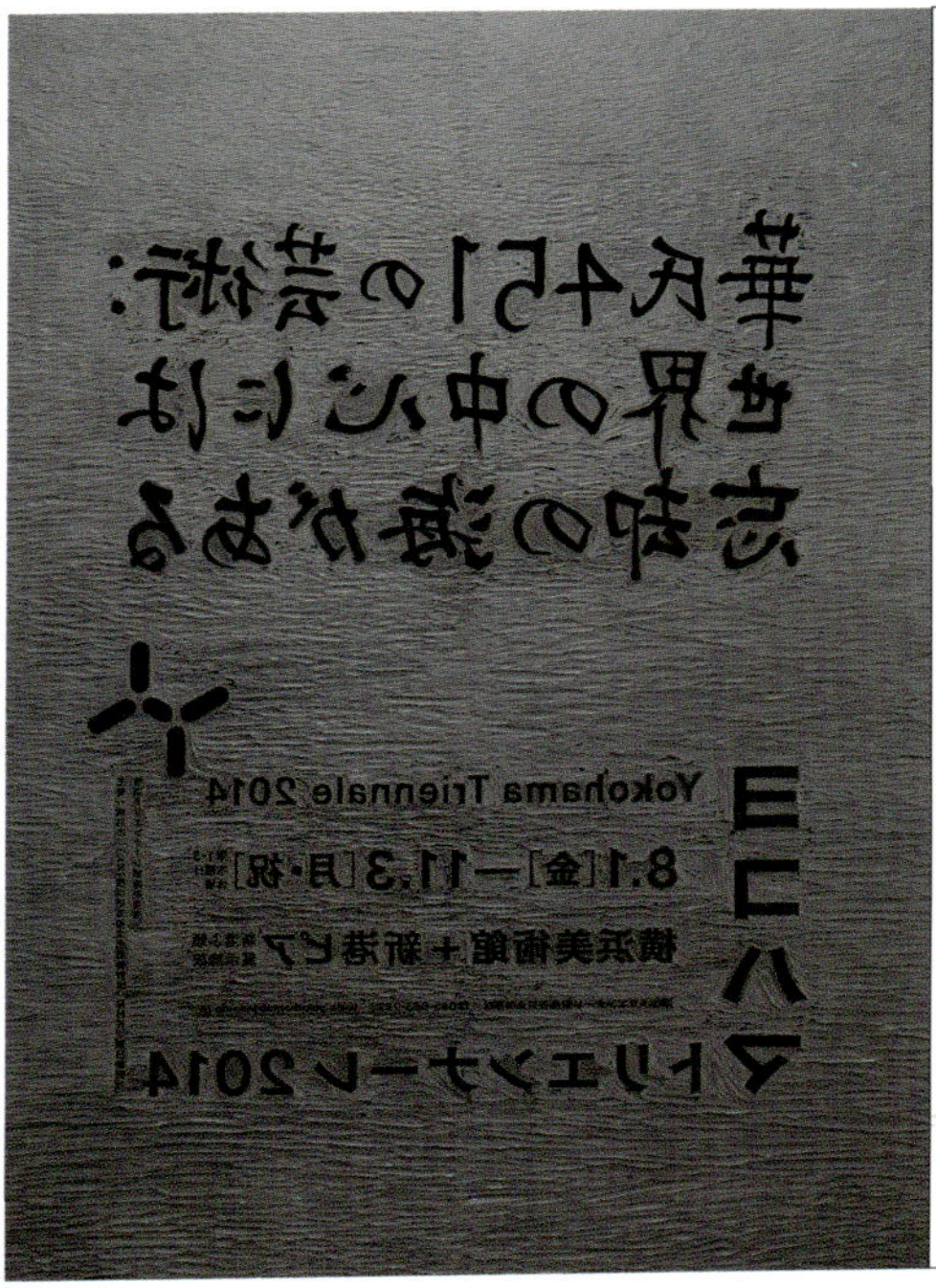

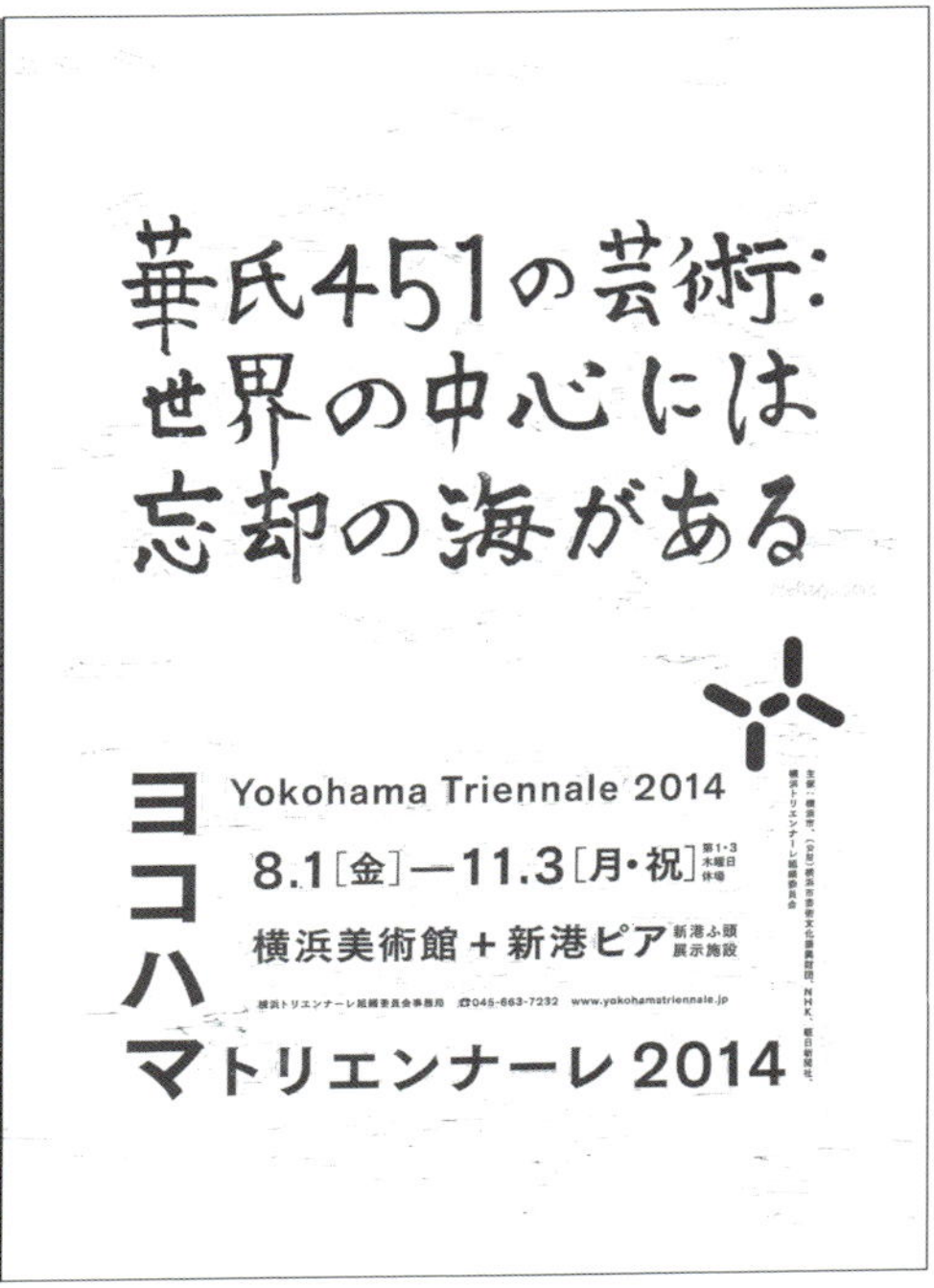

華氏451の芸術：
世界の中心には
忘却の海がある
Yokohama Triennale 2014
8.1［金］—11.3［月・祝］
第1・3木曜日休場
横浜美術館＋新港ピア
新港ふ頭展示施設
ヨコハマトリエンナーレ2014
www.yokohamatriennale.jp

横浜トリエンナーレ2001
International Triennale of Contemporary Art
YOKOHAMA 2001

横浜トリエンナーレ2005
アートサーカス
ヨコハマ発、現代美術の祭典
Art Circus
International Triennale of Contemporary Art
YOKOHAMA 2005

横浜トリエンナーレ 2008
YOKOHAMA TRIENNALE
TIME CREVASSE
2008 9/13 - 11/30
WWW.YOKOHAMATRIENNALE.JP

ヨコハマ
トリエンナーレ2011
8.6→11.6
YOKOHAMA TRIENNALE 2011
OUR MAGIC HOUR
世界はどこまで知ることができるか？
現代アートの国際展

横浜トリエンナーレ
YOKOHAMA TRIENNALE

川俣 正展「Expand BankART」2012年

原口典之展「社会と物質」2009年

BankART Studio **NYK**

坂の上の
そば屋 司
至横浜→
京急線
Koganecho Area Management Center
黄金町エリアマネジメントセンター事務局
志村信裕 作品展示（夜間・高架側）
Hinode Studio
日ノ出スタジオ
黄金町アートブックバザール
月休（月祝の場合翌日休み） 11:00－19:00
studio BO5〈建築設計事務所〉
un:ten〈伊東純子（アーティスト、デザイナー）の洋服制作スタジオ〉
子神社
カフェ・ドゥ・プティ・ヴェール
日ノ出町駅
京急ストア
WINE & CAFE
Kanakoya
Night Cafe & Bar
Laranjya
日の出薬局
pace F
んにん工房
㈱石井
日ノ出町
町内会館
たつ屋
そば処 辰巳庵
Hinode STEP
日ノ出STEP
平戸桜木道路
㈱永野鰹節店
FOOTPRINT
ホルモン焼 寅次
がま親分
小林紙工㈱
㈱佐野屋本店
日ノ出町駅前
再開発地区
日ノ出町
立寄所
バーバーサンライズ
雅晴作品展示
㈱塚田商店
初黄日さくら道
桜桟橋
Eボートスタート場所
ミツワグリル
庄兵衛
第一亭
遊膳グレビー
旭橋
大岡川
長谷川伸の碑
長者橋
Ogushi Studio
小串スタジオ
環境デザイン・アトリエ一級建築事務所
よんふくcafe
月～水休 12:30－18:00
（木金のみ15:00－17:00休憩、20:00までオープン）
Ato-Rieよんふく
オープン：土・日12:30－17:00
マーク・サルヴァトゥス 作品展示
ローソン
MZ arts
〈現代アートと陶磁器のギャラリー〉
オープン：木～土、第2日曜 11:00～18:00
CHAP（長者町アートプラネット）
1F スタジオA MA／村田真〈美術ジャーナリスト・画家〉
竹本真紀〈美術家〉
スタジオB ロコ・サトシ〈ペインター〉
2F Chapter 2〈多目的スペース〉
4F 嶋田勇介〈舞踏家〉
吉本伊織〈アーティスト〉
事務所

photo by Yasuyuki Kasagi

AIR黄金町バザール

photo by Yasuyuki Kasagi

photo by Yasuyuki Kasagi

上：高架下スタジオ　下：小規模店舗改修

黄金町バザール2013 鎌田友介展示風景

黄金町エリアマネジメントセンター
KOGANECHO AREA MANAGEMENT CENTER

「Zoo Zoo Scene（ずうずうしい）」2008年

「ラ・マレア横浜」2008年

上:急な坂スタジオエントランス　下:チェルフィッチュ稽古風景

急な坂スタジオ
SteepSlopeStudio

ハンマーヘッドスタジオ 新・港区

北仲BRICK & 北仲WHITE

関内外OPEN!5

さくらWORKS＜関内＞

似て非works

CHAP

八〇〇中心

Archiship Library & Cafe

mass×mass
関内フューチャーセンター

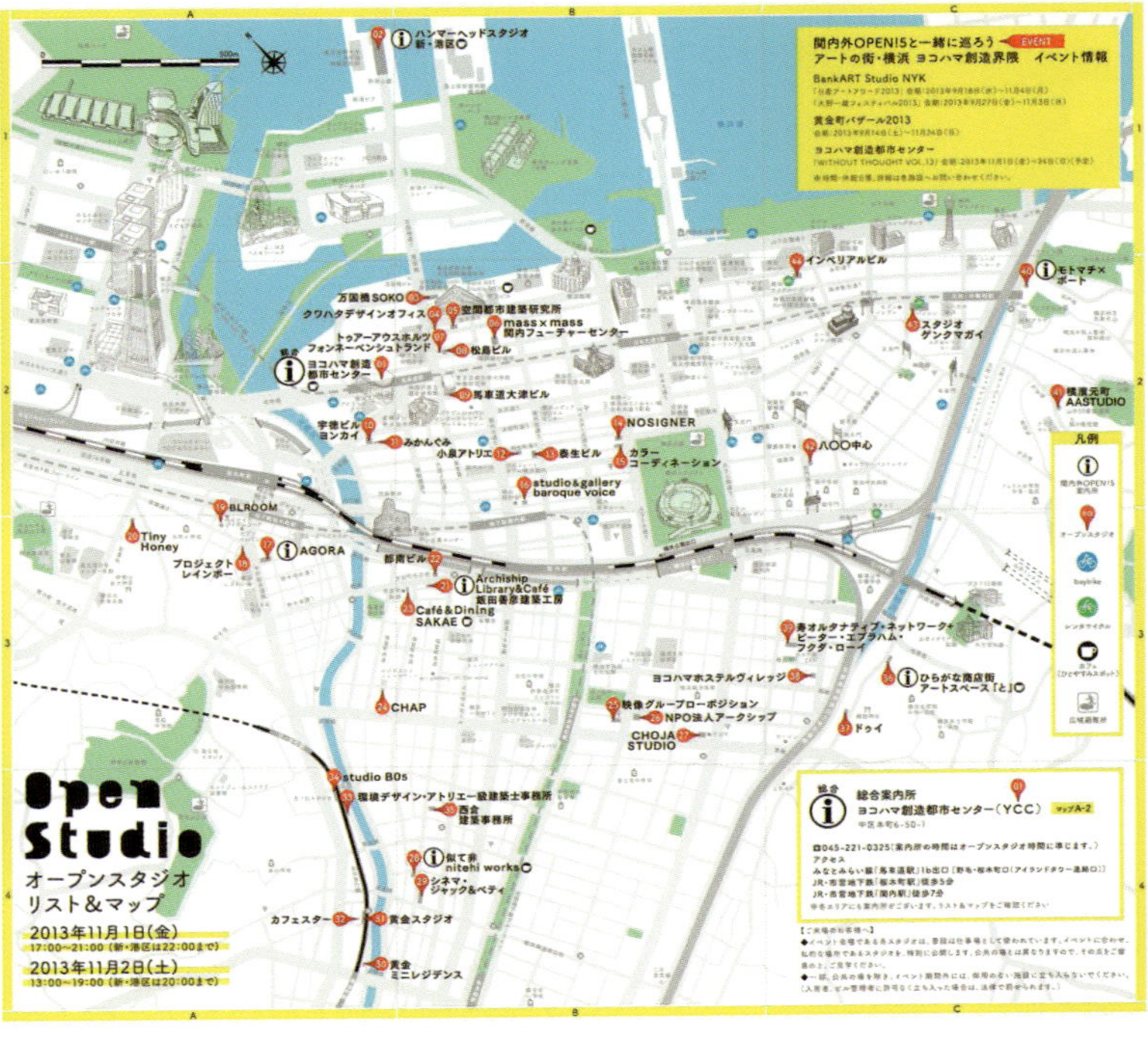

スマートイルミネーション横浜2012　Photo : amano studio

万国橋校舎（アニメーション専攻）

上：東京藝術大学大学院映像研究科馬車道校舎（映画専攻）
下：新港校舎（メディア映像専攻）

映像文化都市

CREAM 横浜国際映像祭2009